잃어버린
육아의 원형을
찾아서

옮긴이 강미경

이화여자대학교 영어교육과 졸업. 전문 번역가. 옮긴 책으로는 《언더그라운드》《나침반, 항해와 탐험의 역사》《도서관, 그 소란스러운 역사》《내가 만난 희귀동물》《유혹의 기술》《야성의 엘자》《몽상과 매혹의 고고학》《우리는 사소한 것에 목숨을 건다》《아집과 실패의 전쟁사》《헨리 데이비드 소로》《헤밍웨이 vs. 피츠제럴드》《최초의 아나키스트》《아포칼립스 2012》《마르코 폴로의 모험》《고대 세계의 위대한 발명 70》 등 다수가 있다.

The Continuum Concep

Copyright © 1985 by Jean Liedloff
All rights reserved.
Korean edition was published by arrangement with Jean Liedloff, New York
through Duran Kim Agency, Seoul.

이 책의 한국어판 저작권은 듀란킴 에이전시를 통해 Jean Liedloff와 독점계약한 것으로 (주)양철북출판사에 있습니다. 저작권법에 의해 한국 내에서 보호를 받는 저작물이므로 무단 전재와 무단 복제를 금합니다.

# 잃어버린 육아의 원형을 찾아서

1판 1쇄 발행 2011년 6월 10일 | 1판 4쇄 발행 2017년 3월 16일

지은이 진 리들로프 | 옮긴이 강미경
펴낸이 조재은 | 펴낸곳 (주)양철북출판사 | 등록 제25100-2002-380호(2001년 11월 21일)
편집 박선주 김명옥 | 디자인 육수정 | 마케팅 조희정 | 관리 정영주
주소 서울시 마포구 양화로8길 17-9 | 전화 02-335-6407 | 팩스 0505-335-6408
ISBN 978-89-6372-047-0 03370 | 값 13,000원

카페 cafe.daum.net/tindrum 블로그 blog.naver.com/tin_drum
페이스북 facebook.com/tindrum2001

※ 잘못된 책은 바꾸어 드립니다.

# 잃어버린 육아의 원형을 찾아서

진 리들로프 지음 | 강미경 옮김

양철북

차례

서문 개정판에 새로 추가한 몇 가지 사실과 생각들　9

1장 나는 어떻게 그토록 급진적인 사고 체계를 갖게 되었는가　25

2장 연속성 개념　51

3장 삶의 시작　63

4장 성장　127

5장 가장 중요한 경험의 박탈　175

6장 사회　213

7장 연속성을 되찾는 방법　233

서구 문명의 산부인과 병동에는 늑대가 주는 위안이 거의 없다.
태곳적 본능에 따라, 따스한 온기가 감도는 살아 있는
살의 촉감을 느끼고 싶어 울어대는 아기는 태어나자마자
생명 없이 버석거리는 천에 온몸을 감싸인다.

※ 본문의 각주는 옮긴이 주이며, 저자 주일 경우 (원주)라고 표기했습니다.

서문

# 개정판에 새로 추가한 몇 가지 사실과 생각들

### 부모들의 의견

1975년 이 책이 처음 출간되기 몇 달 전, 한 친구의 부탁으로 첫 아이를 임신해 출산을 기다리고 있는 부부에게 아직 교정지 상태의 내 책을 보여주었다. 부부는 책을 단숨에 읽어치웠다. 그 후 부부는 아기를 출산했고, 아기 세트가 3개월이 됐을 즈음 나는 아기 엄마 밀리센트를 만났다. 그녀는 내게 의사인 남편 마크와 자신의 생각도 내 생각과 같다면서 자기네 부부는 그 생각이 맞다고 확신한다고 말했다. 그녀는 다른 부모들도 내 책을 읽어보길 간절히 바랐지만 몇 달 동안 아기를 계속 데리고 다녀야 한다는 생각 때문에 부담스러워하는 부모가 더러 있을지도 모른다며 걱정스러워했다.

"무슨 말인지는 알겠지만, 5 내지 7킬로그램 되는 감자 자루 무게와 맞먹는 짐을 낮이고 밤이고 하루 온종일 질질 끌고 다닐 자신이 없었어요. 다른 사람들도 아마 그렇지 않을까 싶어요. 저번에 라디오에서 말씀하셨던 것처럼 쇼핑한 물건은 유모차에 넣고 아기는 안으라고 하면 어떨까요? 그럼 모르긴 해도 사람들 대부분이 기꺼이 그럴 테고, 집에 가서도 계속 아기를 안고 있을 거예요. 난 세트를 한 번도 내려놓은 적이 없어요. 그러고 싶지 않았거든요." 그녀의 말이었다.

그래서 나는 이렇게 말했다. "그런 방법이 있었네요. 아기에 대한 애정은 누가 뭐래도 아기가 있어야 비로소 생기는 법이니까요. 아기와 대면해서 사랑에 빠지기도 전에 '그깟 아기'한테 그 정도로까지 헌신하라면 아무도 달가워하지 않겠죠."

"나는 세트를 목욕시키면서 나도 같이 씻는 방법으로 목욕 문제를 해결했어요." 그녀는 계속 말을 이었다. "마크가 때 맞춰 집에 오면 그이도 욕조에 첨벙 뛰어들죠. 그이도 나만큼이나 세트와 함께 자는 걸 좋아해요."

"운 좋게도 친구와 출판 사업을 하고 있어서 일을 그만둘 수가 없었어요. 나는 대개 서서 일하는데, 지금은 띠로 아기를 업는 데 익숙해졌어요. 애가 젖을 먹고 싶어하면 업은 상태에서 애를 앞으로 돌리면 돼요. 그럼 애는 울 필요 없이 약간 칭얼대다가 젖을 물죠. 밤에도 애는 칭얼대기만 하면 돼요. 그럼 내가 아, 요 녀석이 배가 고프구나 하고 알아차리니까요. 나는 그저 한쪽 가슴을 꺼내기만 하면 돼요. 사실 완전히 깰 필요도 없어요.

이 외에도 세트를 내려놓지 않고 집안일과 정원 일을 해치울 수 있는 방법들을 터득했죠. 세트를 내려놓을 때가 있다면 잠자리를 펼 때밖에 없어요. 그럴 때는 애를 이불 위에 내려놓지만 녀석은 그걸 좋아해요. 그리고 지하실에서 석탄을 꺼내 와야 할 때는 남편이 짬을 내 도와줄 때까지 기다려요. 세트와 내가 떨어져 있는 시간은 내가 말을 탈 때밖에 없어요. 그때는 친구한테 애를 맡기죠. 하지만 늘 어서 승마가 끝나 녀석을 다시 품에 안아야지 하는 생각밖에 없어요. 녀석 곁에는 당연히 내가 있어야 할 것 같아서요."

점심을 먹는 내내 세트는 느긋하고 조용했다. 그리고 내가 이 책에서 소개하는 예콰나족 아기들처럼 얌전했다.

서구의 아기들이 사무실이나 가게, 작업실, 심지어는 저녁 모임에서조차 환영받지 못하는 것은 당연한 일이다. 아기들은 대개 시끄럽게 울어대며 발길질을 하거나 팔을 휘두르고 온몸이 뻣뻣하게 긴장돼 있다. 그래서 아기를 얌전히 있게 하려면 누군가의 두 손과 엄청난 관심이 필요하다. 아기들은 마치 활달한 사람이 내뿜는 에너지장과 줄곧 접촉이라도 하는지, 방전이라고는 모르는 에너지를 주체하지 못하고 늘 흥분 상태에 있는 것처럼 보인다. 누가 안아 올리기라도 하면 아기들은 여전히 딱딱하게 경직된 몸으로 팔다리를 버둥거리거나 자기를 안은 사람에게 무릎에서 껑충껑충 뛰게 해달라거나 공중으로 쳐들어달라는 신호를 보내며 불편을 해소하려고 든다. 밀리센트는 세트의 몸 상태와 다른 아기들의 몸 상태가 너무 달라 깜짝 놀랐다고 말했다. 세트를 만지면 말랑말랑했지만 다른 아기들은 너나 할 것 없이 부지깽이 같았기 때문이다.

과거 몇만 년 동안 우리가 해온 방식대로 아기를 다룬다면 그 작은 생명체를 얼마든지 조용하고 얌전하게 만들 수 있다. 그래야 일하는 어머니들이 하루 종일 집 안에 지루하게 갇혀 아무도 만나지 못하는 생활을 감수해야 할지 말지를 놓고 갈등할 필요 없이 마음 놓고 일할 수 있다. 일터로 데려간 아기가 있어야 할 곳은 어머니 곁이고, 어머니가 있어야 할 곳은 동료들 곁이다. 아기를 데리고도 어머니는 아기를 돌보는 일이 아니라 동료들과 함께 지적인 성인에 걸맞은 일을 얼마든지 할 수 있다. 하지만 고용주들은 아기들의 평판이 나아진다면 모를까, 그렇지 않은 이상 그런 생각을 여간해서는 받아들이려 하지 않는다.

잡지 《미즈Ms》는 아기를 안고 출근할 수 있는 사회를 만들기 위해 눈물겨운 노력을 기울였다. 하지만 아기를 사무실에서도 유모차에 혼자 앉혀두지 않고 계속 안고 있기 위해서는 그렇게 많은 노력이 필요하지 않다.

밀리센트와 마크 부부처럼 연속성 원리를 일찍부터 행복하게 실천으로 옮기기란 쉽지 않다. 현재 이 부부는 아이들을 더 낳아 세트처럼 키우고 있다. 앤시어라는 엄마는 내 책을 읽고 나서 육아 '전문가'의 말을 듣지 말고 처음부터 자신의 본능에 귀 기울였어야 했다는 생각이 들었다는 내용의 편지를 보내왔다. 트레버라는 네 살짜리 아들이 있는데, 알고 보니 그 애한테 '온갖 나쁜 짓'을 했다며. 그녀는 지금 임신중인 둘째는 처음부터 연속성 원리를 적용해 키우겠지만 트레버는 어떻게 해야 하냐고 물었다.

잃어버린 '품'의 단계를 보상하기 위해 네 살짜리 사내아이를 안고 다닐 수는 없는 노릇이다. 게다가 그 나이 때는 신나게 뛰어 놀면서 탐험하고 배우는 것 또한 중요하다. 그래서 나는 앤시어와 남편 브라이언에게 밤에는 트레버를 데리고 자고, 낮에는 전처럼 대하되 여건이 허락할 때마다 아이를 무릎에 앉혀 신체 접촉을 자주 가지라고 충고했다. 아울러 무슨 일이 있었는지 매일 기록하라고 권했다. 이 책이 나오고 나서 얼마 지나지 않아 나는 그 부부의 경험을 다른 사람들에게도 들려주면 좋겠다고 생각했다.

앤시어는 그날그날의 일을 꾸준히 기록해나갔다. 처음 며칠 동안은 셋 다 잠을 설쳤다. 트레버는 밤새 몸부림치며 낑낑댔다. 발가락이 부부의 코 위로 올라오는가 하면, 팔꿈치가 귓속을 파고들었다. 한밤중에 물을 달라고 떼를 쓰기도 했다. 한번은 트레버가 부부와 완전히 직각으로 누워 자는 바람에 앤시어와 브라이언은 매트리스 모서리에 붙어 잠을 자야 했다. 아침이면 브라이언은 충혈된 눈과 무거운 발걸음으로 짜증을 내며 출근했다. 그런 날이 하루 이틀이 아니었다. 하지만 부부는 사나흘 밤 시도해보고 나서 "아무 효과가 없어요. 이건 뭐 통 잠을 잘 수가 있어야지요"라고 말하며 포기하고 마는 다른 사람들과 달리 끈기가 있었다.

3개월 뒤 앤시어는 이제 셋 다 밤새 푹 자게 되었다는 소식을 알려왔다. 부모와 트레버의 관계는 물론이고, 부부 사이도 몰라보게 좋아졌다. 편지를 마무리하면서 그녀는 이렇게 썼다. "게다가 트레버가 유치원에서 더는 공격성을 보이지 않지 뭐예요!"

몇 달 뒤 트레버는 자신의 의사에 따라 자기 방으로 잠자리를 다시 옮겼다. 그렇게 트레버는 갓난아기 때 가졌어야 했을 수면 경험을 원없이 실컷 했다. 새로 태어난 트레버의 여동생도 안방에서 지냈고, 트레버도 원할 때면 언제나 다시 안방으로 올 수 있었다.

### 아이를 올바로 키우지 못했다는 죄책감

아이 둘을 둔 또 다른 엄마 레이철은 내게 이런 편지를 보내왔다. "내 생각에 선생님 책은 내가 여태껏 읽은 책 중에 가장 잔인한 것 같아요. 그렇다고 앞으로는 두 번 다시 책을 쓰지 마시라는 뜻은 아니에요. 또 선생님 책을 괜히 읽었다고 후회한다는 말도 아니랍니다. 오히려 그 책이 내게 깊은 인상을 남겼고, 깊이 상처를 주었고, 또 굉장히 흥미로웠다는 말씀을 드리고 싶어요. 나는 선생님 이론이 지니고 있을지도 모르는 진리와 마주하고 싶지 않아 어떻게든 피하려고 최선을 다하고 있어요…… 어쨌든 나는 책에 쓰신 대로 할 생각은 절대 없으니까요!……사실 놀랍게도 어떤 면에서 선생님 말씀은 하나도 틀리지 않았어요…… 그 책을 읽는 엄마라면 누구나 그 안에 숨은 진짜 의미를 피하려고 최선을 다할 거예요……솔직히 우리가 겪는 그 모든 짜증과 화가 정상이고 불가피하다고 생각했을 때는, 다른 엄마들이나 아동심리학자들이 늘 하는 말인 데다 또 책에도 나와 있는 '당연하다'는 말에서 위안을 찾을 때는 그럭저럭 견딜 만했어요. 그런데 선생님은 그 반대일 수도 있다고 말씀하시며 내 마음을 들쑤셔놓으니, 글쎄요, 선생님 책을 읽을 때는 말할 것도 없고, 읽고 나서 24시간 내내 너무 기분이 가라앉아 총이 있다면 나 자신을 쏘아 죽이고 싶다는 생각이 들었다는 얘기를 안 할 수가 없네요."

다행히 그녀는 그러지 않았고, 그 뒤로 우리는 친한 친구 사이가 되었다. 그녀는 연속성 개념을 열렬하게 설파하는 옹호자로, 나는 그녀의 솔직함과 거침없는 말씨를 부러워하는 찬미자의 관계로. 하지만 그녀가 숨김없이 드러냈던 감정, 그러니까 의기소침과 죄책감과 후회는 아이를 키우고 있는 독자들을 너무 많이 괴롭힌다.

물론 가장 좋은 의도를 가지고 가장 사랑하는 사람들에게 우리가 해온 행동을 생각하면 너무나 끔찍하다. 하지만 우리 못지않게 무지하고 순진했던 부모님이 우리를 대하던 태도와 그 때문에 그분들이 겪었을 고통에 대해서도 생각해보자. 대부분의 책은 우리와 결탁해 의심이라곤 없이 해맑기만 한 아기를 피해자로 만든다(여기서 자세하게 다루지는 않겠지만 어쨌든 수많은 이유 때문에). 그런 일이 결국은 관례처럼 되고 말았다. 그렇다면 우리는 우리 혼자 죄를 뒤집어쓰거나 속았다는 느낌에 치를 떨어야 할까? 아니면 반대로 그 엄청난 죄책감이 두려워 우리의 행동을 끝내 인정하지 않는다면? 그래서 달라질 수 있다는 희망을 아무 데서도 찾지 못한다면?

예를 들어 런던에서 내 강의를 듣던 백발의 아름다운 여성 낸시를 생각해보자. 그녀는 이제 서른다섯이 된 딸과 함께 내 책을 읽은 뒤로 모녀 사이가 예전보다 훨씬 더 가까워졌다고 내게 말했다. 또 다른 엄마 로절린드는 이 책을 읽고 나서 며칠 동안이나 우울한 기분에 빠져 울며 지냈다고 말했다. 그녀의 남편은 이해심이 많아 어린 두 딸을 참을성 있게 돌보았던 반면, 그녀는 번민에 시달리느라 삶에서 새로운 빛을 찾을 수가 없었다. 그녀는 내게 이렇게 말했다. "앞으로 내가 가야 할 길이 있다면 그 책을 두고두고 읽는 것밖에 없다는 생각이 들었어요…… 이번에는 힘이 나네요."

### 왜 우리 눈에는 보이지 않을까

하루는 지인 하나가 무척 흥분한 목소리로 전화를 걸어 자신이 버스에서 한 경험을 이야기했다. 간단히 말하자면, 어린 아기를 안은 어느 서인도제도 여성의 뒷좌석에 앉아 있었는데, 아기와 엄마가 영국 사회에서는 좀처럼 보기 힘든 편안한 관계를 즐기더라는 것이었다. 그는 그 광경을 이렇게 말했다. "아름다웠어요. 막 선생님 책을 다 읽었는데, 눈앞에 생생하게 살아 있는 삽화가 있지 뭡니까. 이전의 나는 아무것도 보지 못하는 수많은 사람들 중의 하나였어요. 지금은 명백하게 보이지만요. 그 엄마와 아기는 가능한데 왜 우리는 꿈도 꿀 수 없는지, 그 엄마와 아기를 보고 알았지 뭐예요. 어찌나 고맙던지요."

우리가 이토록 눈이 멀 수밖에 없는 데에는 실은 이른바 '잠 없는 아이를 둔 부모 전국 연합'이라는 영국의 단체 탓이 크다. 이 단체는 "크면 괜찮아질 겁니다"라든가 "배우자와 교대하면 서로 번갈아 가며 틈틈이 눈을 붙일 수 있잖습니까"라든가 "봐서 아기가 특별히 다른 이상이 없으면 그냥 울게 놔둬도 상관없어요"라는 식의 논리를 내세워 같은 처지의 수난자와 동맹자들로부터 동병상련의 감정을 끌어내며 시끄럽게 울어대는 아기를 피해자로 만들고 있다. 그들이 할 수 있는 말이라고는 기껏해야 "이런저런 방법이 모두 실패할 경우 아기를 안방에서 재운다 해도 사실상 해가 될 것은 없습니다"가 전부다. 전쟁을 뒤로 미루고 자신의 자리가 어디인지를 명명백백하게 알려주는 아기들을 믿으라는 조언은 어디에도 없다.

### '아이 중심의' 또는 허용적 육아법

하루를 온통 아이 돌보는 데만 신경 쓰는 부모는 스스로는 물론이고 다른 사람들까지 지루하게 할 뿐만 아니라 아이에게도 안 좋은 영향을 끼치기 쉽다. 아기의 기대치는 활기 넘치는 사람이 삶에서 기대하는 것과 비슷하다고 보면 된다. 즉 아기는 끊임없는 신체 접촉을 통해 나중에 직접 맛보게 될 경험을 하나씩 눈에 담는다. 가만히 품에 안겨 있는 동안에도 아기의 감각은 모두 깨어 있다. 아기는 시시때때로 자기한테 쏟아지는 관심, 입맞춤, 간질임, 공중으로 번쩍 들어 올리기 등을 좋아한다. 하지만 아기의 주된 관심사는 어른이든 아이든 곁에서 자기를 돌보는 사람의 행동, 대화, 환경을 흡수하는 데 있다. 이러한 정보를 통해 아기는 주변 사람들이 무얼 하는지 이해함으로써 그 사람들 사이에서 차츰차츰 자신의 위치를 찾아나간다. 아기의 이 강렬한 욕구를 방해하면, 다시 말해 호기심에 가득 차서 여러분을 쳐다보고 있는 아기를 미심쩍은 눈으로 뚫어지게 쳐다보면 아기는 깊이 좌절한다. 그러고는 마음을 닫아버리고 만다. 아기는 보호자가 매사에 적극적이고 확고하게 중심을 잡아주기를 바라는데, 그저 소극적으로 아기의 동의나 인정만을 구하려는 어른의 태도는 아기의 그런 기대를 알게 모르게 무너뜨린다. 아기가 끊임없이 보내는 신호는 관심을 더 많이 가져달라는 신호가 아니라 적절한 경험이 필요하니 하게 해달라는 신호다. 그런 식으로

(뭔가가 잘못되었다는) 신호를 계속 보내는데도 아무 소용이 없으면 아기는 크게 낙담한다.

짜증을 잘 내고 '반항적인' 아이들의 반사회 행동은 알고 보면 어울려 행동하는 법을 가르쳐달라는 일종의 항변이다. 오냐오냐하는 태도는 아이가 어른 중심의 삶을 보고 배우면서 일상의 크고 작은 경험을 통해 스스로 자신의 자리를 찾아나갈 기회를 빼앗는 것이 된다. 바람직한 행동은 받아들여지고 바람직하지 못한 행동에는 거절이 따라야 하지만 어떤 행동을 해도 무조건 받아들여지기 때문이다.

아이들은 윗사람들의 신뢰를 얻고자 올바로 행동하려 노력하는 선의의 사회인이 되는 법을 배워야 한다. 아이는 해야 할 일과 하지 말아야 할 일에 대한 정보를 필요로 한다. 따라서 아이가 접시를 깨뜨리면 화를 내거나 안타까워하는 반응을 보여야 한다. 하지만 아이를 존중하는 마음까지 거두어들여서는 안 된다. 아이 역시 접시를 깨뜨린 것에 대해 화가 나거나 안타까웠을 수 있으며, 앞으로는 좀 더 조심해야겠다고 다짐했을 테니까.

부모가 오냐오냐하며 바람직한 행동과 바람직하지 못한 행동을 구분하지 않으면 아이는 부모가 제 역할을 다해주길 바라며 더욱더 파괴적으로 나온다. 그러다 더는 참을 수 없는 지경에 이르면 부모는 "봐줄 만큼 봐줬으니까 이제 그만해"라고 소리치며 그동안 억눌러왔던 화를 아이에게 터뜨리기 십상이다. 하지만 아이에게는 이전에 자신이 했던 모든 행동이 곧 메시지다. 부모는 나쁜 줄 알면서도 그냥 보고 넘겼을 뿐 감정을 솔직하게 표현하지 않았다. 그 과정에서 아이의 상태는 돌이

킬 수 없을 만큼 나빠져 결국은 부모가 아이를 봐줄 수밖에 없는 핑계가 되고 만다. 많은 가정에서 아이들은 이런 식으로 부모가 더는 참지 못하고 불벼락을 내리기 전에 바람직하지 못한 행동을 가능한 한 많이 '벌 받지 않고 해내야 한다'는 것을 터득하게 된다.

몇몇 극단적인 경우, 특히 부모가 늦게 첫 아이를 얻어 그 어린 귀염둥이를 무조건 애지중지하며 해야 할 일과 해선 안 될 일을 구분하는 신호를 전혀 보여주지 않을 경우, 아이는 절망하다 못해 거의 미칠 지경이 된다. "이거 갖고 싶니?" "저거 하고 싶니?" "뭐 먹고 싶니?" "뭐 하고 싶니?" "뭐 입고 싶니?" "엄마가 뭐 해줬으면 좋겠니?" 등의 새로운 간청 앞에서 아이는 매번 반항한다.

그런 대우를 받으며 자란 두 살 반의 아주 예쁜 여자아이가 있었다. 이미 그 애 얼굴에서는 미소가 가시고 없었다. 부모가 어떻게든 아이 비위를 맞춰보려고 알랑거리며 뭘 제안할 때마다 아이는 못마땅한 얼굴로 고집스럽게 "싫어!"를 연발했다. 아이의 거절에 부모의 아부는 더욱더 도를 더해갔고, 가망 없는 게임은 그렇게 계속 이어졌다. 꼬마 아가씨는 부모를 통해 본보기가 될 만한 것을 아무것도 배울 수 없었다. 부모가 오히려 아이에게서 늘 지침을 찾으려고 했기 때문이다. 부모는 아이에게 아이가 원하는 것은 뭐든 주려고 했지만, 부모가 어른다운 삶을 살아가면서 자신의 중심을 잡아주길 바라는 아이의 진짜 욕구를 이해하지 못했다.

아이들이 관심을 끌려고 엄청난 양의 에너지를 분출하는 이유는 그저 관심이 필요하기 때문이 아니다. 아이들은 자신의 경험이 너무 받아들이기 어려우니 그걸 바로잡아달라고 호소하기 위해 보호자에게 신호를 보내고 있는 것이다. 아이 때 처음 자신의 자리를 찾는 데 실패하고 좌절을 겪고 나면 평생 관심을 끌려는 충동에 사로잡혀 살아가게 된다. 즉 주목을 받는 것 자체가 삶의 목표가 되면서 마치 강박증 환자처럼 거기에 자신의 온 의지를 불태우게 된다. 따라서 아이에게서 더 많은 신호를 끌어낼 뿐인 부모의 관심은 어느 모로 보나 부적절하다. 수많은 사람이 부모를 미치게 하는 특성을 진화의 산물로 여기지만 자연의 논리는 그렇지 않다고 말한다. 아이를 이해해서도 신뢰해서도 안 된다고 배우는 '특권'을 갖지 못한 제3세계 부모들은 네 살이 넘은 아이에게는 예외 없이 집안일을 시키면서 온 가족이 평화롭게 살아가는 모습을 보여준다.

### 심리치료에 관한 새로운 생각

유년기의 박탈 경험을 치료하는 나의 접근법은 놓친 경험을 재현해 그런 경험의 결과로서 심리 안에 남아 있는 의식과 무의식의 해로운 메시지를 바꾸려는 시도에서 출발했다. 그동안 나는 심리치료사로 일하면서 자기 자신과 세상에 대한 낮거나 부정적인 기대치란 무엇이고, 어쩌다 거기까지 가게 되었으며, 그게 왜 사실무근인지를 면밀히 파헤친 끝에 그런 기대치는 얼마든지 바꿀 수 있다는 결론에 이르렀다. 사람은 누구나 자신의 진정한 가치를 꿰뚫어보는 지식을 타고난다. 뿌리 깊은 무력감은 그 기원을 따져보면 바로 이 타고난 지식과 관련이 있다. 이러한 지식은 그릇된 믿음, 즉 어린아이에게는 탐구 능력이 없다는 믿음이 강요하는 경험에 의해 배반당하고 훼손된다. 그 과정에서 이름도 형태도 없이 생각만 해도 너무나 무시무시하고 끔찍한 위협인 두려움은 행동의 자유는 물론이고 생각의 자유까지 앗아간다. 이러한 두려움은 때로 구속력이 너무 커서 마음대로 할 수 있는 일이라고는 스스로에게 감옥 생활과 다를 바 없는 삶을 부과하는 것밖에 없는 경우도 있다.

나중에 어른이 돼서 이러한 두려움을 근저까지 추적해 내려가보면 그 두려움은 오로지 어린아이한테나 무서운 경험이라는 사실이 드러난다. 그때 비로소 그런 두려움과 마주치지 않으려고 끊임없이 기울여 오던 소모성 노력을 접게 된다. 그리고 두려움에 붙잡혀 갇혀 있던 삶의 부분도 마침내 제 모습을 찾게 된다. 그러고 나면 각자의 직관적이고 지적인 판단력을 제대로 사용하지 못하게 가로막는 강박감 없이도 그동안 금지됐던 것을 마음 놓고 할 수 있게 된다. 즉 성공하든 실패하든, '멋진 사람'이 되든 그런 사람이 되길 그만두든, 사랑을 주든 사랑을 받든, 위험을 감수하든 위험을 감수하길 그만두든 다른 사람의 눈치 볼 필요 없이 스스로 선택할 수 있게 된다.

프랭크 레이크 박사는 인생의 후반 30년을 해제반응\*치료법 분야에서 선구자 역할을 해온 인물이다. 1970년대 후반에 나는 잉글랜드 노팅엄에 있는 자신의 센터에서 연구 작업을 하고 있던 그를 만날 기회가 있었다. 그는 이 책을 읽고는 열띤 어조로, 사람들의 정서를 해치는 불

---

\* 무의식 속에 억압되어 있던 불쾌한 체험이 치료 과정이나 약물에 의해 표면으로 떠올라 표현됨으로써 긴장으로부터 해방되는 것.

쾌한 경험은 태어나면서 시작되는 것이 아니라 태내에 있을 때부터 형성된다고 설명했다. 그의 환자 중 수많은 사람이 이러한 경험을 다시 했고, 나의 환자 중에도 그런 사람이 더러 있었다. 그래서 나는 그가 옳다고 확신했다. 특히 그가 내게 해제반응을 일으켜 내 눈앞에 불러낸 그 누구, 그러니까 무력하게 웅크린 채 팔다리를 꼼지락거리며 소리를 내고 감정을 표현하는 태아를 보면서 그런 것들이 그 단계의 특징이라고 인식하게 된 뒤로는 더욱더 그랬다.

  환자가 태어날 때나 신생아 때, 또는 태아 때의 경험에 대해 알아야 할 필요가 있다고 판단될 경우 나는 지금도 이 기술을 사용한다. 물론 해제반응 요법은 극적이긴 하지만 그 자체로는 치료에 도움이 되지 않을 때가 많다. 경험의 가치는 그 경험이 환자의 정보에 얼마나 기여하느냐에 달려 있다. 어떤 경험이 가치 있을 경우 그 경험은 (환자가 늘 믿어왔던 것이 아니라) 환자의 삶에서 실제로 일어나는 일을 이해하는 능력 속에 새롭게 통합된다. 더러 해제반응은 퍼즐의 마지막 조각을 찾아내 이해에서 깨달음의 단계로 건너뛰게 해주기도 하는데, 이때 비로소 환자의 무의식은 드러난 진실을 반영하게 된다. 하지만 변화를 가져오는 것은 진실 그 자체다. 어떤 방법으로 진실을 손에 넣든, 예를 들어 유도와 때로는 추론을 사용해 주도면밀하게 탐색하든, ('좋은 점'과 '나쁜 점'에 연연했던) 어린 시절에 형성된 이후로 한 번도 점검해보지 않은 신념을 다시 평가하든, 해제반응을 통해서든, 평생을 어떤 사건에 매달려 그 사건을 곱씹고 또 곱씹는 사람들에게서 모아들인 자료를 통해서든, 오로지 진실만이 변화를 가능하게 한다. 이러한 과정의 해방 효과는 대개의 경우 아주 빨리 나타나기 시작해 겨우 몇 달 만에 중요한 변화가 일어난다.

연속성의 관점에서 보면 심리치료를 받는 사람들은 원래는 '온전하게' 태어났지만 종 특유의 욕구를 충족하지 못한 채 그런 욕구를 존중하고 채워주어야 할 의무가 있는 사람들의 독선적인 부정이나 비난 때문에 정확하게 진화한 기대를 본의 아니게 억눌렀을 가능성이 높다. 부모가 둔감하면 불행히도 아이는 스스로를 사랑스럽지 못하다고 여기거나 아무래도 '착하기엔' 글렀다고 느끼게 된다. 아이는 부모가 틀렸다는 생각은 꿈에도 하지 못한다. 아이 입장에선 그럴 수밖에 없다. 그리하여 울거나, 토라지거나, 자기 회의에 빠지거나, 무관심으로 일관하거나, 반항하는 것이 자신이 받는 부당한 대우에 대해 인간이 보이는 정당한 반응이라는 점을 뼈저리게 깨닫게 되는 순간, 아이가 스스로에게 갖는 감정 전체가 왜곡된다. 그런 관점에서 한 개인의 역사를 되짚어보는 시간은 그 자체만으로도 유익한 효과를 발휘한다. 스스로를 무가치하게 여기거나, 환영받지 못한다고 여기거나, 죄의식을 느끼는 데 익숙해진 사람에게 과거의 조명은 치료 분위기를 만들어내기 때문이다. 나 말고도 수많은 심리치료사들이 연속성 개념이 자신뿐만 아니라 자신이 가르치는 학생, 나아가 자신이 치료하는 사람들에게도 유용하다는 데 동의하고 있다.

이 책이 처음 나오고 나서 10년이 지난 지금 산과학, 육아, 사회 제도, 심리학 등의 수많은 분야에서뿐만 아니라 일반 대중 사이에서도 그러한 개념을 호의적으로 바라보는 기류가 그때보다 훨씬 더 많이 조성되면서 신뢰할 수 있는 삶의 원리를 추구하는 움직임이 광범위하게 일고 있다. 나는 특히《타임》최신호의 한 기사에서 어느 영화배우의 논평을 접하고 크게 용기를 얻었다. 그 내용은 이랬다. "사회적 책임감은 수상쩍은 이데올로기가 아니라 의심의 여지가 없는 본능이 일깨워준다."

다른 언어로 번역되어 나오고 있는 기존의 판본뿐만 아니라 이번에 나온 개정판이 '의심의 여지가 없는 본능' 편에 서서 수상쩍은 이데올로기의 정체를 알리는 데 도움이 되기를 희망한다.

1985년, 런던에서

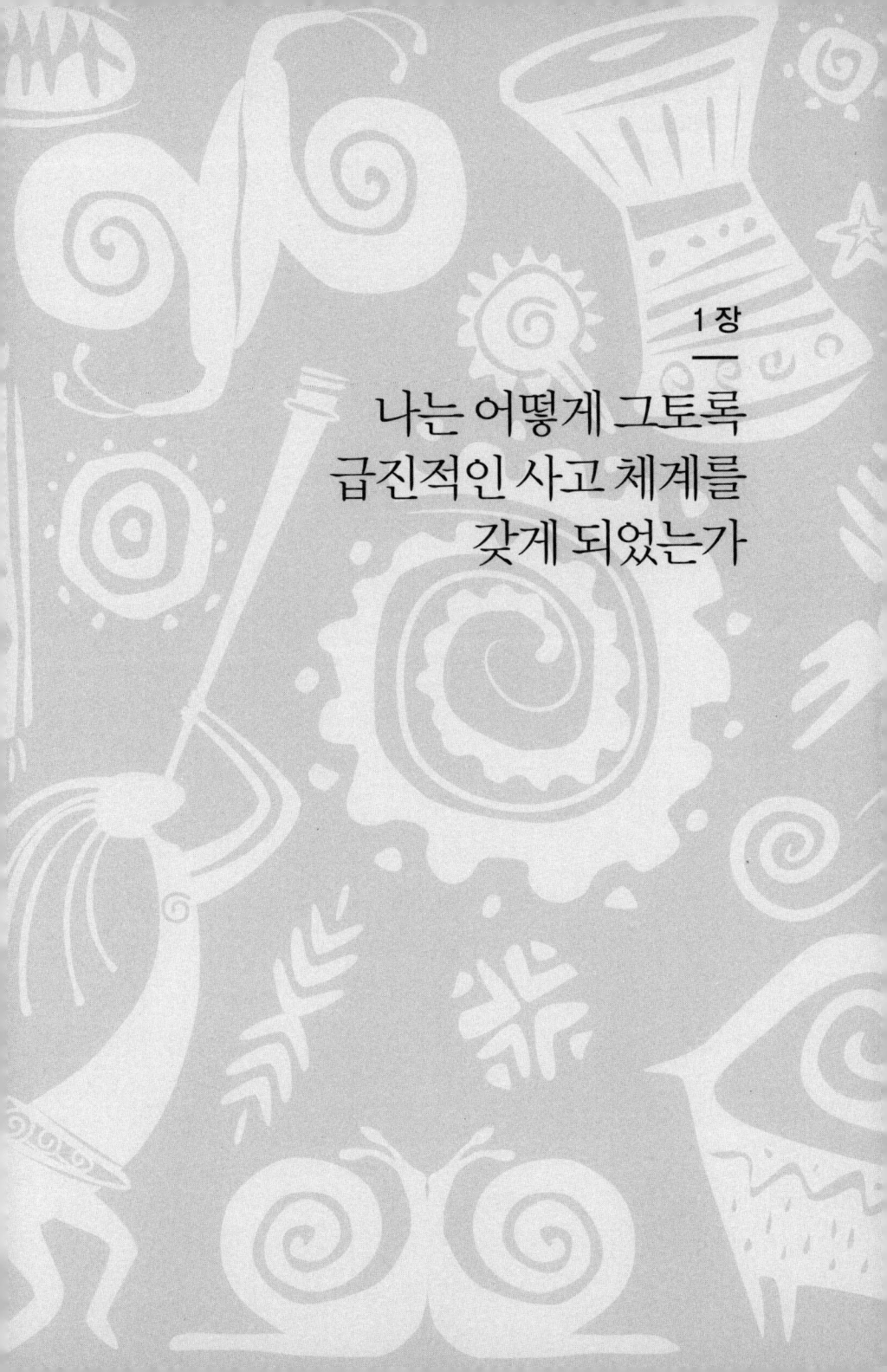

1장

# 나는 어떻게 그토록 급진적인 사고 체계를 갖게 되었는가

　　　　　　　　　　이 책의 의도는 이야기를 들려주
는 것이 아니라 어떤 개념을 제시하는 데 있다. 하지만 그 개념이 뿌리
를 내릴 수 있는 토양을 마련해준 나의 역사 일부를 들려주려는 목적도
더러 있다. 그 이야기는 나 역시 20세기의 미국인들 속에서 성장했으면
서도 그들과 무척이나 다른 가치관을 갖게 된 경위를 설명해주지 않을
까 싶다.

　나는 특별히 입증할 이론이 있는 것도 아니면서 인디언에 대한 보통
사람의 호기심과 뭔가 중요한 것을 배우게 될지도 모른다는 막연한 느
낌만으로 무작정 남아메리카 밀림으로 향했다. 처음으로 유럽을 여행
하던 중 피렌체에 들렀을 때, 나는 다이아몬드를 찾으러 오리노코 강의
지류인 베네수엘라의 카로니 강 유역으로 떠나는 원정대 소속의 이탈
리아인 탐험가 두 명을 우연히 만났다. 20분 동안의 만남이 끝난 뒤 결

정을 내리기까지 다시 20분이 걸렸고, 그 길로 호텔로 달려가 부랴부랴 짐을 챙겨 역으로 돌진했다. 그러고는 막 플랫폼을 빠져나가고 있는 기차에 몸을 던졌다.

매우 극적이었지만 갑자기 차분해지면서 먼지 낀 차창에 비친, 옷가방이 가득 쌓인 객실이 눈에 들어왔다. 그제야 내가 정말 밀림으로 가고 있다는 생각이 들면서 약간 겁이 났다.

그곳에 가고 싶어하는 이유를 따질 겨를은 없었지만 나의 반응은 더 생각할 필요도 없이 분명했다. 열대 지방의 강바닥에서 한 밑천 건져 올릴 수 있다니 내가 생각할 수 있는 그 어떤 일보다 솔깃하게 들렸지만, 나를 저항 불능의 상태로 만든 것은 다이아몬드가 아니었다. 나에게 마법을 건 것은 다름 아니라 '밀림'이라는 단어였다. 그 이유는 아마도 어린 시절에 내게 일어난 어떤 일 때문이 아니었을까 싶다.

여덟 살 때였는데, 그 일은 엄청나게 중요한 의미를 지녔던 것 같다. 물론 지금도 나는 그 일을 가치 있는 경험으로 생각한다. 하지만 그런 깨달음의 순간이 대부분 그렇듯이 그 일은 구조를 드러내지 않는 질서 내지는 혼란스러운 일상 속에서도 나름대로 관점을 유지할 수 있는 법을 그저 어렴풋이 들여다보게 해주었을 뿐이다. 무척이나 실망스럽게도, 좀처럼 잡히지 않는 진실을 마침내 보았다고 확신했건만 그 확신이 혼란을 헤쳐나가는 데 어떤 지침을 주지는 못했다. 스치듯 지나간 그 깨달음은 너무도 덧없어 현실에 적용해보기도 전에 그만 생명을 다하고 말았다. 찰나의 그 깨달음은 나를 둘러싼 온갖 자극과 무엇보다도 습관의 힘과 싸워야 했지만 그래도 여기서 언급할 만한 가치가 있지 않을까 싶다. 왜냐하면 그때의 그 깨달음은 이 책에서 다루고자 하는 '온전함'(더 정확한 표현이 없어서)의 의미를 추구하는 단서가 되었기 때문이다.

그 일은 여름방학에 메인 주 숲에서 열리는 캠프에 참가해 자연관찰 산책에 나섰을 때 일어났다. 나는 줄 맨 끝에 있었다. 뒤로 자빠진 뒤 아이들을 따라잡으려고 서두르고 있는데, 나무들 사이로 빈터가 보였다. 빈터 한쪽 옆에는 우거진 소나무가 한 그루 있었고, 한가운데에는 반짝이는 연두색 이끼로 뒤덮인 야트막한 언덕이 있었다. 오후의 햇살이 짙푸른 소나무 숲에 비스듬히 내리꽂히고 있었다. 작은 지붕만큼 보이는 하늘은 눈부시게 푸르렀다. 그 모두가 더 손댈 데 없이 완벽한 그림이었다. 어느 것 하나 부족함 없이 꽉 차 있는 그 힘 앞에서 나는 절로 걸음을 멈추었다. 그러고는 빈터 쪽으로 다가가 마치 신비하거나 성스러운 곳에 오기라도 한 듯 살금살금 복판으로 가서 땅바닥에 주저앉아 이끼에 뺨을 대보았다. 바로 여기야, 라는 생각이 들면서 내 삶에 영향을 미쳤던 근심이 씻은 듯이 사라졌다. 그랬다, 그곳에선 만물이 본디 모습 그대로 있었다. 나무, 발밑의 흙, 바위, 이끼 할 것 없이 모든 게 제자리에 있었다. 가을엔 가을대로 더할 나위 없고, 눈 덮인 겨울이면 겨울대로 추위 속에서 완벽할 터였다. 봄이 다시 오면 각기 다른 속도로 기적에 이어 또 기적이 펼쳐지면서 어떤 것들은 죽어 없어지고, 어떤 것들은 첫봄을 맞아 싹을 틔우겠지만 모두가 똑같이 더없이 온전할 터였다.

나는 사라진 만물의 중심을, 온전함에 이르는 열쇠를 발견했다고 생각했다. 그리고 그토록 명료한 이 지식을 꽉 붙들어야겠다고 다짐했다.

한순간 기념품으로 이끼를 조금 캐 갈까 싶기도 했지만 다소 어른스러운 생각이 나를 말렸다. 나는 이끼를 부적처럼 간직했다가는 진짜 상, 그러니까 그곳에서 내가 얻은 통찰력을 놓칠까봐, 이끼를 가지고 있는 한 나의 깨달음은 안전하다고 생각했다가 어느 날 말라죽은 식물 한 줌 말고는 아무것도 남아 있지 않을까봐 더럭 겁이 났다.

그래서 아무것도 가져가지 않았지만 매일 밤 잠자리에 들기 전에 그 빈터를 떠올리며 사람을 안정시키는 그곳의 기운과 멀어지는 일이 절대 없도록 하겠다고 스스로에게 약속했다. 비록 여덟 살이었지만 나는 부모님, 학교 선생님, 다른 아이들, 보모, 캠프 지도교사, 그 외 다른 사람들이 내게 억지로 쑤셔넣는 혼란스런 가치관들이 내가 자랄수록 더 나쁜 영향을 미칠 뿐이라는 것을 알고 있었다. 세월은 혼란에 혼란을 더하면서 옳은 것과 그른 것, 바람직한 것과 바람직하지 못한 것이 갈수록 복잡하게 뒤얽혀 싸우는 미로 속으로 나를 끌고 들어가리라는 것을 알고 있었다. 그것을 알 만큼 나는 이미 충분히 보았다. 하지만 그 빈터를 간직할 수 있다면 길을 잃는 일은 절대 없을 거라고 생각했다.

그날 밤 캠프의 내 침대에 누워 빈터를 떠올리며 온통 감사의 마음으로 충만한 가운데 나는 나의 깨달음을 소중히 간직하기로 한 맹세를 다시금 다졌다. 그리고 매일 밤 마음의 눈으로 그 언덕, 그 소나무, 그 햇살, 그 온전함을 보았던 몇 년 동안은 그 깨달음의 본질은 퇴색하지 않았다.

하지만 더 많은 세월이 흐르면서 어느 순간부터 며칠 또는 몇 주 동안 그 빈터를 잊어버릴 때가 많아졌다. 나는 전에 그 깨달음을 불어넣어주었던 구원의 느낌을 다시 붙잡으려고 애썼다. 하지만 나의 세상은 갈수록 넓어졌다. 내가 습득해나가는 가치관과 내 가족의 가치관이 종종 충돌을 일으키면서, 빅토리아 시대의 미덕과 예의가 개인주의, 자유로운 생각, 예술적인 재능, 그리고 무엇보다도 나의 어머니처럼 반짝이는 지성을 높이 사는 성향과 뒤섞이면서 유치원 시절의 착한 아이 아니면 나쁜 아이라는 식의 간단한 가치관들은 점점 뒤로 밀려났다.

그리고 나서 열다섯 살 무렵이었다. 공허한 슬픔(무엇 때문에 슬퍼하고 있는지도 모르면서 그냥 슬펐다)의 와중에서 그 빈터의 의미를 잊어버렸다는 걸 깨달았다. 숲의 모습은 완벽하게 기억났지만 이끼를 기념품으로 조금 가지고 가려고 했다가 그만두었을 때 밀려들었던 그 두려움 그대로 빈터의 의미는 도망가고 없었다. 내 마음속의 빈터 그림은 텅 빈 부적으로 변해 있었다.

할머니는 우리 집에서 함께 살았는데, 할머니가 돌아가셨을 때 아직 대학을 마치지는 못했지만 나는 유럽으로 가기로 결심했다. 슬퍼하느라 생각이 썩 명료하지는 않았지만 엄마 얼굴을 쳐다볼 때마다 가슴이 미어졌기 때문에 차마 발길이 떨어질 것 같지 않았다. 하지만 내가 좋아한다고 생각했던 일들, 그러니까 패션 잡지에 글을 쓰는 일이나 모델로서의 경력, 더 많은 공부가 모두 무가치해 보였다.

프랑스행 배의 선실에서 나는 정체도 모르는 희망 때문에 나에게 익숙한 것 모두를 날려버리고 말았다는 두려움에 휩싸여 흐느껴 울었다. 그래도 돌아가고 싶지는 않았다.

나는 파리 시내를 어슬렁거리며 그림도 그리고 시도 썼다. 디오르에서 모델 일을 제의받았지만 거절했다. 프랑스판 《보그》에 아는 사람들이 꽤 있었지만 서로 아무 부담도 따르지 않는 모델 일을 가끔 할 때를 빼곤 그 인맥을 활용하지 않았다. 하지만 고향인 뉴욕에 있을 때보다 외국에서의 생활이 훨씬 더 편하게 느껴졌다. 옳은 길로 가고 있다고 생각했지만 내가 무엇을 찾고 있는지는 여전히 알 수 없었다. 여름에 나는 이탈리아로 건너갔다. 먼저 베네치아에 들른 다음 롬바르디아 시골에 있는 한 저택을 구경하고 피렌체로 갔다. 거기서 나는 이탈리아 청년 두 명을 만났다. 그 둘은 다이아몬드를 찾으러 남아메리카로 가는데 내게 함께 가자고 제의했다. 미국을 떠나올 때처럼 이번에도 내가 너무 무모하게 발을 내딛는 것 같아 겁이 났지만 그렇다고 뒤로 물러서고픈 마음도 없었다.

수많은 준비와 연기 끝에 마침내 탐험이 시작되었다. 우리는 카로니 강의 지류인 미개척의 카르쿠피 강 상류로 올라갔다. 쓰러진 나무들이 강을 가로막고 있어 카누가 지나가려면 도끼와 벌채용 칼로 길을 내야 하거나, 인디언 두 명의 도움을 받아 1톤 가까이 되는 짐을 나눠 지고 폭포나 급류를 건너야 하는 등 장애물도 많았지만 한 달 만에 우리는 상당한 진척을 보았다. 지류의 개울들을 탐험하려고 베이스캠프를 세울 무렵 작은 강은 둘로 갈라졌다.

그날 우리는 카르쿠피 강 유역에 들어가고 나서 처음으로 휴식을 취했다. 아침을 먹고 나자 대장인 이탈리아인과 인디언 두 명은 지형을 살피러 나갔고, 또 한 명의 이탈리아인은 자기 해먹에서 빈둥거렸다.

나는 시우다드볼리바르 공항의 영어로 된 책을 파는 조그만 가게에서 구입한 책 두 권 중 한 권을 꺼내, 강 위로 가지를 늘어뜨린 커다란 나무뿌리 사이에 자리를 잡았다. 딴 데 정신 팔지 않고 보통의 집중력으로 책을 첫 장 중간까지 읽어 내려갔을 때였다. 갑자기 엄청난 충격과 함께 깨달음이 나를 내리쳤다. "바로 이거야! 그 빈터!" 어린 시절의 통찰력이 다시 찾아오다니 어찌나 흥분되던지. 한때 잃어버렸던 그 빈터를 이제 어른이 되어 지구 최대의 밀림에 와서 다시 되찾은 것이다. 살아 숨 쉬는 밀림의 신비, 동물과 식물의 생태, 극적이면서 감동적인 폭우와 일몰, 뱀, 난초, 매혹적인 처녀성, 그곳에서 살아간다는 것의 준엄함, 넉넉한 아름다움. 그 모두가 활기의 측면에서나 깊이의 측면에서나 밀림을 한층 더 온전해 보이게 했다. 한마디로 웅장한 규모의 온전함이었다. 비행기에서 내려다보았을 때의 밀림은 복잡하게 뒤얽힌 물길들, 우뚝 솟은 산들, 하늘을 향해 두 팔을 활짝 벌린 고원들을 품고서 사방의 지평선으로 죽죽 뻗어나가는 녹색의 거대한 바다처럼 보였다. 밀림 전체가 생기로, 온전함으로 들썩거렸다. 시시각각 변화하면서도 늘 그대로이고 언제나 완벽한 상태.

그날 나는 기쁨에 겨워 마침내 나의 모색이 끝났다고, 나의 목표가 이루어졌다고 생각했다. 눈이 맑아지면서 사물이 있는 그대로 보였다. 어린 시절에는 그저 막막하게, 그 후 사춘기 시절에는 종종 새벽까지 이어졌던 대화와 토론과 논쟁을 통해 내가 그토록 찾으려고 애썼던 것은 바로 '온전함'이었다. 그것은 다름 아니라 그 빈터였다. 잃었다가 찾아냈고 이제 깨달았다, 이번에는 영원히. 주변에, 머리 위에, 발밑에 있는 것 모두가 온전했다. 질서정연하게 쉴 새 없이 태어나고, 살아가고,

죽어가고, 대체되고 있었다.

나는 안락의자처럼 나를 보듬고 있는 거대한 나무뿌리들을 두 손으로 어루만졌다. 그러고 있자니 앞으로 평생 밀림에서 살고 싶다는 생각이 문득 들었다.

카르쿠피 탐험을 끝내고(우리는 다이아몬드를 꽤 발견했다) 보급품을 가지러 로스카리베스의 전초기지로 돌아갔을 때였다. 거울을 보니 몸이 불어나 있었다. 그동안 깡말랐다는 소리만 들었는데 내 평생 처음으로 날씬하다는 소리를 들을 수 있을 것 같았다. 힘도 더 세진 듯했고, 자신감도 넘치는 게 그 어느 때보다 두려움이 덜 느껴졌다. 밀림에서 나는 튼튼해지고 있었던 것이다. 탐험이 끝나고도 계속 밀림에 남을 방법을 생각할 시간은 아직도 6개월이나 남아 있었다. 따라서 벌써부터 현실적인 문제들과 대면할 필요는 없었다.

그런데 몇 달이 지났을 때 나는 떠나기로 했다. 왕성하던 건강이 말라리아 때문에 쇠약해진 데다가 고기와 야채에 대한 허기 때문에 사기도 떨어져 있었다. 오렌지 주스 한 컵을 구할 수 있다면 우리가 힘들게 손에 넣은 다이아몬드 중 하나를 내주었을지도 모른다. 나는 그 어느 때보다도 비쩍 말라 있었다.

하지만 7개월하고도 반 달 후 밀림의 온전함을 훨씬 더 자세하게 볼 수 있는 기회가 찾아왔다. 나는 타우리판 인디언들을 만났다. 단지 우리가 고용한 두 명만이 아니라 오두막집에서 생활하는 부족 전체를 말이다. 그들은 무리를 지어 다니거나 사냥하면서 나름의 서식지에서 살아가고 있었다. 벌채용 칼과 원래의 돌도끼를 대신하는 강철 도끼 말고는 외부에서 아무것도 들여오지 않았다. 그들은 내가 보아온 사람들 가운데 가장 행복한 사람들이었지만 그때만 해도 나는 그 사실을 미처 알지 못했다. 그들은 우리와 너무 많이 달랐다. 몸집도 작고 근육도 별로 없는데도 무거운 짐을 우리 중 신체 조건이 가장 뛰어난 사람보다 훨씬 더 멀리까지 지고 갈 수 있었다. 나는 그 이유가 궁금하지조차 않았다. 그들은 우리와 사고방식이 달랐다(우리 중 한 명이 "파다카파에 가려면 카누로 강을 올라가는 게 좋을까요, 육로로 걸어가는 게 좋을까요?"라고 물으면 인디언들은 "예"라고 대답하곤 했다). 나는 그들이 우리와 같은 종이라는 사실을 거의 받아들일 수 없었다. 물론 누가 묻는다면 주저 없이 그렇다고 대답했겠지만. 아이들은 하나같이 얌전하고 예의가 발랐다. 싸우는 법도 없었고, 벌 받을 짓을 하는 법도 없었다. 늘 군말 없이 그 자리에서 복종했다. "사내애들이 다 그렇지 뭐"라는 푸념은 그 아이들에게는 해당되지 않았다. 그런데도 나는 그 이유가 전혀 궁금하지 않았다. 물론 밀림은 온전하며, 내가 찾고자 하는 것이 무엇이든 밀림은 그것을 찾을 수 있는 최선의 장소라는 데는 의심의 여지가 없었다. 하지만 처음의 믿음과 달리 식물, 동물, 인디언 등 밀림의 생태계가 지니는 온전함과 생명력이 절로 답이 돼주지는, 나의 해결책이 돼주지는 못했다.

또다시 명확하지가 않았다. 부끄럽게도 나는 시금치와 오렌지 주스 따위를 갈수록 갈망하고 있었다. 거대하고도 무정한 숲을 미친 듯이 사랑하고 경외하면서도, 마음속으로는 이미 돌아갈 방법과 수단을 생각하고 있었다. 솔직히 말하면 나 자신에게 맞는 온전함은 전혀 찾지 못했던 것이다. 그저 바깥에서 온전함을 바라보고 인식했을 뿐이었다. 그것도 그야말로 수박 겉핥기 식으로. 분명한 게 바로 앞에 있는데도 어찌 된 노릇인지 나는 그걸 보지 못했다. 나처럼 인간이면서 밀림이 지니는 온전함의 일원이기도 한 인디언들은 내 주위의 조화와 조화가 부족한 나를 이어주는 공통분모이자 끈이었는데도 나는 미처 그 사실을 알지 못했다.

몇 가지 작은 깨달음이 문명에 눈이 먼 내 머릿속을 스쳐 지나갔다. 예를 들면 노동의 개념 같은 것이. 우리는 아주 작은 알루미늄 카누를 엄청나게 큰 마상이와 맞바꾸었다. 통나무 하나를 깎아 만든 이 배는 인디언 열일곱 명과 우리까지 한꺼번에 탈 수 있었다. 게다가 우리 짐은 물론이고 인디언들 짐까지 실어도 거대한 마상이는 여전히 약간 비어 보였다. 이번에는 인디언 네댓 명만의 도움을 받아 마상이를 커다란 폭포 옆 자갈밭까지 반 마일 넘게 옮겨야 한다고 생각하니 눈앞이 캄캄했다. 다시 말해 배를 통나무 위에 올려 무자비한 태양 아래서 1인치씩 끌어당기다 배가 중심을 잃고 제멋대로 움직일 때마다 돌 틈새로 미끄러져 정강이든 발목이든 화강암에 닿는 부위를 쓸려야 한다는 뜻이었다. 전에도 인디언 두 명의 도움을 받아 작은 카누를 옮긴 경험이 있어 우리 앞에 어떤 난관이 기다리는지 잘 알기에 나는 고된 노동과 고통을 걱정하며 며칠을 지냈다. 아레푸치 폭포에 도착하던 날 우리는 고생할 각오를 단단히 하고 얼굴을 잔뜩 찌푸린 채 매 순간을 저주하며 그 큰 배를 자갈밭 위로 끌어당기기 시작했다.

그놈의 심술 사나운 마상이는 어찌나 무겁던지 옆으로 흔들릴 때마다 우리 중 누군가를 타는 듯한 바위에 패대기쳐 꼼짝 못하게 짓누르는 통에 사람들이 모두 달려들어 가까스로 치운 적이 한두 번이 아니었다. 목적지까지 4분의 1쯤 갔을 때 다들 발목에서 피를 흘리고 있었다. 나는 잠시 양해를 구하고 높다란 바위 위로 훌쩍 뛰어올라 그 광경을 사진에 담았다. 한순간이긴 했지만 멀찍이 떨어져서 보고 있으려니 무척 흥미로운 사실 하나가 눈에 들어왔다. 바로 내 앞에서 남자 여럿이 한 가지 일에 매달리고 있었다. 그 가운데 이탈리아인 두 명은 험상궂게 일그러진 얼굴로 매사에 화를 내며 토스카나 지방 특유의 억양으로 쉴 새 없이 욕설을 내뱉었다. 반면 인디언들은 천하태평이었다. 그쯤은 아무것도 아니라는 듯 엄청나게 무거운 배를 조롱하면서 느긋하게 밀다가 어딘가가 까지면 그 상처를 보고 웃어댔고, 배가 앞으로 쏠려 그 밑에 한두 명이 깔리기라도 할라 치면 특히 더 즐거워했다. 그중 한 명은 살을 태울 듯 뜨거운 화강암에 벌거벗은 등을 쓸리고도 다시 숨을 쉴 수 있게 되자 어김없이 크게 웃음을 터뜨리며 안도감을 마음껏 드러냈다.

   다들 똑같은 일을 하고 있었고, 다들 팽팽한 긴장과 고통을 겪고 있었다. 다들 똑같은 상황에 놓여 있었다. 다만 우리는 우리 문화에 길들여져 그런 환경에선 행복 지수가 낮을 수밖에 없다고 믿으며 그 문제에 다르게 접근할 수 있는 방법이 있다는 사실을 까맣게 몰랐다는 점이 다르다면 달랐다.

   반면 인디언들은 비록 의식하진 못했지만 너나 할 것 없이 다른 방법을 선택했다. 그들은 즐거운 마음으로 동지애를 보여주고 있었다. 게다가 미리부터 걱정하느라 쓸데없이 며칠을 낭비하지도 않았다. 그들에게는 앞으로 나아가는 한 걸음 한 걸음이 작은 승리였다. 사진을 다 찍고 나서 다시 일행과 합류했을 때 나는 문명인의 선택을 뒤로하고 운반 과정을 진심으로 즐겼다. 그러자 아무리 피부가 까지고 멍이 들어도 대수롭지 않게 여겨졌다. 그 정도 작은 상처는 곧 나을 터였고, 따라서 짜증이나 자기 연민, 분노 같은 불쾌한 감정을 내보일 필요가 없었다. 물론 얼마나 더 있어야 운반이 끝날지를 놓고 불안해할 필요도 없었다. 대신 나의 지시나 결정 없이도 스스로 알아서 낫게 될 나의 탁월한 몸이 고맙게 느껴졌다.

하지만 그 순간의 해방감은 곧이어 습관의 포악한 힘에, 의식의 끊임없는 노력을 통해서만 물리칠 수 있는 문화의 영향력이라는 엄청난 무게에 또다시 자리를 내주고 말았다. 나는 필요한 노력을 기울이지 않았고, 그 결과 계시로부터 별다른 이득을 얻지 못한 채 탐험에서 돌아왔다.

그러고 나서 인간의 본성과 노동에 대해 생각하게 해준 계기가 또 찾아왔다.

인디언 두 가족이 눈이 부시도록 새하얀 바닷가와 초승달 모양의 드넓은 바위 지대에 둘러싸인 석호가 내려다보이는 오두막에서 살고 있었다. 그 너머로는 카로니 강과 아레푸치 폭포가 자리하고 있었다. 한 가족의 가장 이름은 페페였고, 또 한 가족의 가장 이름은 세사르였다. 다음의 이야기를 들려준 사람은 페페였다.

세사르는 아주 어렸을 때 베네수엘라 어느 조그만 마을의 가정에 '입양'되어 한동안 그 집에서 살았다. 그는 학교에 보내져 읽고 쓰는 법을 배우며 베네수엘라인으로 키워졌다. 어른이 되자 그 역시 기아나 지방 남자들 대부분이 그렇듯이 다이아몬드를 캐서 한밑천 잡으려고 카로니 강 상류로 왔다. 그는 베네수엘라 사람들 틈에 끼어 일했다. 그런데 과이파루를 터전으로 살아가는 타우리판족 추장 문도가 그를 알아보았다.

"호세 그란데 집에 양자로 간 줄 아는데?" 문도가 물었다.

"네, 그 집에서 컸습니다." 세사르가 말했다.

"그럼 네 종족한테로 돌아와야지. 넌 타우리판족이다."

세사르는 한참 고심한 끝에 베네수엘라인보다는 인디언으로 살아가는 게 더 낫겠다는 결론을 내리고 아레푸치로 와서 페페와 함께 살게 되었다.

5년 동안 세사르는 페페의 가족과 살면서 어여쁜 타우리판 여성과 결혼해 딸을 낳았다. 세사르는 일하는 것을 싫어했기 때문에 그의 가족은 페페의 밭에서 나는 농작물을 얻어먹었다. 세사르는 페페가 밭을 개간하라거나 일손을 거들라고 하지 않아 기뻤다. 페페는 일하는 걸 좋아했고 세사르는 그렇지 않았기 때문에 그런 생활에 둘 다 아무 불만이 없었다.

세사르의 아내는 동네 아낙들과 끼니로 먹을 카사바를 캐고 다듬는 일을 좋아했지만 세사르는 맥 같은 짐승을 사냥하는 일만 좋아했다. 그러다 2년쯤 뒤부터 그는 낚시에 맛을 들여 페페와 그의 두 아들이 잡은 물고기에 자기가 잡은 물고기를 보태기 시작했다. 페페와 그의 두 아들은 그전부터 낚시를 워낙 좋아해 세사르 가족에게 물고기를 후하게 나눠주고 있었다.

우리가 도착하기 직전 세사르는 자기 소유의 밭을 개간하기로 결심했고, 페페가 나무를 베서 불태울 곳을 물색하는 것을 비롯해 하나부터 열까지 일을 거들었다. 페페는 친구와 이야기도 나누고 농담도 주고받을 수 있어 그 일이 한층 더 즐거웠다.

빈둥거리며 5년을 보내고 나서 세사르는 아무도 강요하는 사람은 없었지만 페페나 다른 인디언들처럼 일하는 것을 좋아하게 되었다.

페페는 세사르가 갈수록 불만을 드러내면서 짜증을 부렸기 때문에 아레푸치 사람 모두가 그의 변화를 기뻐하고 있다고 말했다. "그 친구도 자기 소유의 밭을 갖고 싶어했지요." 여기서 페페는 웃었다. "하지만 혼자서는 어떻게 해야 할지 몰랐지요!" 페페는 그가 실은 일을 하고 싶어했다는 것을 아무도 몰랐다는 사실이 못내 재미있는 듯했다.

이들 이상한 단서는 문명 속에서 살아가는 우리가 인간의 본성을 꽤 심각하게 오해하고 있다는 사실을 보여주긴 했지만, 당시만 해도 나는 그 주제와 관련해 일반적인 원칙을 끌어내진 못했다. 하지만 비록 내가 찾고자 하는 것이 정확하게 무엇인지는 알지 못했어도 적어도 가볼 만한 가치가 있는 길을 발견했다는 생각은 들었다. 그 길은 앞으로 몇 년 동안 계속 가보기에 충분했다.

스페인어를 사용하는 베네수엘라 국경 지방 맨 끝자락에서 출발해 6주가 걸리는 지역까지 가는 두 번째 탐험은 여자는 밀림에서 아무 짝에도 쓸모없다고 굳게 믿는 어느 이탈리아인 교수가 이끌었다. 그럼에도 나의 예전 동료가 겨우 허락을 받아내주었고, 그래서 나는 브라질 국경 근처 카우라 강 상류의 '아무도 받아들이지 않는' 다우림多雨林 덕분에 외부의 손길을 전혀 타지 않은 예콰나족과 사네마족의 석기시대 세계로 들어갈 수 있었다.

남자든 여자든 어린아이든 이곳 사람들은 개성이 훨씬 더 강했다. 타우리판족처럼 낯선 사람을 보고 경계심을 드러내며 얼빠진 표정을 짓는 사람은 아무도 없었다. 하지만 그야말로 이국 땅에서 나는 그 사람들의 이해할 수 없는 특성 대부분이 내게 익숙한 사회 어딜 가나 커다란 비중을 차지하는 불행이 없기 때문이라는 사실을 미처 알아차리지 못했다. 그저 막연하게 저기 숲 뒤 어딘가에서 세실 B. 드 밀*의 유령이 야생을 무대로 할리우드 스타일의 1차원 영화를 찍고 있다는 느낌밖에 들지 않았다. 그들에게는 인간의 행동을 둘러싼 '법칙'이 적용되지 않았다.

우리는 그곳에 3주 동안 있었는데, 나는 줄곧 예콰나족하고만 생활했다. 나중에 나의 동료들은 그 시간을 떠올리며 자신들을 애완동물 다루듯 하는 난쟁이 무리 때문에 꼼짝없이 갇혀 지냈다고 말했다. 어쨌든 그 짧은 시간 안에 나는 그때까지 사실이라고 알고 있던 억측들을 그보다 길었던 첫 번째 탐험 때보다 더 많이 버렸다. 그리고 고쳐 배우는 과정의 가치를 깨치기 시작했다. 아울러 노동이라는 주제를 다른 시각으로 바라보게 되면서 해묵은 나의 편견을 바로잡을 수 있었다.

예콰나족 사전에는 '노동'이라는 단어가 없었다. 우리를 제외하고 그들에게 거의 풍문으로만 알려진 이방인과 거래할 때 그들은 '타라바호'

---

* 미국의 영화 제작자이자 감독. '피와 성(性)과 성서'를 영화의 신조로 삼으며 다양한 작품을 선보였다.

라는 말을 사용했다. 이 말은 '일'이라는 뜻의 스페인어 '트라바호'가 약간 와전된 것으로, 그 의미는 스페인 정복자들과 그 후손들이 사용하던 원래의 단어 뜻과 거의 일치했다. 놀랍게도 내가 그들에게서 배운 말 가운데 스페인어가 어원인 단어는 그것밖에 없었다. 예콰나족에게는 우리가 생각하는 노동의 개념이 없는 듯했다. 각각의 일을 가리키는 단어들이 있을 뿐 그 모두를 아우르는 용어는 없었다.

그들은 시간을 보내는 여타의 방법과 노동을 구분하지 않았다. 그렇다면 물을 길어오는 일을 아무렇지도 않게 여긴다고 해서 그다지 놀라울 것도 없었다. 여자들은 하루에도 몇 번씩 부뚜막에서 일어나 작은 조롱박 두세 개를 들고 비라도 오면 말도 못하게 미끄러운 가파른 언덕을 내려가 개울에서 바가지를 가득 채워선 언덕 위 마을로 다시 올라왔다. 그러는 데 거의 20분이 걸렸다. 게다가 여자들 대부분이 조롱박뿐만 아니라 아기까지 안고 다녔다.

처음으로 언덕을 내려갔을 때 없으면 안 될 생활필수품을 구하러 그렇게 멀리까지 걸어가야 하는 불편함에 나는 깜짝 놀랐다. 애초에 물을 좀 더 쉽게 구할 수 있는 마을 터를 선택하면 됐을 텐데 그러지 않았다니 도무지 이해할 수가 없었다. 더구나 개울둑을 걸어갈 때는 굴러 떨어지지 않으려면 조심스럽게 한 걸음 한 걸음 내디디며 바짝 긴장해야 했다. 사실 예콰나족도 북아메리카 인디언처럼 뛰어난 균형 감각을 지니고 있어 현기증이란 걸 모른다. 하지만 그들이 떨어진 적 없듯이, 나 역시 한 번도 떨어지지 않았다. 다만 발밑을 신경 써야 한다는 것에 골을 낸 사람은 나뿐이었다. 그들도 나와 똑같이 조심하며 걸었지만 주의를 요하는 그 '고충'에 나처럼 얼굴을 찌푸리지 않았다. 그들은 평지에서나 비탈에서나 계속 잡담을 나누고 농담을 주고받았다. 대개 그들은 두세 명 이상 무리를 지어 다녔고, 늘 그렇듯이 물을 길러 다닐 때도 잔치 분위기가 대세를 이루었기 때문이다.

여자들은 하루에 한 번씩 조롱박과 옷가지(앞치마와 비슷하게 생긴 속곳 '카슈-섹스'와 발목, 무릎, 손목, 팔뚝, 목, 귀를 장식하는 구슬)를 둑 위에 벗어놓고 자기도 씻고 아기도 씻겼다. 여자와 아이들이 아무리 북적여도 목욕은 고대 로마인 부럽지 않게 사치스러웠다. 동작 하나하나가 감각이 즐거워하고 있다는 것을 말해주었고, 아기들을 마치 너무 귀중해서 그 임자가 겉으로는 삼가는 척해도 얼굴 가득 기쁨과 자부심을 드러낼 수밖에 없는 물건처럼 다루었다. 여자들은 언덕을 걸어 내려갈 때면 최고의 칭찬에 익숙한 사람처럼 새침을 떨었고, 마지막에 아슬아슬하게 개울로 걸어 들어갈 때면 왕관을 받으러 앞으로 걸어 나오는 미스 월드가 무색했다. 내가 만난 예콰나족 여자들은 개성이 각자 다른 만큼 감정의 여유를 보일 때도 제각각이었지만, 이런 점에서는 어른 아이 할 것 없이 모두 똑같았다.

곰곰이 따져보니 물을 긷는 시간을 그보다 '더 알차게' 보낼 수는 없었다. 적어도 행복의 관점에서 보면 그랬다. 반대로 진보나 그 부산물인 속도, 효율성, 새로운 방식이 기준이라면 물을 길러 가는 것은 누가 보아도 어리석은 짓이었다. 하지만 예콰나족의 남다른 창의력을 경험하고 난 뒤로, 만약 내가 그들에게 물을 길러 개울까지 가야 하는 번거로움을 해결해달라고 부탁한다면 그들은 대나무를 연결해 다리를 놓거나, 도르래를 설치해 미끄러운 지점을 걱정 없이 지날 수 있게 해주거나, 개울 근처에 오두막을 지어줄 거라는 확신이 들었다. 그런데도 그들은 생활 방식을 바꿀 필요도 압력도 느끼지 못했고, 발전해야겠다는 마음도 없었다.

시간은 필요를 충족하는 데 써야 한다는 점검되지 않은 원칙에 근거해 나의 균형 감각을 최대한으로 발휘해야 하는 상황을 짐스럽게 여기거나 원망한다면 그것은 그들의 문화가 공유하지 않는 가치를 내 멋대로 강요하는 셈밖에 되지 않았다.

노동에 대한 또 다른 통찰력 역시 관찰보다는 경험의 산물이었다. 예콰나족 추장 안슈는 기회가 닿을 때마다 나를 좀 더 행복한 행동 쪽으로 이끌었다. 나중에 다시 말하겠지만, 나는 유리 장신구 하나와 사탕수수 일곱 자루를 맞바꾸고 나서 교훈을 또 하나 얻었는데, 그것은 거래보다 좋은 관계를 더 중요하게 생각하는 사람들의 거래 기술에 관한 것이었다. 거래가 끝나고 안슈의 아내는 근처 외진 곳에 있는 부부의 오두막으로 돌아갔고, 안슈와 그의 집사로 보이는 사네마족 남자, 그리고 나는 세 번째 봉우리에 있는 마을까지 돌아가려면 봉우리를 두 개나 넘어야 했다. 사탕수수 일곱 자루는 안슈의 아내가 놓고 간 땅바닥에 그대로 있었다. 안슈는 사네마족 남자에게 세 자루를 들라고 지시하고, 자기도 세 자루를 어깨에 짊어졌다. 한 자루는 여전히 땅바닥에 놓인 채로 있었다. 남자 둘이 모두 가지고 갈 줄로만 알았는데, 안슈가 나를 보며 "들어요"라고 말하는 게 아닌가. 나는 건장한 남자가 둘이나 있는데도 나더러 가파른 경사 길을 뭘 들고 가라는 말에 잠시 화가 났다. 하지만 곧이어 어쨌든 안슈는 거의 뭐든 모르는 게 없다는 데 생각이 미쳤다.

나는 사탕수수 자루를 어깨에 둘러멨고, 안슈는 내가 앞장서서 출발하기를 기다렸다. 힘들게 산을 내려와서 안슈의 집에서 점심을 먹고 사탕수수 밭에서 시간을 보내느라 긴장할 대로 긴장한 상태에서 그 먼 길을 다시 되짚어 가야 한다는 것만으로도 부담스러운데, 이제 무거운 사탕수수도 지고 가야 하는 부담까지 겹쳤다. 처음 몇 걸음은 밀림을 헤치고 다닐 때마다 늘 겪는 긴장 때문에 무겁디무거웠다. 더구나 이번에는 오르막길인 데다 짐이 있어 손마저 자유롭지 못했다.

하지만 갑자기, 그야말로 갑자기 부담감이 씻은 듯이 사라지고 없었다. 안슈가 더 빨리 걸어야 한다거나, 계속해서 그렇게 거북이걸음으로 걷다가는 내 체면이 말이 아니게 될 거라거나, 사람들이 나의 성과로 나를 판단하고 있다거나, 사정이야 어떻든 미적미적 길에서 시간을 보내는 것은 바람직하지 않다는 눈치를 조금도 주지 않았기 때문이다.

백인 동료들과 길을 갈 때는 남자들과 보조를 맞춰 여성의 명예를 지켜야 한다는 부담에 짓눌려 늘 서둘렀다. 그걸 기준으로 사람의 지구력과 의지를 판가름하기 때문에, 걸음이 뒤처지면 기분이 상할 것이 뻔했기 때문이다. 하지만 지금은 안슈와 사네마족 남자의 너무도 다른 태도 덕분에 나는 그런 걱정을 모두 내려놓은 채 사탕수수 자루를 짊어지고 밀림 속을 그저 걷기만 했다. 경쟁심은 온데간데없어지고, 신체의 긴장도 몸에 부담을 주기보다 힘을 입증하는 만족스러운 증거로 바뀌었다. 고난 앞에서 이를 뿌득뿌득 갈며 억지로 기운을 낼 필요가 더 이상 없었다.

얼마 후에는 자유와 더불어 새로운 사실까지 알게 되어 기분이 더욱 좋았다. 알고 보니 나는 사탕수수 한 자루가 아니라 그 일부만을 짊어지고 있었다. 나머지는 어느새 두 남자가 나누어 지고 있었던 것이다. 나는 학교와 여름 캠프에서 '협동 정신'에 대해 귀가 따갑게 들었다. 하지만 언제부터인가 그 말은 허식 말고는 아무런 의미도 담아내지 못했다. 우리는 늘 위태로운 상태에 있었다. 누군가에게 위협받고, 감시당하고, 판단의 대상이 되고 있다는 느낌에 늘 시달렸다. 동료와 사이좋게 일을 처리하는 간단한 임무는 난무하는 경쟁에 밀려 자취를 감추고 말았다. 다른 사람들과 힘을 합쳐 일하는 데서 오는 원시의 즐거움을 느낄 기회는 영영 갖지 못했다.

길을 가면서 나는 내 걸음걸이의 속도와 느긋함에 깜짝 놀랐다. 보통 때 같았으면 땀에 흠뻑 절어 헉헉대면서 무조건 빨리 걸으려고만 했을 터였다. 아마도 나는 대체로 근육 힘이 약한데도 영양 상태가 좋은 백인 남성을 능가하는 인디언의 비결을 은연중에 터득하고 있었지 않나 싶다. 인디언들은 일을 할 때만 힘을 사용하고 긴장이 따르는 상황에선 힘을 전혀 허비하지 않는 방법으로 힘을 절약했다.

나는 첫 탐험에서 각자 34킬로그램가량 되는 짐을 등에 짊어지고 좁다란 통나무 하나를 쓰러뜨려 개울에 걸쳐놓은 게 전부인 '다리'를 조심스럽게 건너는 타우리판 인디언들을 보고 놀랐던 기억을 떠올렸다. 그중 한 명은 재미있는 우스갯소리라도 생각났는지 외나무다리 한가운데 멈춰 서서는 고개를 돌리고 등 뒤로 줄지어 있는 사람들에게 이야기를 들려준 뒤 다시 걸음을 옮겨놓곤 했다. 그러고는 친구들과 특유의 음조로 한바탕 웃어댔다. 그들도 우리와 마찬가지로 그런 상황이 고통스러울 게 분명한데, 그렇게 웃고 떠들다니 이상하다 못해 거의 미치지 않았나 싶었다. (알고 보니 다들 잠들어 있는 한밤중에도 우스갯소리가 생각나면 입 밖으로 꺼내는 게 그들의 습관인 듯했다. 몇몇은 큰 소리로 코를 골아댔지만 다들 곧바로 잠에서 깨어나 한바탕 웃고는 곧이어 다시 잠에 빠져들어 코를 골았다. 그들은 자다가 깨는 것을 불쾌하게 여기지 않았고, 잠이 깊이 든 상태에서도 멀리서 들려오는 멧돼지 소리를 인디언 모두가 동시에 듣고는 금세 말뚱거리며 깨어났다. 그때 나는 깨어 있으면서도 주변의 밀림에서 나는 소리만 들었을 뿐 아무 기척도 알아차리지 못했다.) 대부분의 여행객과 마찬가지로 나 역시 이해하려는 노력도 없이 그들의 낯선 행동을 관찰하기만 했지 인간의 본성을 표현하는 그들과 우리의 방식 차이를 메우려는 그 어떤 시도도 하지 않았다.

하지만 두 번째 탐험에서는 "진보는 좋은 것이다", "인간은 생활의 기준이 되는 법을 만들어야 한다", "아이는 부모의 소유물이다", "일하는 것보다 노는 게 더 즐겁다"는 식의 배타적인 주제에서 탈피해 새로운 생각을 경험했다.

나의 진두지휘 아래 각각 4개월과 9개월이 걸린 세 번째와 네 번째 탐험 역시 나를 똑같은 지역으로 데려갔고, 그 후로도 탐험은 계속되었다. 당시 내가 적은 일기는 고쳐 배우는 기술이 내게 제2의 천성이 되어가고 있었다는 것을 보여준다. 하지만 나의 지성은 재론의 여지가 없는 광범위한 전제들에 근거해 인간의 조건을 바라보았다. 예를 들어 행복을 느끼려면 행복뿐만 아니라 불행도 어느 정도 경험해야 한다는 전제, 또는 행복은 나이 든 사람보다 젊은 사람의 손을 더 많이 들어준다는 전제였다. 그런 전제들 때문에 재점검에 들어가기까지 여전히 오랜 시간이 걸렸다.

네 번째 여행을 끝낸 뒤 나는 이런저런 전제를 남김없이 버리고 다시 원점에 선 관점과 그동안 내가 본 것 모두를 머릿속에 집어넣고 뉴욕으로 돌아왔다. 그리고 나의 관찰 결과를 직소퍼즐 조각처럼 끌어안고 지겹도록 이리저리 끼워 맞추면서 인간의 본성을 드러내는 듯한 행동 유형으로 의심되는 것은 무엇이든 낱낱이 파헤쳤다.

해체 과정을 거꾸로 뒤집어 남아메리카에서의 나의 관찰 결과뿐만 아니라 내 손으로 철저히 허물어뜨린 문명 세계에서의 나의 경험을 관통하는 질서를 조금씩 인식하기 시작한 것은 한 편집자로부터 《뉴욕 타임스》가 인용한 나의 입장*에 살을 붙이고 다듬어 기사로 써달라는 의뢰를 받고 나서였다.

물론 그때만 해도 나는 이론에 무지했지만 열린 눈으로 주위를 둘러보자 처음으로 내 주변 사람들의 왜곡된 성격이 보이면서 왜곡 현상을 일으키는 요인 일부가 이해되기 시작했다. 그러고 나서 일 년쯤 뒤에는 인간의 기대와 성향이 지금처럼 진화하게 된 기원으로까지 인식이 확장되면서 문명인에 비해 나의 미개한 친구들의 행복 지수가 더 높은 이

---

\* (원주) "인디언들에게 내가 태어난 곳에서는 여성이 낯선 남자가 쓴 책에 나오는 지시 사항을 읽고서야 비로소 아이를 제대로 키울 수 있다고 생각한다는 사실을 인정하기가 낯부끄러웠다."

유를 설명할 수 있게 되었다.

　탐험에서 돌아온 지 얼마 되지 않았지만 책을 통해 이런 생각을 소개하기에 앞서 다섯 번째 탐험에 나서는 게 최선일 듯했다. 나는 예콰나족을 다시 만나 새롭게 형성된 관점을 가지고 돌이켜보면 증거의 합집합일 뿐인 나의 관찰 결과가 깊이 있는 학문의 주제로도 가치가 있을지 확인하고 싶었다.

　두 번째 탐험 때 개간해 만들어 세 번째와 네 번째 탐험 때도 사용했던 소형 비행장은 주식 중매 회사와 기상 관측소 터로 바뀐 채 버려져 있었다. 예콰나족은 더러 셔츠와 바지를 입고 있었지만 다행히도 예전과 변함이 없었고, 이웃에 사는 사네마족도 질병 때문에 거의 멸종 상태로 줄어들었지만 대대로 내려오는 생활 방식을 그대로 고수하고 있었다.

　두 부족 모두 외지에서 들어오는 일거리나 물물교환 제의를 흔쾌히 받아들였지만 관점이나 전통, 생활 방식은 어느 것 하나 맞바꾸려 들지 않았다. 엽총과 손전등을 가지고 있는 인디언들은 화약, 총알, 격발 장치, 배터리를 구하고 싶어했지만 그런 소박한 바람을 앞세워 그들이 싫어하는 일을 시키거나 일단 지루하다고 판명된 일을 계속 시키기는 어려웠다.

　그때그때 이루어지는 관찰로는 포착할 수 없는 세부 사항, 예를 들면 부모가 성관계를 가질 때도 아이들이 그 자리에 있는지의 여부뿐만 아니라 우주, 신화, 주술 행위 등에 대한 관점처럼 그들의 본성에 딱 들어맞는 문화와 관련된 항목들은 질문을 통해 보충했다.

하지만 무엇보다도 다섯 번째 탐험은 뉴욕에서 그들의 행동을 돌이켜보며 내린 결론이 실제와 다르지 않다는 확신을 심어주었다. 사실 한때는 인디언 두 부족의 행동이 그저 기묘할 뿐이었지만 연속성 원리의 시각에서 바라보게 되자 이해는 물론이고 많은 경우 예측도 가능해졌다.

나의 추론이 틀렸다는 것을 입증할 예외를 찾는 과정에서 나는 그런 예외 또한 일관되게 '법칙을 입증한다'는 사실을 확인했다. 문명 세계의 아기처럼 손가락을 빨고, 몸을 딱딱하게 굳히고, 비명을 질러대는 아기가 있었다. 하지만 자초지종을 알고 보니 그 아기는 태어나자마자 선교사가 데려다 카라카스의 병원에 입원시켰고, 그 뒤로 병이 나을 때까지 8개월 동안 가족과 떨어져 지내야 했다.

아동정신과 전문의이자 저술가인 로버트 콜스 박사는 미국의 한 재단으로부터 나의 견해를 평가해달라는 요청을 받고 내게 '그 분야의 전문가'라는 이유로 그런 부탁을 받았지만 '불행히도 그 분야는 아직 존재하지 않는다'면서 자신은 물론이고 그 누구도 그 분야에선 권위자가 될 수 없다고 말했다. 따라서 연속성 개념이 과연 반이나 묻혀 있는 개개인의 감각과 기능을 일깨워 원상태로 돌려놓을 수 있는지 없는지는 그 자체의 장점을 통해 평가받는 수밖에 없다.

2장

연속성 개념

우리 역시 동물이라는 점에서는 변함이 없었지만 인간은 2백만 년 넘게 빛나는 성공을 거두었다. 인간은 유인원에서 출발해 수렵과 채집이라는 효과적인 생활 방식을 통해 인격체로 진화했다. 그렇게 되기까지 어쩌면 수백만 년이 걸렸을지도 모른다. 하지만 대부분의 생태학자들은 앞으로 한 세기만 지나면 인간이 일상을 영위하면서 살아남을 가능성이 대폭 줄어들 것이라고 내다본다.

  진화에 순응하는 생활 방식에서 벗어난 뒤로 겨우 몇천 년 만에 인간은 지구 전체의 자연 질서를 파괴했을 뿐만 아니라 그 억겁의 세월 동안 고도로 진화하며 자신의 행동을 이끌어온 훌륭한 감각을 훼손하고 말았다. 하지만 그 감각 중 상당수가 제 기능을 잃게 된 것은 아주 최근의 일이다. 그러니까 이해력이 부족한 과학이 우리의 본능적인 능력이

은밀하게 숨어 있던 마지막 장소까지 파헤쳐 호시탐탐 들여다보기 시작하면서부터다. 결국 우리의 진정한 욕구에 대해 별로 아는 게 없는 지성이 우리의 행동을 결정하게 되면서 우리에게 무엇이 가장 좋은지를 잘 아는 우리의 타고난 감각은 갈수록 빈번하게 의심의 방해에 부닥치고 있다.

예를 들어 아기를 어떻게 대해야 할지를 결정하는 것은 이성의 영역이 아니다. 호모 사피엔스의 모습을 갖추기 훨씬 오래전부터 우리는 육아와 관련해 더없이 정확한 본능을 지니고 있었다. 하지만 우리는 이 오랜 지식을 철저히 무시해왔고, 지금은 아예 연구자들까지 전임으로 고용해 우리 아이들을 대하는 법, 나아가 우리 자신에 대한 태도까지 맡기기에 이르렀다. 전문가들이 만족스럽게 사는 법을 '발견'하지 못했다는 것은 비밀이 아니다. 하지만 발견하는 데 실패하면 할수록 그들은 이성의 힘만으로 문제를 해결하려 들면서 이성이 이해하지 못하는 일은 없다고 주장한다.

이제 우리는 사실상 이성의 지배를 받고 있다. 그 때문에 무엇이 우리에게 좋은지를 잘 아는 우리의 타고난 감각은 크게 훼손되고 말았고, 그 결과 우리는 그 감각의 기능을 거의 알지 못할 뿐만 아니라 왜곡된 욕구와 원래의 욕구도 구분하지 못하는 지경까지 왔다.

하지만 나는 우리가 비록 길을 잃고 장애까지 안은 채 여전히 비틀대고 있지만 얼마든지 새로 시작할 수 있다고 믿는다. 적어도 우리는 우리에게 가장 유리한 방향이 어디인지 정도는 알고 있으며, 따라서 노력한다면 더는 진로를 이탈하지 않을 수 있다. 다른 사람의 전쟁에서 조언을 하는 '기술 고문'과 마찬가지로 의식 또한 자신의 실수를 깨달았다면 낯선 지역으로 더 깊이 들어가지 말고 일에서 손을 떼야 한다. 물론 이른바 본능이라는 비할 바 없이 엄정하고 지혜로운 마음의 영역이 수백만 년 동안 해온 일을 굳이 빼앗지 않고도 우리의 이성이 할 수 있는 일은 많다. 본능 역시 의식적이라면 순식간에 우리 머리를 점령해 무기력하게 만들고 말 것이다. 의식은 한 번에 한 가지만 생각할 수 있지만 무의식은 무수한 관찰, 계산, 종합, 실행을 동시에 그리고 정확하게 처리할 수 있다.

이 경우 '정확하다'는 말은 복잡한 의미를 지닌다. 즉 무엇을 원하는지를 놓고 개인마다 생각이 다를 경우 각자가 원하는 행동 결과에 우리 모두 동의한다는 뜻이다. 다시 말해 여기서 **'정확하다'는 것은, 지금까지 우리가 발전시켜온 성향과 기대에 부응하는 한 우리 종의 오랜 연속성에 적합하다는 것을 의미한다.** 그런 점에서 기대는 인간의 의도와 마찬가지로 인간의 내부 깊숙이 자리한다. 인간의 폐는 공기를 머금고 있을 뿐만 아니라 계속 공기가 유입되기를 기대한다. 인간의 눈은 파도처럼 일정한 폭으로 물결치는 자외선을 기대한다. 인간의 귀는 다른 사람들의 목소리를 비롯해 주변에서 가장 관심을 끄는 사건들이 일으키는 진동을 기대한다. 인간의 목소리는 다른 사람들 안에서도 똑같이 기능하는 귀를 기대한다. 이 목록은 무한정 늘어날 수 있다. 가령 물이 새어들지 않는 피부와 털은 비를 기대하고, 코털은 먼지를 기대한다. 피부 색소는 햇볕을 기대하고, 발한 기관은 열을 기대한다. 지혈 기관은 신체 표면에 일어나는 사고를 기대한다. 남성은 여성을, 여성은 남성을 기대한다. 반사 기관은 응급 상황에서 재빨리 반응해야 하는 경우를 기대한다.

인간은 어떻게 자신이 무엇을 필요로 하게 될지를 미리 알 수 있을까? 그 답은 바로 경험이다. 인간이 지구에 출현할 수 있도록 준비하는 경험의 사슬은 단세포 생명체의 첫 도래와 더불어 시작된다. 체온을 통해 생명체는 환경과 타협하는 법뿐만 아니라 주변에서 영양분을 흡수해 활동과 기후 변화, 또는 다른 물체나 같은 종 안의 다른 성원과 부딪쳤을 때 필요한 에너지를 얻는 법을 터득했다. 그리고 이 경험은 후손들에게 전수되었다. 과학이라고 하기에는 아직도 크게 미심쩍은 수단을 통해 이러한 자료들이 전해지자 상상할 수도 없이 오랜 세월에 걸쳐 매우 더디긴 해도 차츰차츰 변화가 일어났고, 그 결과 생명체는 다양한 방법과 형태로 환경에 적응하면서 생존과 재생산을 해나갈 수 있었다.

어떤 체계가 갈수록 다양해지는 환경을 맞이해 점차 다양성과 복잡성을 띠면서 적응력을 키워나갈 경우에 늘 그렇듯이 전과는 비교할 수도 없는 안정이 찾아왔다. 게다가 자연 재해로 멸종할 위험도 줄어들었다. 그 결과 어느 한 생명체 전체가 완전히 자취를 감추어도 다른 수많은 생명체가 그 뒤를 이어 복잡화와 다양화, 적응과 안정화를 계속 이뤄나갔다. (살아남은 생명체가 사라진 생명체의 뒤를 이어 다양성을 확보하면서 극심한 천재지변 앞에서도 용케 소멸될 위기를 모면하고 살아남기 아마도 몇백만 년 전에 '최초의' 생명체 가운데 상당수는 멸종했다고 생각해도 무방하다.)

그와 동시에 각각의 생명체는 물론 각 생명체의 각 부분 안에서도 안정화 원리가 작용하면서 경험의 유산을 통해, 모든 종류의 접촉을 통해 자료를 수집해서는 그러한 경험을 더욱더 효과적으로 활용할 수 있는 능력을 갈수록 복잡한 방법으로 후손들에게 물려주었다. 그런 과정을 거치며 각 생명체는 앞으로 부딪칠 경험을 예상해 계획을 세웠다. 생명체가 견딜 수 있는 경험의 한계는 그 조상이 적응했던 환경이 결정했다.

생명체가 진화하는 환경의 기후 조건이 몇 시간 이상 120도를 넘거나 영하 45도 밑으로 떨어지지만 않는다면 그다음의 진화 과정도 별 문제 없이 진행될 수 있었다. 하지만 그런 혹독한 환경에 지나치게 오래 노출된 조상은 가까스로 안녕을 유지했을 것이다. 비상 상황에 대비해 비축해둔 힘은 고갈되기 일쑤고, 곤경에서 빠져나갈 방법을 마련하지 못하면 개별 생명체든 종 전체든 죽음을 맞이했을 것이다. **무엇이 어떤 종에게 정확한지를 알려면 그 종 고유의 기대를 알아야 한다.**

우리는 인간의 고유한 기대에 대해 얼마나 많이 알고 있을까? 우리는 인간이 무엇을 가지고 있는지 아주 잘 알고 있으며, 현재의 가치 체계에 비추어 인간은 무엇을 원하는지 또는 무엇을 원해야 하는지에 대해서도 이런저런 얘기를 자주 듣는다. 하지만 오랜 유전의 계보에서 가장 최근의 실례를 보면 인간의 진화 역사가 인간이 무엇을 기대하도록 만들었는지 점점 더 오리무중에 빠져들 뿐이다. 이제는 지성이 무엇이 최선인지를 결정하는 일을 넘겨받아 우리의 취향과 예상에 대해 지배권을 주장하고 있기 때문이다. 그 결과 한때는 자신감에 차서 적절한 대우와 환경을 바라던 인간의 기대는 이제 무참히 꺾인 채, 사람들은 집이 없거나 곤경에 처하지만 않으면 다행이라고 생각하는 경우가 많아졌다. 하지만 "난 괜찮아"라고 말할 때조차 사람들 안에는 상실감이, 딱 꼬집어 말할 수 없는 뭔가를 희구하는 마음이, 중심에서 벗어나 뭔가를 놓치고 있다는 느낌이 자리한다. 그래서 간혹 그렇지 않느냐는 질문을 받으면 다들 쉽게 부인하지 못한다.

따라서 진화를 통해 몸에 밴 인간의 기대가 정확히 어떤 성격을 띠는지 파악하려면 문명화 이후의 최근 사례를 아무리 열심히 들여다본들 아무 소용이 없다.

다른 종을 관찰하는 것이 도움이 될 수도 있겠지만 그와 동시에 오해의 소지도 높일 수 있다. 물론 발전 수준이 비슷할 경우 다른 동물과의 비교가 유효할 수도 있다. 예를 들면 수억만 년 전에 생겨난 뒤로 우리의 동료 동물 대다수가 공유하고 있는 호흡 욕구처럼 유인원이 등장하기 이전의 오래되고, 깊고, 기본적인 욕구의 경우에는 그렇다. 하지만 여전히 적절한 행동과 환경의 연속선상에 있는 인간을 연구하는 것이 훨씬 더 유용하다. 숨 쉴 공기보다 덜 분명한 우리의 기대를 더러 확인한다 하더라도 그보다 더 미묘한 기대들은 언제든지 산적해 있기 마련이다. 그나마 컴퓨터에 우리의 직관적인 지식의 일부라도 파악할 수 있게 도와달라고 청하려면 먼저 그 기대들부터 정의해야 한다. 따라서 계속 기회를 살피면서 무엇이 적절한지를 척척 골라내는 우리의 타고난 능력을 되찾는 것이 무엇보다도 중요하다. 그리고 나야 그 일을 떠맡아 난감해하고 있는 지성이 지금보다 더 잘할 수 있는 일에 매진할 수 있다.

우리가 살면서 마주치는 기대는 우리의 성향(예를 들어 빨리는 성향,

신체에 미치는 해를 피하려는 성향, 기려는 성향, 모방하려는 성향)과 밀접하게 관련되어 있다. 우리 선조들도 경험했듯이 대우와 환경을 통해 우리가 갖는 기대가 효용성을 발휘하게 되면 우리 안의 이런 성향들은 서로 영향을 주고받는다. 기대했던 일이 일어나지 않으면 이를 바로잡거나 보정하려는 성향이 안정을 회복하려고 애쓴다.

인간으로서 삶을 지속한다는 것은 인간이라는 종의 기대와 성향이 형성된 환경과 일치하는 환경 속에서 그런 기대와 성향에 부합하는 경험을 끊임없이 한다는 뜻이라고도 볼 수 있다. 이런 연속성에는 그 환경의 일부인 다른 사람들의 적절한 행동과 대우도 포함된다.

개인의 연속성은 그 자체로 완전함을 지니지만 가족의 연속성 가운데 일부를 형성하기도 한다. 마찬가지로 가족의 연속성은 부족의 연속성 가운데 일부를, 부족의 연속성은 공동체의 연속성 가운데 일부를, 공동체의 연속성은 종의 연속성 가운데 일부를, 인간이라는 종의 연속성은 전체 생태계의 연속성 가운데 일부를 이룬다. 각각의 연속체는 고유의 기대와 성향을 지니는데, 이러한 기대와 성향은 전범이 되는 오랜 선례에서 나온다.

각각의 생명체는 닥치는 대로가 아니라 자신의 이익을 증진하는 방향으로 진화하려는 성향을 보인다. 즉 진화는 안정성을 더 많이 확보하는 쪽으로, 다시 말해 다양성과 복잡성을 더 많이 확보해 적응력을 더 한층 끌어올리는 쪽으로 나아간다.

하지만 이것은 '진보'와는 다르다. 사실 진화하려는 성향과 갈등을 일으키며 변화에 완강하게 저항하는 힘은 체계가 계속 안정을 유지하는 데 없어서는 안 될 요소다.

변화를 거부하는 우리의 타고난 반감이 수그러든 것은 몇천 년 전의 일이다. 그 이유에 대해서는 그저 추측할 따름이다. 중요한 점은 진화와 (진화와 거리가 먼) 변화가 지니는 의미를 이해해야 한다는 것이다. 이 둘은 서로 첨예하게 대립 각을 세운다. 진화가 우리의 요구 조건에 갈수록 정확하게 적응하면서 다양성을 확보한다면 변화는 우리의 이익과 관련 있는 요소들은 전혀 고려하지 않는 행동이나 환경을 들여와 진화를 방해하기 때문이다. 변화가 할 수 있는 일이라고는 통합적인 행동을 그렇지 않은 행동으로 바꿔치기하는 것밖에 없다. 다시 말해 변화는 복잡하고 적합한 것을 더 단순하고 덜 적합한 것으로 바꾸어놓는다. 그 결과 변화는 체계 안팎에서 복잡하게 얽혀 있는 다양한 요인들의 평형 상태를 깨뜨려놓는다.

그러고 나면 진화가 안정된 상태를 가져오고, 변화는 또 취약한 상태를 불러온다.

사회 조직도 이러한 규칙을 따른다. 진화한 문화, 즉 사회의 기대를 충족하는 사람들의 생활 방식은 구조가 무한정 다양한 경우가 많다. 이러한 구조들의 외견상 특징으로는 최대한의 가변성과 최소한의 기본 교의, 그리고 기본적인 측면에서는 구조가 모두 동일하다는 점을 들 수 있다. 자연에서 접하는 안정된 체계처럼 이들 구조 역시 오랜 세월에 걸쳐 진화에 진화를 거듭하며 변화에 저항한다. 아울러 행동 양태를 형성하는 과정에서 지성과 본능이 덜 충돌하는 구조일수록 (행동 지침, 풍습, 순응에 필요한 조건에 대해) 겉으로는 융통성을 지니는 반면 (자아에 대한 태도, 다른 사람들의 권리에 대한 태도, 생존·건강·쾌락을 우선시하는 감각의 신호에 반응하는 감수성, 다양한 활동 사이의 균형, 종을 보존하려는 충동, 동식물의 효율적인 활용 등등에서) 핵심은 확고하다. 한 마디로 문화가 지성에 의존할수록 그 상태를 유지하기 위해선 개인에게 더 많은 제약을 가할 수밖에 없다.

순전히 본능에서 우러나오는 행동이나 적합한 문화를 기대하는 우리의 본능이나 근본적으로는 서로 아무 차이가 없다. 여기서 적합한 문화란 우리의 성향을 발전시키는 가운데 우선 유아기에는 정확한 대우를 바라는 기대를 충족할 수 있고, 그러고 나서 (좀 더 유연한) 대우와 환경, 적응을 준비해나가는 데 필요한 요건을 점차 채워갈 수 있는 문화를 말한다.

인간의 삶에서 문화의 역할은 언어의 역할만큼이나 당연하다. 두 경우 모두 기대와 성향을 가지고 주어진 환경 안에서 만족을 찾기 시작한다. 아이는 사회가 정해놓은 틀 안에서 사회 행동을 발전시켜나간다. 거기에 타고난 본능도 가세해 동료 인간들의 기대에 어긋나는 행동을 하지 않도록 아이를 재촉한다. 이때 문화에 따라 동료 인간들이 나서서 자신들이 기대하는 것을 아이에게 알려주기도 한다. 학습은 특정 종류의 정보에 대한 기대를 충족하는 과정이다. 언어를 습득할 때와 마찬가지로 이런 종류의 정보 역시 복잡하지만 일정한 질서 속에서 날로 증가한다.

문화가 우리의 기대 기준에 부합하는지의 여부는 (쾌락의 격려를 받다가 능력의 한계가 오면 주춤거리며 뒤로 물러서는) 개개인의 연속성이 결정한다. 문화의 적합성은 해당 문화가 지니는 옳고 그름 체계의 토대를 이루며, 그 체계가 갖는 특수성은 본질적인 요소들을 잃지 않는 이상 얼마든지 다양해질 수 있다. 굳이 그런 한계들을 벗어나지 않고서도 개인이나 부족의 차이가 들어설 여지는 많다.

3장

삶의 시작

자궁에 있는 동안 아기는 조상처럼 우연한 사건을 많이 겪지 않고도 단세포에서 양서류를 거쳐 태어날 준비를 하는 호모 사피엔스에 이르기까지 조상의 발달 단계를 그대로 따른다. 수렵-채취인의 태아가 그랬듯이 태아는 양분을 공급받고 체온을 유지하면서 이리저리 떠밀린다. 어머니가 초음속 비행기가 다니는 길목에서 생활하거나, 귀가 먹먹할 만큼 시끄러운 디스코텍을 찾거나, 트럭을 운전하지 않는 이상 태아가 듣는 소리는 크게 다르지 않다. 태아는 어머니의 심장 박동과 목소리, 다른 사람과 동물들의 음성을 듣는다. 태아는 어머니가 음식을 삼키고, 콧김을 내뿜고, 웃고, 노래하고, 기침하는 소리를 듣고도 아무렇지도 않다. 태아의 조상들도 수백만 년에 걸쳐 똑같이 시끄럽고 똑같이 갑작스런 그 소리들을 들었던 터라 적응이 되었기 때문이다. 선조들의 경험 덕분에 태아는 그런 소리와 예기치 않은 움직임을 예상하고 있다. 그런 것들은 태아기의 발달 상태를 완성하는 데 필요한 경험의 일부를 이룬다.

태어나면 아기는 최대한 안전한 방에서 지내며 전과는 비교도 안 될 만큼 위험한 바깥 세상에 나와 삶을 지속할 수 있는 능력을 개발한다. 감염을 막아주는 감마글로불린(면역성이 증가하기 시작하면서 서서히 감소한다), 부분적인 맹목 현상(태어날 때의 충격이 가시고 나면 시력이 점차 회복되면서 나중에는 완전히 없어진다), 반사 기관·순환계·청력 등의 기질 대부분을 태어나기 전에 이미 결정하는 발달 프로그램, 생후 며칠이나 몇 주 또는 몇 달 단위로 차츰차츰 활동하기 시작하는 두뇌 등의 기제를 통해 충격은 웬만큼 흡수된다.

태어나는 그 순간부터 아기의 환경은 근본적으로 바뀐다. 우선 축축하던 환경이 건조해지고, 주변 온도도 낮아지며, 주변에서 들리는 소리도 갑자기 커진다. 호흡 능력도 산소 공급에 맞게 바뀌고, 자세도 머리를 아래로 향하고 있던 데서 신체의 나머지 부분과 수평을 이루거나 그보다 높아지는 쪽으로 바뀐다. 하지만 갓 태어난 아기는 자궁 밖으로 나오면서 겪게 되는 이런 급속한 변화와 그 밖의 느낌을 놀랍도록 침착하게 견뎌낸다.

아기의 목소리는 아기의 머릿속에서 매우 크게 울리는 데다 한 번도 들어보지 못한 소리지만 아기는 자기 목소리에 놀라지 않는다. 무서운 대상을 두려워하면서 무서운 것과 정상인 것을 구분하게 해주는 피부를 통해 그 소리를 듣기 때문이다. 일찍이 아기의 조상들은 목소리를 개발하면서 당시 그들의 종을 이루었던 유기체의 연속성 안에 그 소리를 통합시키는 능력도 개발했다. 종의 진화와 더불어 목소리도 진화하면서 갈수록 복잡성을 띠는 생명체에 맞게 다양해졌고, 그 과정에서 자아와 그 소리가 사용되는 사회와 균형을 이루며 그 소리를 유지할 수 있는 장치가 속속 등장했다. 귀와 반사 기관이 목소리에 맞게 조정되면서 갓난아기는 자궁 밖에서 처음 경험하게 될 '충격'에 자기 목소리도 포함하게 되었다.

갓 태어난 아기는 의식이 감각과 다를 바 없는 상태에 있다. 사고 능력이 추론이나 의식적인 기억, 반성, 또는 판단을 뜻한다면 갓난아기에게는 사고 능력이 없다. 갓난아기의 의식은 감각만큼 민감하지 못하다고 말해도 아마 무방할 듯하다. 잠을 자면서 아기는, 침대를 배우자와 나눠 쓰는 어른이 잠을 자면서도 배우자가 곁에 있는지 없는지를 의식하듯 자신의 행복 상태를 의식한다. 깨어 있을 때면 아기는 자신의 상태를 훨씬 더 많이 의식하지만 어른이라면 잠재의식 상태에 있다고 할 수 있는 정도의 수준에 머문다. 어떤 상태든 아기는 어른보다 자신의 경험에 더 민감하다. 자신이 받은 인상을 완화해줄 선례가 없기 때문이다.

자궁이나 품 안에 있는 아기에게는 시간 개념이 부족해도 아무 상관이 없다. 그 안에서 아기는 더할 나위 없다고 느낀다. 하지만 품 안에 있지 않은 아기에게는 (시간 개념에 의존하는) 희망이라는 수단을 통해 자신의 고통을 누그러뜨릴 수 없다는 사실이 어쩌면 아기의 시련 가운데 가장 잔인한 측면이 아닐까 싶다. 따라서 아기의 울음은 희망을 담는 그릇조차 될 수 없다. 다만 보살펴달라는 신호로 기능할 뿐이다. 나중에 몇 주, 몇 달이 지나고 아기의 의식이 발달하면 아기는 희미하게

나마 희망을 느끼게 되고 울음은 부정적이든 긍정적이든 결과와 연관된 행동으로 바뀐다. 하지만 시간 개념이 생긴다고 해서 오랜 기다림의 시간이 견딜 만해지는 것은 아니다. 이전 경험이 부족하기 때문에 뭔가를 원하는 아기에게 시간은 참을 수 없이 길어 보이기만 한다.

몇 년이 지난 뒤에도, 예를 들어 다섯 살이 되어도 8월에 '이번 크리스마스'엔 자전거를 사주겠다는 약속의 만족도는 그런 약속이 아예 없을 때와 별반 차이가 없다. 열 살 때는 그간의 경험을 통해 시간이 제 기능을 찾으면서 아이는 품목에 따라 하루나 일주일, 또는 한 달쯤은 다소 느긋하게 기다릴 수 있다. 하지만 욕구를 완화하는 문제와 관련해서는 일 년은 여전히 아무 의미가 없고 현실이 절대성을 띤다. 현실의 절대성에서 벗어나 개인의 시간 척도와 가치 체계에 비추어 사건의 상대성을 파악하려면 수많은 경험이 뒤따라야 한다. 대부분의 사람들은 마흔 살이나 쉰 살은 되어야 비로소 생애의 관점에서 시간을 바라보게 된다. 하지만 (시간이라는 임의의 개념이 얼마나 부적절한가를 깨달아) 영원과 순간, 또는 영원과 생애의 관계를 올바로 파악할 수 있는 사람은 소수의 현자와 80대 노인들밖에 없다.

(현자처럼) 갓난아기도 영원한 현재 속에서 살아간다. 더없이 행복한 상태에 있는 품 안의 아기(와 현자). 품을 벗어나 텅 빈 우주의 삭막함 속에서 갈망의 상태에 있는 아기. 그의 기대는 현실과 뒤섞이고, 조상 전래의 타고난 기대는 자신의 경험에 근거한 기대들과 중첩된다. 아기가 행복을 추구하는 자신의 타고난 잠재력으로부터 얼마나 멀어질지는 그 두 가지 기대 체계가 이루는 비율에 따라 결정된다.

두 가지 기대 체계는 서로 유사점이 하나도 없다. 그 가운데 진화된 기대 체계는 배반당하기 전까지는 확실성을 띤다. 반면 학습된 기대 체계는 환멸이라는 부정적인 성격을 띠면서 경험이 쌓일수록 의심이나 회의, 상처받을지도 모른다는 두려움, 또는 무엇보다도 돌이킬 수 없는 체념을 드러낸다.

이 모든 반응은 연속성을 보호하는 역할을 하지만 일련의 기대와 성취가 이루어지는 과정에서 나오는 체념이라는 극심한 절망의 산물은 원래의 기대를 마비시킨다.

발달 단계는 경험에 필요한 조건이 채워지지 않을 경우 정지된다. 어떤 단계는 유아기에 아예 중단되기도 하지만 또 어떤 단계는 나중에 아동기에 들어가서도 계속 억제되거나 성인기를 지나 계속 발달하기도 한다. 정서 기능, 지성 기능, 신체 기능의 측면은 동시에 존재할 수도 있지만 박탈당한 개인의 성숙 단계에서는 큰 편차를 보일 수 있다. 미숙하든 성숙하든 모든 발달 단계는 단계마다 각기 다른 욕구를 채울 수 있는 경험을 기다리면서 함께 움직이기 때문에 어느 한 단계만 특별히 앞서나갈 수 없다. 행복은 어느 측면의 기능이 어떤 식으로 제한되느냐에 달려 있다.

아기가 태어나는 순간의 충격에 놀라지 않는 이유는 그런 종류의 충격을 이미 기대하고 있거나 충격이 갑자기 일어나지 않기 때문이다. 엄밀히 따지면 출생은 완성품을 쏟아내는 조립 라인의 맨 끝처럼 아기의 완성을 뜻하는 표시가 아니다. 어떤 보체*는 자궁 안에서 이미 '태어났고', 또 어떤 보체는 나중에 기능을 상실하게 되기 때문이다. 자궁 안에서 기대하고 그 기대를 채우다 갓 태어난 아기는 다음 번 요구 역시 충족될 것이라고 기대한다. 아니 좀 더 정확히 말하면 그럴 것이라고 확신한다.

다음에는 무엇이 일어날까? 수천만 세대를 거친 끝에 어머니 몸속의 전적으로 살아 있는 환경으로부터 그 몸 바깥의 부분적으로 살아 있는 환경으로의 이동이라는 중요한 사건이 일어난다. 뭐든 주는 어머니의 몸이 있고, 또 (직립 보행 덕분에 손이 자유로워진 이후로) 받쳐주는 어머니의 팔도 있지만 아기의 몸을 어루만지는 것은 생명이라곤 없이 낯설기만 한 엄청난 양의 공기다. 하지만 아기는 거기에도 준비가 되어 있다. 품 안에 있는 아기의 자리는 아기가 기대하는 자리와 정확히 일치한다. 아기는 그곳이 자신의 자리라는 것을 마음의 느낌으로 안다. 아기가 품 안에서 경험하는 것은 아기의 연속성에 부합할 뿐만 아니라 아기의 현재 요구를 채워주고 아기의 발달에 정확하게 기여한다.

이번에도 아기의 의식의 질은 훗날의 의식의 질과 무척 다르다. 좋은 인상이든 나쁜 인상이든 아기에게는 주변에서 받는 인상을 다스릴 능력이 없다. 이 초기 단계에서는 요구 조건이 엄격하다. 앞에서 살펴보았듯이 아기는 지금은 불편해도 나중에 편해질 것이라는 희망을 품지 못한다. 아기는 어머니가 자신을 두고 나가도 곧 돌아올 것이라는 생각을 하지 못한다. 그래서 세상이 갑자기 잘못되고, 상황을 견딜 수가 없다. 아기는 자신이 우는 소리를 듣고 그 소리를 수용한다. 하지만 태곳적부

---

\* 補體, 정상 동물의 신선한 혈액과 림프액 속에 함유된 효소 모양의 단백질의 일종.

터 어린아이든 어른이든 그 소리를 들으면 무슨 의미인지 알듯이 어머니는 그 소리와 그 뜻을 알아차려도 정작 본인은 알지 못한다. 다만 아기는 그것이 상황을 바로잡으려는 행동이라는 점만 감지할 뿐이다. 하지만 아기를 너무 오래 울게 내버려두면, 즉 아기가 끌어내려는 반응이 오지 않으면 그런 느낌마저 사라지고 기약이나 희망도 없이 극도의 처량함만이 남을 뿐이다. 그러다 어머니가 자기한테 오면 아기는 더할 나위 없다고 느낄 뿐 어머니가 한동안 자리를 비웠다는 사실도 의식하지 못하고, 울었다는 사실도 기억하지 못한다. 아기는 자신의 생명선과 다시 연결되고, 아기의 환경은 아기의 기대를 채워준다. 방치된 채 정확한 기대의 연속성에서 밀려나면 아기는 아무것도 받아들이려 하지 않고, 아무것도 받아들이지 않는다. 있는 것이라고는 경험을 바라는 욕구뿐인데 그 욕구를 활용하고, 키워나가고, 채워줄 것이 아무것도 없다. 경험은 기대되는 경험일 수밖에 없으며, 진화하는 조상의 경험 가운데 그 무엇도 혼자 남겨지거나 혼자 잠자거나 혼자 깨어 있어도 아무렇지 않도록 아기를 준비시키지 않았기 때문이다. 하물며 혼자 방치된 채 울 경우에는 두말할 필요도 없다.

  품 안에서 아기는 자신은 온전하다는, 또는 더할 나위 없이 훌륭하다는 기분을 느낀다. 아기가 유일하게 알 수 있는 긍정적인 정체성은, 비록 당분간은 동물과 다름없는 상태이긴 해도 자신은 온전하고 훌륭하며 환영받는 존재라는 전제에서 출발한다. 그런 확신이 없다면 인간은 나이에 상관없이 자신감 부족과 자아 개념 부족, 자발성 부족에 시달릴 수밖에 없다. 아기는 너나 할 것 없이 훌륭하지만 투영, 즉 자신이 어떻게 대우받는지를 통해서만 그 사실을 깨달을 수 있다. 인간이 스스로를 파악할 수 있는 방법은 그것 말고는 없다. 행복의 토대라는 측면에서 나머지 감정은 모두 무가치하다. **우리 인간이라는 종을 이루는 개개인에게 고유한 온전함이야말로 자아에 대한 기본 감정이다.** 스스로가 온전하다는 인식 없이 이루어지는 행동은 진화를 거스르는 행동이 될 수밖에 없으며, 따라서 그런 행동은 완성에 이르기까지 걸린 수백만 년의 시간을 낭비할 뿐만 아니라 자아 안팎에서의 우리의 관계에도 적합하지 않다. 온전하다는 인식이 없고서는 위안이나 안전, 도움, 교제, 사랑, 우정, 물건, 쾌락, 또는 즐거움을 얼마나 요구해야 할지 알지 못한다. 이런 인식이 없는 사람은 마치 텅 빈 우주에 있는 것처럼 공허하다고 느끼기 쉽다.

많은 사람이 자신의 존재를 입증하는 증거를 찾느라 삶을 허비한다. 레이싱카 선수, 산악 등반가, 전쟁 영웅 등 물불 가리지 않는 열정으로 죽음도 불사하는 사람들의 경우 그 이면의 심리를 자세히 들여다보면 실은 자신이 살아 있다는 것을 느끼려고 안간힘을 쓸 때가 많다. 하지만 자기 보존을 위해 본능을 어지럽히는 것으로는 사라진 자의식의 꾸준하고 따스한 흐름을 그저 잠시 흉내낼 수 있을 뿐이다.

아기와 어린아이들의 매력은 강력한 힘이 아닐 수 없다. 그런 힘이 없다면 그들은 어른들 틈에서 작고, 연약하고, 느리고, 무력하고, 미숙하고, 남에게 의존해야 하는 등의 무수한 단점을 보완해줄 강점을 갖지 못할 것이다. 그런 매력 덕분에 그들은 경쟁할 필요 없이 자신들이 필요로 하는 도움을 끌어낼 수 있다.

어머니의 역할, 처음 몇 달 동안 아기와 가깝게 지낼 수 있는 그 유일한 역할은 아버지나 다른 아이를 비롯해 비록 한순간이긴 해도 아기를 대하는 사람이면 본능적으로 맡게 된다. 그 역할에서 성이나 나이를 구분하는 것은 아기의 일이 아니다.

어머니나 아버지의 역할에 여성이냐 남성이냐는 전혀 중요하지 않다. 이 점은 프랑스의 한 정신과 병원에서 이루어진 실험을 통해 입증되었다. 실험에서 여성 의사들이 환자들의 아버지 역할을 맡았던 반면, 어머니의 역할은 남성 간호사들이 맡아 환자들을 매일 돌보았다. (지성은 어느 날 갑자기 이런 종류의 일에 눈을 돌리지만 사실 인간은 수백만 년 동안 본능적으로 이렇게 행동해왔다.)

따라서 아기는 적어도 한 가지 종류의 관계를 맺게 되며, 우리 각자 안에는 아기가 보내는 신호를 알아차리는 반응 체계가 자리한다. 게다가 우리는 아기를 돌보는 기술과 관련해 남녀노소를 불문하고 아주 시시콜콜한 것까지 알고 있다. 하지만 최근 들어, 그러니까 몇천 년 전에, 우리는 이 중요한 문제에 지성이 개입해 그 어쭙잖은 변덕을 부리도록 허용했을 뿐만 아니라 우리 스스로도 우리의 타고난 능력을 닥치는 대로 훼손하는 바람에 지금은 그 능력의 존재가 거의 잊히기에 이르렀다.

이른바 '선진국'에서는 출산을 앞두고 육아 책을 사들이는 것이 관행이다. 아기가 울면 그 어린 가슴이 미어지다 못해 포기한 채 감각이 무뎌져 결국 '착한 아기'가 될 때까지 내버려두는 게 아마도 새로운 유행이지 싶다. 아니면 어머니가 마음이 내키고 또 달리 해야 할 일이 없을 때만 아기를 안아주거나, 최근에 나온 어느 철학 이론의 주장대로 아주 필요한 경우 외에는 멀찍이 떼어놓은 채 공허한 눈길을 빼고는 그 어떤 표정도, 그 어떤 기쁨도, 그 어떤 미소도, 그 어떤 찬탄도 보여주지 않아 아기를 감정의 진공 상태에 빠뜨리는 게 새로운 유행이거나. 무엇이 유행이 됐든 젊은 엄마들은 자신의 타고난 능력은 깡그리 무시한 채, 아직은 완벽하게 분명한 신호를 보내는 아기의 '동기'도 깡그리 무시한 채 책을 읽고 그대로 따른다. 그리하여 언젠가부터 아기는 어머니의 손에 사라져야 하는 일종의 적이 되고 말았다. 아무리 울어도 아기에게 누가 서열이 높은지를 보여주려면 무시해야 하고, 무슨 일이 있어도 아기가 어머니의 바람에 순응하도록 해야 한다는 것이 관계의 기본 전제다. 아기의 행동이 '일'을 만들거나 시간을 '낭비'하거나, 그 외 불편을 초래하면 불쾌한 기색이나 비난 등 애정의 철회를 나타내는 신호를 보여야 한다. 아기의 욕구를 무작정 들어주면 아기를 '망칠' 뿐이므로 아기를 얌전히 길들이거나 사회화하려면 그런 욕구를 무시해야 한다는 생각이 팽배하다. 사실 어느 경우든 역효과만 내는데도 말이다.

신생아 시기는 어머니의 몸 밖에서 시작되는 삶을 통틀어 가장 중요하다. 아기는 경험을 통해 삶의 본질이 어떤지를 느낀다. 바깥 세상에 대해 사전 자료가 전혀 없을 때의 첫 인상에 비하면 나중에 받게 되는 인상은 크든 작든 감동이 덜할 수밖에 없다. 이 시기의 아기의 기대는 앞으로 계속 늘어나게 될 기대를 통틀어 가장 확고하다. 더없이 쾌적한 자궁을 벗어난다는 것은 실로 엄청난 변화다. 하지만 이미 살펴보았듯이 아기는 자궁에서 품 안의 자기 자리로 훌쩍 뛰어오를 준비가 이미 되어 있다.

하지만 죽음과도 같은 무의 상태나 안에 천을 깔아놓은 바구니, 움직임이나 소리, 냄새, 기타 생명의 느낌이 전혀 없는 플라스틱 상자로 뛰어오를 준비는 되어 있지 않다. 자궁 안에 있는 동안 형성되었던 어머니와 아기의 견고한 관계가 갑자기 단절될 경우 아기만 고통을 겪는 것이 아니라 어머니도 우울증에 빠지기 쉽다.

새로 드러난 피부 아래서 마무리 작업에 들어간 아기의 신경은 포옹을, 존재감을, 자신의 전부이자 품에 안긴 자신의 존재와 연결되는 인물을 갈구한다. 수백만 년 동안 갓 태어난 아기는 세상에 나오는 순간부터 어머니 곁에 있어왔다. 마지막 몇백 세대 중 몇몇 아기들은 무엇보다도 중요한 이 경험의 기회를 빼앗겼을지도 모르지만 그렇다고 해서 자신의 정당한 자리에 있길 바라는 갓난아기의 기대를 누그러뜨리지는 못했다. 우리 조상들이 털북숭이 상태로 네 발로 기어다니던 시절 어머니와 아기의 유대가 방해받지 않도록 지킨 쪽은 바로 아기들이었다. 아기들의 생존은 어머니와의 관계에 달려 있었다. 인간이 털가죽을 벗고 뒷다리로 서게 되면서 손이 자유로워지자 어머니는 어딜 가나 아기를 데리고 다녔다. 최근 들어 지구상의 몇몇 곳에서 어머니들이 아기와 끊임없이 접촉해야 하는 자신의 책임을 선택의 문제로 받아들인다고 해서 그 사실이 안아주기를 바라는 아기의 절박한 욕구를 바꾸어놓지는 못한다.

어머니도 자기 자신과 아기 모두에게 가장 이로운 방향으로 행동하도록 격려해주었을 삶의 소중한 경험 중 하나, 곧 기쁨을 빼앗기고 있기는 마찬가지다.

품의 단계에 있는 동안 아기의 의식 상태는 엄청나게 변화한다. 처음에 아기는 인간보다는 동물에 더 가깝다. 그러다 차츰차츰 중앙 신경계가 발달하면서 갈수록 호모 사피엔스의 특성을 띠게 된다. 이런저런 기능이 정확성 면에서뿐만 아니라 숫자 면에서도 증가함에 따라 경험은 아기에게 그저 얼마간 다른 정도가 아니라 완전히 다른 차원의 감동을 안겨준다. 정신 생물학적 기질 중에서 신생아 때 형성된 요소들은 평생에 걸쳐 아기의 견해에 가장 큰 영향을 미친다. 사고 능력을 갖추기 전에 아기가 느끼는 것은 나중에 사고가 가능해졌을 때 어떤 종류의 것들을 생각할지를 결정한다.

사고 능력을 갖추기 전에 여러 가지 활동을 하면서 안전하고 사랑받고 있으며 '편안하다'고 느끼는 아이와, 놓친 경험 때문에 무료해하며 환영받지 못한다고 느끼는 가운데 욕구 불만의 상태에서 살아가는 데 익숙한 아이를 비교하면 나중에 커서 경험을 해석할 때 비록 둘의 경험이 똑같다 할지라도 서로 현격하게 다른 견해를 내놓는다.

처음에 갓난아기는 그저 감지할 뿐이다. 다시 말해 추론 능력이 없다. 그러다 연상을 통해 주변 환경에 점차 익숙해진다. 하지만 감각을 통해 메시지를 받아들이는 생후 첫 단계에서는 사물의 상태를 오로지 타고난 기대에 근거해 바라본다. 물론 이러한 인식은 시간의 흐름과도 무관하다. 연속성이 이런 방향으로 작용하지 않을 경우 신생 유기체는 새로운 사건이 가하는 충격을 도저히 참을 수 없게 된다. 아기가 바깥세상의 사건들에 처음으로 관심을 기울이기 시작하는 단계에서 주목할 만한 것은, 똑같은 경험이라 하더라도 거기서 받는 느낌이 이전과 다르다는 점이다. 연상을 통해 세상을 배운다는 것은 '감지' 과정을 거치지 않고도 전에는 몰랐던 것을 송두리째 흡수한다는 뜻이다. 아기는 전과 동일하지만 약간 차이가 나는 나중의 경험에만 주목하며, 그 결과 처음에는 세상을 뭉뚱그려 배우다가 갈수록 세분화해서 배워나간다.

이런 점에서 호모 사피엔스는 동물 중에서 특이하다. 인간은 적절한 환경을 찾아내 그 환경을 좀 더 많이, 좀 더 자세히 알 수 있기를, 그리하여 갈수록 효과적으로 거기에 대처할 수 있기를 기대한다. 정도의 차이가 있을 뿐 다른 영장류도 환경과 부딪치면서 몇몇 환경에 적응하지만, 동물은 대개 타고난 방식에 따라 행동하도록 설계되었다.

언젠가 생후 나흘밖에 되지 않은 거대한 개미핥기 새끼 한 마리를 우연히 얻어 키운 적이 있다. 녀석은 인간 사회에서 무럭무럭 자라며 우리 모두를 개미핥기로 여겼고, 그런 만큼 우리가 개미핥기 고유의 방식대로 껑충거리면서 자기와 몸싸움을 벌이며 적절하게 행동하기를 기대했다. 녀석은 나를 어미로 알고 나와 늘 대화하길 원했지만 녀석에게 점차 독립성이 생겨나면서 나는 조금씩 거리를 두었다. 처음에는 어딜 가나 녀석을 데리고 다니다가 격려가 필요할 때만 나를 껴안게 했다. 물론 내 발은 수시로 핥게 해주었다. 녀석이 식사하는 동안에는 곁에 있어주었고, 녀석이 후각 범위에서 벗어나 길을 잃고 소리치면 달려갔다. 하지만 녀석은 개와 말은 자기와 같은 종이 아니라 적으로 간주했다.

반면 역시 아기 때부터 키웠던 양털원숭이는 스스로를 인간이라고 생각하는 듯했다. 녀석은 아무리 덩치 큰 개도 잘난 체하며 대했다. 녀석의 건방진 행동에 (녀석보다 몸집이 두 배나 큰 고양이를 맹렬하게 쫓아다니던) 개들이 어리둥절해하며 녀석 발치에 얌전하게 드러누우면 녀석은 앉아 있는 사람들 틈에 들어가 한 자리를 차지하곤 했다. 이 밖에도 녀석은 식사 예절을 배웠고, 일 년쯤 관찰하고 나더니 문설주를 타고 올라가선 문손잡이를 왼쪽으로 돌려 잡아당겨 문을 여는 법까지 배웠다.

따라서 타고난 메커니즘대로 행동했던 개미핥기에 비해 녀석의 행동 양식은 적응성, 즉 스스로의 경험을 통해 배우고자 하는 기대의 산물이었던 셈이다.

적응성이 훨씬 더 뛰어난 인간은 덜 영리한 종은 살아남지 못하는 환경에서 다양하게 적응할 수 있다. 인간의 경우 문제에 부딪쳤을 때 선택할 수 있는 반응의 폭이 넓다. 원숭이는 그 폭이 상대적으로 좁다. 개미핥기는 선택의 여지가 전혀 없으며, 따라서 개미핥기로서 실수하는 법이 없다. 연속성의 관점에서 원숭이도 거의 실수를 하지 않지만 인간은 선택할 수 있는 능력 때문에 오히려 오류를 범하기 쉽다.

하지만 오류를 범할수록 행동의 선택 폭이 넓어지면서 인간으로 하여금 올바른 방향으로 선택하게 하는 연속성도 진화를 거듭했고, 그 결과 행동 발달에 필요한 경험과 행동을 연습할 수 있는 환경이 주어질 경우 인간은 개미핥기처럼 거의 오류를 범하지 않고 선택할 수 있다.

동물 손에서 자란 인간 아이들은 한 종의 진화된 기대를 충족하는 데 적절한 환경이 얼마나 중요한지를 훨씬 더 현저하게 보여준다.

수많은 사례 가운데서도 가장 좋은 예는 아기 때부터 인도 밀림 지대에서 늑대들 손에 자란 아말라와 카말라 자매의 이야기가 아닐까 싶다. 사람들에게 발견된 뒤 자매는 고아원에 보내졌고, 싱 여사와 어느 목사가 인간 사회에 적응할 수 있도록 자매의 교육을 맡았다. 하지만 싱 여사의 눈물겨운 노력은 대부분 실패로 끝나거나 미미한 성공을 거둘 뿐이었다. 자매는 불행해하면서 벌거벗은 채 방 한구석에서 늑대처럼 웅크려 지냈다. 그러다 밤이 되면 활발하게 움직이면서 예전에 같이 지내던 늑대 무리의 관심을 끌려고 울부짖었다. 엄청난 훈련 끝에 카말라는 두 다리로 걷는 법을 배웠지만 달릴 때는 네 발을 사용했다. 자매는 한동안 옷 입기를 거부하는가 하면, 익힌 음식은 거들떠보지도 않고 생고기와 썩은 고기를 더 좋아했다. 카말라는 열일곱 살의 나이로 죽기 전 50단어를 배웠다. 사망 당시 그녀의 정신 연령은 인간의 기준으로 세 살 반으로 추정되었다.

동물 무리에서 자란 아이들이 인간에게 적합하지 않은 환경에 적응하는 능력은 인간의 방식에 적응하는 동물의 능력보다 훨씬 더 높다. 하지만 그런 아이들 대부분이 발견되고 나서 고통을 겪다가 일찍 사망했을 뿐만 아니라 이미 형성된 동물 문화에 인간의 문화를 포개놓는 데 실패했다. 그러한 사실은 문화는 일단 습득되면 개인의 본성에서 아주 중요한 비중을 차지한다는 점을 보여준다. **문화에 참여하고자 하는 기대는 진화의 산물이며, 그러한 기대가 포착하는 특정 문화는 다른 종의 타고난 습성과 마찬가지로 우리 성격을 구성하는 필수 요소로 흡수된다.** 따라서 야생에서 자란 아이들은 인간이었던 만큼 어떤 동물보다도 자신의 경험에 크게 영향을 받을 수밖에 없었고, 경험이 쌓일수록 같이 지내는 동물의 행동에 철저하게 길들여졌다. 그 결과 고유의 행동 방식을 통해 동물의 수준으로까지 행동이 강화된 상태에서 환경이 바뀌자 동물이 겪는 것보다 훨씬 더 큰 스트레스를 받았던 것이다.

카말라의 정신 연령이 아주 낮았다는 사실은 그것 하나만 놓고 보면 아무 의미가 없지만 인간으로 태어나 늑대로 자란 생명체의 연속성 가운데 일부로 바라보게 될 경우 정신의 최적 사용이 무엇인지를 유감없이 보여준다. 네발짐승으로서의 민첩성, 후각(그녀는 80미터 밖에서도 고기 냄새를 맡을 수 있었다), 야간 시력, 속도, 온도 변화에 적응하는 능력 등 그녀의 다른 능력은 그야말로 놀라웠다. 그녀가 늑대로 살아남을 수 있게 해준 사냥할 때의 판단력과 방향 감각도 보나마나 탁월했을 것이다. 결국 그녀의 연속성은 그녀에게 유리한 방향으로 작용했다. 그녀는 자신의 잠재력을 통해 살아가는 데 필요한 능력을 개발했다. 그녀가 자신의 발달 상태를 원래대로 되돌려 완전히 다른 발달 상태로 바꾸어놓지 못했다는 사실은 중요하지 않다. 도저히 있을 것 같지 않은 그런 긴박한 상황에 적응해야 하는 생명체가 또 어디 있겠는가. 행동이 이미 인간 사회에 길들여진 어른의 경우에는 또 다른 동물로서 그렇게 잘 적응하기란 불가능하다.

처음부터 학습은 선택적이다. 학습은 앞으로 살아나갈 삶에 대한 주관적인 지식과 결부된다. 이 점은 연상 과정을 보면 알 수 있다. 각기 다른 파장을 무수히 잡아낼 수 있는 수신기에 일정한 파장만 잡도록 조작해놓은 라디오처럼, 정신 생물학적 수용기도 처음에는 거대한 잠재력을 지니다가 곧이어 활동 범위가 줄어든다. 대부분의 인간에게 시력의 최적 범위는 햇빛, 약간의 야간 시력, 빨강과 보라색 사이의 색깔 스펙트럼으로 제한된다. 너무 작거나 너무 멀리 있는 것은 우리의 인식에서 배제되고, 인식 범위 안에 있는 것 가운데 극히 제한된 것들만 우리 눈에 뚜렷이 보인다. 시력은 전경과 배경 사이의 중경中景을 볼 때 뚜렷해진다. 중경에서 일어나는 일은 어느 방향에서나 잘 보인다. 관심을 끄는 사물이나 사람이 다가오면 그 대상이 가까이 올 때까지 주변 시야가 흐릿해진다. 중경은 초점에서 밀려나고 관심이 근처의 대상에게 점점 효과적으로 향하면서 점점 잘 보인다. 그 대상 주변의 것들이 모두 또렷이 보일 경우 감각에 미치는 부담이 엄청나게 커지면서 뇌가 방해를 받게 된다. 원래 뇌는 하나의 물체나 물체의 한 측면에만 관심을 돌려야 한다. 그래야 최고의 효과를 낼 수 있기 때문이다. 문화에 따르면 가시 범위는 개인의 시력에 맞게 선택된다. 물론 개인의 시력은 진화된 본성의 경계 안에 있다.

  늑대가 키운 아이들은 야간 시력이 뛰어났던 것으로 알려져 있다. 예콰나족도 우리는 손가락으로 가리켜줘도 겨우 나뭇잎만 볼 수 있는 밀림의 어둠 속에서 작은 새의 형태를 골라낼 수 있다. 또 하얗게 거품이 일어나는 여울 한가운데서도 물고기를 식별해낼 수 있다. 그 옆에서 아무리 안간힘을 써도 우리 눈에는 보이지 않는다.

  청력 역시 선택적이다. 청력의 경우에도 우리 문화가 우리에게 적절하다고 말하는 부분만 남고 나머지는 제거된다. 청각 기제는 우리의 실제 청력보다 훨씬 더 많이 들을 수 있다. 내가 아는 남아메리카 인디언들은 밀림에서 몇 발자국의 거리를 두고 눈에 띄지 않게 숨어 위험과 사냥감의 소리를 듣는 데 익숙할 뿐만 아니라 우리보다 훨씬 먼저 모터보트나 비행기가 다가오는 소리를 들을 수 있다.

그들의 가청 범위가 그들의 필요에 꼭 들어맞듯이 우리의 가청 범위 또한 우리의 삶에 무의미할 것 같은 소음은 제거하는 방법으로 우리의 목적에 이바지한다. 우리의 문화에선 2백 미터 밖에서 나는 으르렁 소리 때문에 잠을 깰 필요가 없다.

편집되지 않은 감각들로 정신이 넘쳐나는 것을 막기 위해 신경계가 편집자를 자처한다. 소리에 대한 관심은 마음대로가 아니라 편집 기제의 조절에 따라 들락날락할 수 있다. 몇몇 가청음은 청각 기제가 완전히 꺼지지 않은 상태에서도 우리의 의식에는 절대 들리지 않지만 잠재의식에는 죽을 때까지 남는다. 무대 최면술사들은 흔히 피험자에게 도저히 불가능해 보이는 거리에서 뭔가가 속삭이는 소리를 듣게 하는 실연을 선보인다. 이때 최면술사는 피험자의 정상 가청 범위를 자신의 선택으로 바꾸어놓는다. 언뜻 보면 그는 청력을 최고조로 끌어올리는 것 같지만 실은 필요하지 않은 소리는 걸러내는 귀의 편집 기능을 잠시 유보하고 있을 뿐이다.

초능력이나 마력으로 불리는 힘은 알고 보면 신경계가 (연속성의 명령에 따라) 우리의 능력 범위 안에 들어오지 못하도록 제거한 힘일 때가 많다. 그런 힘은 제거의 과정을 극복하는 훈련을 거쳐 다시 배양할 수 있다. 또는 나무가 쓰러지는 바람에 동생이 그 밑에 깔린 열 살 소년의 경우에서처럼 속박 상태에 있는 힘처럼 보일 수도 있다. 소년은 공포에 질려 도움을 청하러 뛰어가기 전에 동생의 몸을 짓누르고 있는 나무를 들어 올렸다. 소년이 평소와 많이 다른 감정 상태에서 혼자 들어 올린 나무를 치우는 데에는 성인 남자 열두 명이 필요했다. 이런 종류의 이야기들은 수두룩하다. 그런 이야기들이 묘사하는 힘은 특별한 환경에서만 풀려난다.

편집 기제가 일시적이든 영원히든 손상돼서 천리안을 갖게 된 사람들은 이러한 법칙에서 제외된다. 이런 일이 어떻게 가능한지는 알 수 없지만 몇몇 사람은 땅 속의 물이나 금속을 알아보는 능력을 지닌다. 그런가 하면 사람들을 에워싸는 영기를 볼 수 있는 사람도 있다. 피터 허커스도 그중 한 명이었다. 그는 사다리에서 떨어져 머리를 다친 뒤 천리안을 갖게 되었다. 내 친구 두 명에게서도 신경이 거의 파손되었을 때 놀랍게도 갑자기 미래를 꿰뚫어보는 능력이 생기더라는 이야기를 들은 적이 있다. 둘 다 확신에 차 있었다. 두 친구는 서로 모르는 사이였기 때문에 나는 그 이야기를 따로따로 들었다. 어쨌든 천리안이 생기고 나서 두 친구는 병원에 실려 갔고, 그 후로 천리안 현상은 두 번 다시 일어나지 않았다. 인간이 평소에 갖는 인식의 한계가 깨지면 감정이 극도로 긴장한다. 사전 경고도 없이 갑자기 죽음과 맞닥뜨릴 경우 인간의 연속성은 그런 사고에 대처해본 적이 한 번도 없기 때문에 어쩔 줄 모르며 어머니나 혹은 어머니의 위치에 있는 사람에게 무작정 손을 내뻗는다. 어머니나 어머니의 역할을 하는 인물은 아무리 멀리 떨어져 있어도 종종 그 메시지를 알아챈다. 우리 대부분이 직접 경험했거나 들어서 알고 있듯이 그런 상황은 심심찮게 일어난다.

예감은 그 반대로 작용한다. 극심한 결과를 초래할 위험이 높은 미지의 사건이 꿈에서든 현실에서든 아주 침착한 누군가의 의식에 침입할 수 있다. 하지만 예감 대부분은 무시되기 일쑤고, '그런 일'이 일어날 리 없다는 확신 때문에 진가를 발휘하지 못할 때가 많다. 사람들은 대개 "왠지 가고 싶지 않았다"는 식의 모호한 말로 다른 압력 때문에 뒤로 밀려난 예감을 인정한다.

아직 일어나지도 않은 사건을 대체 무슨 수로 마치 눈앞에서 보듯 생생하게 인식하는지는 알 길이 없다. 감각에 의지하지 않고서도 과거와 현재의 사건을 알 수 있다니 미스터리가 아닐 수 없다. 최근에 발견한 바에 따르면 동물들에게는 특별한 행동을 하도록 신호를 보내는 화학 물질이 있고, 철새들에게는 정확한 방향 탐지기가 있다. 이런 의사소통 수단도 우리의 이해력 범위를 벗어나기는 마찬가지다.

우리가 아는 의식은 허상일 뿐이다. 의식은 원래 연속성에 이바지하는 방향으로 진화하도록 설계되어 있다. 하지만 의식은 연속성의 비밀에 다가가지조차 못한다. **의식을 무능한 주인이 아니라 유능한 일꾼으로 만드는 것이 연속성 철학의 주된 목표다.** 잘만 사용한다면 지성은 말할 수 없이 소중한 자산이 될 수 있다. 우연히 마주치는 동물, 식물, 광물, 사건들의 관계와 특성을 인식하고 분류하고 이해하는 과정을 통해, 인간의 지성은 거대한 양의 정보를 수집하고 저장하고 주고받음으로써 그 어떤 동물보다도 포괄적이고 유연하게 환경을 활용할 수 있다. 덕분에 인간은 환경의 변화에 취약하다는 단점을 보완할 수 있다. 인간은 주변 환경을 대할 때 선택의 폭이 넓으며, 따라서 그 환경 안에서 좀 더 안정된 위치를 차지할 수 있다.

지성이 연속성의 명령을 이해하고 수행하게 되면 손상되지 않은 자연의 균형과 더불어 연속성의 보호자로 복무할 수 있다. 직접 경험과 간접 경험, 귀납과 연역을 통해 사고와 기억을 무한정으로 종합해내는 능력에서 나오는 추론과 판단은 개인과 종의 이익에 이바지하는 일에서 지성의 가치를 드높인다.

예를 들어 식생의 모든 측면을 속속들이 파악하는 임무에 전념할 경우 지성은 최대한의 능력을 발휘하여, 건실하게 일하는 연속성과 조화를 이루며 막대한 양의 정보를 흡수할 수 있다. 원시 문화의 관찰자들이 보내오는 보고서들은 그런 사회의 구성원들이 남녀노소 할 것 없이 수백 또는 수천 가지 식물의 이름과 특성을 자세히 꿰고 있다는 사실을 뒷받침한다.

그 가운데 E. 스미스-보웬이라는 관찰자는 아프리카의 한 부족과 그 부족의 구성원 모두가 공유하는 엄청난 양의 식생 지식을 언급하면서 이렇게 말했다. "그들 중 누구도 내가 아무리 노력해도 자기들처럼 많이 알 수 없다는 사실을 믿으려 들지 않았다."* 물론 그렇다고 해서 야생의 원주민이 우리보다 타고난 머리가 더 좋다는 뜻은 아니지만 나는 정신의 잠재력은 환경에 따라 왜곡되기도 하고 활짝 꽃피기도 한다고 굳게 믿는다.

사회가 구성원에게 그러기를 기대할 경우 지성은 믿을 수 없는 양의 정보를 기억해 저장해두었다가 필요할 때마다 사용할 수 있다. 문명화

---

* (원주) E. Smith-Bowen, *Return to Laughter*, London, 1954.

된 사회에서도 우리처럼 정보를 수집해 어딘가에 기록해야 하는 부담에서 비교적 자유로운 문맹자들은 우리보다 기억력이 더 좋은 것처럼 보인다. 하지만 만약 그들이 자기 자신과 자신의 세계와 더 바랄 나위 없이 평화롭게 지낼 수 있었다면 기억력이 지금보다 훨씬 더 좋아졌을지도 모른다.

인간이 평생 사용하게 될 정신의 범위는 갓난아기 때 결정된다. 아기는 자신의 경험을 통해 정보를 얻기를 기대하고, 정보가 다양하고 많기를 기대한다. 나아가 정보를 주는 경험이 살면서 마주치는 상황에 직접 적용할 수 있는 성격을 띠기를 기대한다.

나중의 경험이 성격 면에서 이전의 경험과 다를 경우 아기는 이전 경험의 성격이 좋건 나쁘건 새로운 경험이 똑같은 성격을 띠도록 영향력을 행사하려 든다. 예를 들어 외로움에 익숙할 경우 아기의 무의식은 외로움의 수준을 동일하게 유지할 수 있는 일만 하려는 성향을 보인다. 스스로에 의해서든 환경에 의해서든 아기에게 익숙한 수준보다 덜 외롭게 하거나 더 외롭게 하려는 시도는 안정을 유지하려는 아기의 성향 앞에서 맥을 추지 못한다.

심지어 불안도 평소의 수준을 유지하려는 성향을 보인다. '걱정거리'가 갑자기 없어지면 훨씬 더 깊고 통렬한 형태의 불안이 무한정 야기될 수 있기 때문이다. 위험에 익숙한 사람에게는 안전 속으로 크게 한 발자국 내딛는 게 가장 큰 두려움이 모두 실현되는 것만큼이나 견디기 어렵다. 행복 역시 아기 때 형성된 수준을 유지하려는 성향을 보인다.

우리의 타고난 안정 장치는 성공이나 실패, 행복이나 불행 수준의 급격한 변화, 이미 형성된 연상의 전면적인 변화를 거부한다. 우리의 의지가 그런 변화들과 싸우는 모습을 종종 목격하게 되는 이유는 그 때문이다. 의지는 '습관'의 힘에 거의 상대가 되지 못한다. 하지만 때로 외부의 사건이 개인에게 변화를 강요하기도 한다. 그러고 나면 안정 장치가 그 상태로는 도저히 적응할 수 없는 상황에 맞게 균형을 꾀한다. 예를 들어 어려운 (그러나 익숙한) 문제 같은 것들이 주의를 분산시켜 견디기 힘들 정도로 급격한 성공이나 실패를 무디게 할 수 있다.

아무리 노력해도 현상을 회복하는 데 실패하고 되돌릴 수 없는 변화에 적응하기 위해선 전투에서 물러나 중립적인 위치에서 삶이 지시하는 새로운 환경에 맞게 자기 자신을 다시 교육해야 할 때가 많다. 더러 질병이나 사고는 환자나 피해자를 꼼짝 못하게 묶어두어 그 시간에 휴식을 취하면서 새로운 요구에 맞게 힘을 재배치할 수 있게 해주기도 한다. 감정이 어머니처럼 응석을 받아줄 대상을 필요로 할 경우, 안정을 유지하려는 성향은 몸을 질병에 굴복시켜 균형의 회복을 꾀한다. 예를 들면 편안하다고 느끼는 행복에서 너무 많이 밀려났거나 평소의 행동 범위에서 너무 멀리 벗어나야 할 경우 감기라는 짧은 휴식을 주어 우리를 위로한다.

삶을 참아내기 위해 어떤 사람은 사고로 인한 신체의 고통을 수없이 자초하기도 하고, 또 그때그때의 상황에 따라 어머니의 보살핌이나 걱정거리 또는 처벌을 바라는 욕구를 해소하기 위해 평생 고통을 달고 살아가는 사람도 있다. 그런가 하면 가족과의 관계를 유지하기 위해, 주변 사람들에게 너무 나쁘거나 너무 좋은 대우를 받으면 실제로 병이 나는 성향을 개발하는 사람도 있다.

내가 아는 사람들 가운데 거의 참을 수 없는 수준의 죄책감으로 괴로워하는 여성이 있었는데, 아마도 안정을 얻기 위해 병을 사용하는 가장 극단적인 사례가 아니었을까 싶다.

그녀가 어렸을 때 받았던 대우의 성격이나 어린 마음에 스스로를 '나쁘다'고 판단했던 이유는 나나 본인이나 알 길이 없지만 그녀의 고통을 똑같이 나누어 졌을 게 틀림없는 그녀의 쌍둥이 오빠는 스물한 살에 자살했다. 박탈당한 개인에게 피붙이의 죽음은 밑도 끝도 없는 죄책감을 불러일으키기 마련이다. 그렇지 않아도 그녀를 짓누르던 죄책감은 쌍둥이 오누이의 유달랐던 우애 때문에 두 배로 커졌고, 그녀는 그 짐을 내려놓기 위해 적절한 벌을 찾다가 벌이 없이는 살 수 없는 지경에까지 이르렀다. 완전히 박살난 그녀의 연속성은 자신의 문화로부터 안정을 꾀할 수 있는 방법을 끌어내 말 그대로 오빠의 시체를 딛고 '성공한' 삶을 살지도 모르는 위험을 줄여야 했다. 억눌려 있다가 오빠의 자살로 한꺼번에 터져 나온 그녀의 어린 시절 죄책감은 그 어떤 행운도 참을 수 없게 만들었다.

몇 년 뒤 그녀는 사생아 둘을 낳았다. 아버지 되는 사람은, 한 명은 다른 인종이었고 또 한 명은 신원불명이었다. 그녀는 그런 사회적 배경 때문에 변변치 못한 직업을 전전하다가 척수성소아마비에 걸려 평생 휠체어에 갇혀 지내야 하는 신세가 되었다. 하지만 그게 다가 아니었다. 그 병을 치료하느라 병원에 있는 동안 결핵에 걸려 한쪽 폐는 완전히 망가졌고 나머지 한쪽 폐도 심각하게 훼손되었다. 그녀는 자신의 뛰어난 외모를 망치려고 작정한 사람처럼 전혀 어울리지 않는데도 머리를 자줏빛이 도는 빨간색으로 염색하고 다녔고, 자기보다 훨씬 나이가 많은 퇴물 화가와 동거했다.

내가 그녀에게서 마지막으로 들은 이야기는 파티에서 돌아와 몸을 씻다가 휠체어에서 굴러 떨어져 이미 마비 상태인 다리 하나를 부러뜨렸다는 내용이었다. 이 이야기를 들려줄 때도 그녀의 목소리는 평소처럼 아주 명랑했다.

그녀는 우울해하는 법도, 불평하는 법도 없었다. 한눈에 보아도 그녀는 갈수록 명랑해졌다. 재앙이 겹칠수록 마음의 짐을 더 많이, 더 효과적으로 내려놓을 수 있었기 때문이다. 한번은 그녀에게 불구가 된 이후로 더 행복해진 게 맞느냐고 물어보았다. 그러자 그녀는 한 치의 망설임도 없이 살면서 그처럼 행복했던 적은 없었다고 대답했다.

비슷한 사례가 여섯 개 더 떠오른다. 개중에는 거북스러울 만큼 쉽게 세상을 살면서 여자들의 사랑을 부담스러울 정도로 많이 받을 수 있는 신체의 매력을 위장하기 위해 수염을 기르거나 일부러 상처를 입은 남자들도 있다.

도저히 끌릴 것 같지 않은 사람들에게만 매력을 느끼는 경우도 있는데, 여기에는 남녀 구별이 없다.

모든 종류의 실패는 그 이유를 살펴보면 대개 능력 부족 때문도, 불운 때문도, 경쟁 때문도 아니라 편하다고 체득한 상태를 유지하려는 성향 때문이다.

따라서 모든 사람과의 관계에 대한 인상이 형성되는 유아기에는 평생 개인의 집이 될 뼈대를, 사물을 판단하는 기준이 될 뼈대를, 사물을 비교 평가하는 기준이 될 뼈대를 짓고 있는 셈이다. 개인의 안정화 기제는 그 뼈대가 유지되는 방향으로 작동한다. 아기 때 타고난 잠재력을 완전히 꽃피우는 데 필요한 경험을 박탈당할 경우 인간이라는 종에게 고유한 무제한의 온전성을 평생 느끼지 못하고 살아갈 확률이 높다. 박탈로 인해 아기 때 겪은 불편과 제약이 클수록 그 기억이 발달의 일부로 자리 잡기 쉽다. 본능은 추론하지 못한다. 다만 태곳적부터 쌓아온 경험을 통해 최초의 경험을 기준 삼아 안정을 유지하는 것이 개인에게 바람직하다고 여길 뿐이다.

하지만 이런 도움이 어느새 잔인한 덫으로, 이동식 감옥에서의 종신형으로 변질되고 말았다. 이는 진화 과정과 너무 동떨어지는 데다 동물의 역사에서 너무 최근의 일이라 우리의 본성 안에서 고통을 덜어줄 조항을 찾아내기가 거의 불가능하다. 참, 몇 가지 있다. 부당한 현실의 날카로운 칼끝으로부터 박탈당한 개인을 보호해주는 신경증과 정신병이 있다. 참을 수 없는 고통을 압도하는 마비도 있다. 중년이나 노년에도 어머니 같은 인물을 갈망하는 유치한 욕구를 가진 사람들은 자신들에게 그런 역할을 해주던 사람이 죽음이나 도피 등 이런저런 이유로 갑자기 사라지면 떠난 사람의 빈자리를 견디지 못하고 살아갈 희망을 모두 잃고 만다.

풍요로운 유아기를 보내고 따라서 그 이후의 삶도 당연히 풍요로운 개인은 오랜 세월을 함께한 배우자를 잃는다고 해서 '전부'를 잃지는 않는다. 그의 자아는 물질이나 동기 부여를 다른 사람에게 의존하는 텅 빈 배가 아니다. 나무랄 데 없이 어른스러운 그의 자아는 슬퍼하면서도 아마 한 걸음 뒤로 물러나 변화를 수용할 수 있도록 힘을 재배치할 것이다.

진화된 문화와 수많은 문명권에서는 애도의 과정을 도와주는 의식(집단 추모, 기념식, 모임)이 있다. 특히 문화가 생존자의 새로운 삶에 필요한 절차를 포괄하지 못하거나, 어린 자녀나 그 외 딸린 식구들의 지속적인 요구를 채워주지 못할 경우 사회가 나서서 재적응하는 데 걸리는 시간을 배정할 때가 종종 있다. 검은색 상복이나 흰색 상복, 또는 그 외 일상의 역할과 삶의 궤도에서 벗어나 있다는 표시는 정신 상태가 과도기에 있으니 사회는 이를 인정하고 아량을 베풀라는 뜻이다.

문명화된 지성이 진화된 문화로부터 이런 관습의 기능을 포착해 실제 필요와는 아무 관련도 없는 기묘한 과장으로 축소해놓았거나 애초의 기능을 완전히 없앴다고 해서 그러한 관습이 지니는 고결하고 건전한 성격이 바뀌지는 않는다. 연속성이라는 안정 장치 또한 상을 당하면 무기력하거나 멍한 상태로 지내게 해 문화 구성원들의 필요를 충족하는 일에 소홀하지 않는다. 이런 종류의 긴급 상황이 발생하면 연속성은 복귀에 필요한 더없이 좋은 기회라고는 할 수 없지만 종종 질병이나 사고의 형태로 피난처를 마련한다.

물론 개인의 환경 변화가 야기하는 고통의 정도는 회복에 필요한 잠재력을 얼마나 개발했는지, 또 이후의 회복 수단이 얼마나 적절한지에 달려 있다.

우리는 갓난아기의 삶이 연속성을 띠는지 아니면 단속성을 띠는지 어떻게 알 수 있을까? 먼저 예콰나족을 관찰한 다음 우리 문화의 구성원들을 좀 더 주의 깊게 살펴보면 된다. 석기시대의 품에 안긴 아기들의 세상과 문명의 품에 안긴 아기들의 세상은 낮과 밤만큼이나 다르다.

연속성 아기는 처음부터 어디든 따라다닌다. 배꼽이 떨어지기도 전부터 아기의 삶은 이미 활동으로 충만하다. 아기는 대부분의 시간을 자면서 보내지만 잠들어 있을 때도 자기 부족의 목소리에, 그들이 활동하는 소리에, 경고도 없이 쿵쿵 부딪치고 떠밀리며 움직이는 데, 움직임이 갑자기 멈추는 데, 보호자가 일을 하거나 자세를 편하게 잡으려고 번쩍 들어 올릴 때마다 몸 구석구석을 휘감는 상승력과 압력에, 낮과 밤의 주기에, 살갗에 와 닿는 천과 기온의 변화에, 살아 있는 신체에 지그시 눌릴 때의 안전하고 더할 나위 없는 느낌에 익숙해진다. 자기 자리에서 쫓겨나지 않는 이상 아기는 거기 있으려는 자신의 절박한 욕구를 알아차리지 못한다. 무조건 이런 환경을 바라는 아기의 기대와 아기는 오로지 이런 환경만을 경험한다는 사실이 아기가 속한 종의 연속성을 지탱한다. 아기는 더할 나위 없다고 느끼기 때문에 울음소리로 신호를 보낼 필요가 거의 없다. 그저 충동이 일면 젖을 빨면서 자극이 충족되는 것을 즐기고, 마찬가지로 배변의 자극과 충족을 즐길 뿐이다. 그렇지 않을 때는 배우는 데 열중한다.

품의 단계, 즉 태어나서 기기 시작할 때까지의 기간에 아기는 경험을 수용하고 타고난 기대를 충족하면서 새로운 기대나 바람을 품고, 또다시 그 기대를 충족한다. 아기는 깨어 있을 때도 거의 움직이지 않고 휴지 상태에 있지만 근육은 꼼지락거린다. 물론 잠잘 때도 인형 상태가 아니다. 그렇지만 아기는 관심을 끄는 사건들에 집중할 때와 먹을 때와 배변할 때 필요한 근육 활동을 최소한으로 줄인다. 아기에게는 태어나서 곧바로는 아니지만 아주 일찍 떨어지는 임무가 또 있다. 즉 아기는 자신을 안고 있는 사람의 행동과 자세에 따라 자세를 이리저리 바꾸며 (주의를 집중하고, 먹고, 배변하려면) 머리와 몸이 균형을 이루도록 해야 한다.

대개 아기는 가끔 자기 머리 위에서 카누를 젓거나, 바느질을 하거나, 요리를 하는 등의 일을 하는 두 팔과 두 손의 감촉을 느끼며 무릎 위에 누워 있다. 시간이 지나고 아기는 갑자기 무릎이 기울면서 손 하나가 다가온다고 느낄 수도 있다. 곧이어 무릎이 없어지고 손에 힘이 들어가면서 아기를 공중으로 번쩍 들어 올려 다시 누군가의 몸통과 접촉하게 하고, 그 뒤부터 손 대신 팔꿈치가 아기를 옆구리와 가슴팍에 바싹 붙여 떠받친 채 자유로운 손으로 뭘 집으려고 허리를 굽혀 아기를 잠시 놀라게 하다가 걷고 달리고 걷기를 반복한다. 그에 따라 아기는 머리를 위아래로 홱홱 움직이며 덜컹거리는 자동차처럼 온몸을 세차게 흔들어댄다. 그러고 나면 아기는 다른 사람에게 넘겨져 잠시 품을 잃었다고 느끼다가 뼈대가 더 굵거나, 목소리가 아이처럼 높고 가늘거나, 아니면 굵직한 남자 목소리를 내는 또 누군가의 새로운 체온과 살결과 냄새와 소리와 조우하게 될지도 모른다. 그렇지 않으면 팔 하나가 다시 아기를 들어 올려 시원한 물 속에 집어넣고 한동안 물장구를 치며 첨벙거리게 놔두다가 또 손 하나가 다가와 몸에서 더는 물이 떨어지지 않을 때까지 온몸 구석구석을 문질러줄지도 모른다. 그러고 나면 아기는 축축한 채로 옆구리의 자기 자리를 다시 차지할 것이다. 잠시 뒤 접촉 부위는 엄청난 열을 발산하기 시작하지만 공기에 노출된 부위는 점점 차가워진다. 그러고 나면 아기는 태양의 온기나 산들바람의 냉기가 들어온다고 느낄지도 모른다. 보호자가 햇살 한가운데를 지나 숲 속의 그늘진 오솔길로 들어가면 아기는 그 둘을 모두 느낄 것이다. 아기는 이제 거의 마른 상태지만 갑자기 쏟아지는 비 때문에 흠뻑 젖을지도 모른다. 그러다 추위와 습기가 어느새 오두막과 화톳불로 바뀌면 더없이 느긋해하며 불 가까이에 있는 옆구리가 신체 접촉으로 데워지고 있는 반대쪽 옆구리보다 더 빨리 따뜻해진다는 사실에 눈을 뜰지도 모른다.

아기가 자는 사이에 잔치라도 벌어지면 어머니가 음악에 맞추어 펄쩍펄쩍 뛰고 발을 구를 때마다 아기는 아주 심하게 들썩인다. 낮잠을 자는 동안에도 아기에게는 비슷한 모험이 줄곧 들이닥친다. 밤이면 어머니는 아기와 살갗을 맞대고 아기 곁에 누워 잠을 자면서 숨을 쉬고, 뒤척이고, 때로 코를 약간 골기도 한다. 어머니는 중간에 깨서 불을 살피러 갈 때도 매번 아기를 데려간다. 아기를 안고 해먹에서 기어 나와 미끄러지듯 마루로 내려서면 허벅지 사이에 아기를 끼우고 아궁이에 장작을 집어넣는다. 아기가 밤에 배가 고파 깨면 어머니 젖가슴을 찾지 못해서다. 그러면 어머니는 아기에게 젖을 물려주고, 아기는 자기 연속성의 한계를 억지로 잡아 늘이지 않고도 다시 행복해한다. 활동으로 충만한 아기의 삶은 아기의 조상들이 대대로 살아온 삶과 일치하며, 아기의 타고난 기대를 채워준다.

이 단계에서 아기는 하는 일이 거의 없지만 분주한 사람의 품 안에서 겪는 모험을 통해 무수하고 다양한 경험을 하게 된다. 아기의 선행 욕구가 만족스럽게 채워지고 정신 생물학적인 발달이 이루어지면, 그리하여 다음 번 욕구에 응할 준비가 되면 아기는 자신의 타고난 충동에 따라 신호를 보낸다. 그러면 아기 주변 인물들이 아기처럼 타고난 기제를 통해 이 신호를 정확하게 해석해낸다. 신호에 반응이 오면 아기는 방긋방긋 미소를 지으며 목에서 꼬르륵꼬르륵 소리를 낸다. 그렇게 하면서 아기는 즐거움을 느끼며 기분 좋은 소리를 가능한 한 길고 자주 끌어내려는 자극을 받는다. 아기의 보상 반응은 적절한 자극을 재빨리 확인해 강화하고 반복한다. 나중에 반복으로 인해 즐거움과 흥분의 수준이 감소하면 아기는 신호와 반응을 통해 높은 쾌락 지수를 유지하는 방향으로 행동을 이끌어낸다.

예를 들어 아기는 다가갔다 물러났다 하는 놀이를 즐기게 된다. 놀이는 아기의 얼굴이나 몸에 다정하게 입맞추는 것으로 시작될 수도 있다. 그러면 아기는 미소를 지으며 꼬르륵거린다. 또다시 입을 맞춰주면 아기에게서 즐거움과 또 해달라는 신호가 더 많이 나온다. 행복에 겨워 꽥꽥 내지르는 비명과 반짝이는 눈빛은 평화나 위안, 음식이나 자세를 바꿔주길 바라는 신호가 아니라 흥분이 필요하다는 신호다. 이때 아기'의 어머니나 놀이 친구는 자신도 모르게 아기의 뺨에 코를 비빈다. 이러한 행동이 성공을 거두면 곧이어 어머니는 입술을 아기 몸에 갖다대고 브-브-브-브-브 하는 진동음을 내 훨씬 더 즐거운 신호를 만들어낸다.

즐거움을 잔뜩 기대하던 아기는 이제 기쁨을 주는 입이 다가올 때마다 흥분에 겨워 꼬르륵거리며 비명을 질러댄다. 입이 있는 누구라도 아기의 기대가 최고조에 달할 때까지 접촉을 늦출수록 아기의 반응이 커진다는 것을 알 수 있다. 아기가 계속 관심을 갖게 하려면 그 시간이 너무 길어서도 안 되고, 아기에게서 최대의 반응을 끌어내려면 그 시간이 너무 짧아서도 안 된다.

다음 단계의 놀이는 아기를 붙잡고 팔을 쭉 뻗어서 최대한 멀리 두었다가 다시 가까이, 즉 안전한 곳으로 데려오는 것이다. 위험 지역과 안전 지역의 대비, 밖으로 나갔다가 다시 무사히 돌아오는 것의 관계, 스스로 안전 지역에서 벗어났다가 아무 일 없이 다시 돌아올 수 있다는 데서 오는 성취감은 정신 생물학적으로 성숙이 이루어지는 과정의 출발점이다. 그리고 나면 태곳적부터의 일정에 따라 최대한의 능력과 다음 모험을 희구하는 열의를 갖추고 품의 단계를 졸업하게 된다.

아기가 이 동작에 완전히 익숙해지면 팔을 잡은 손에 힘을 빼고 아기를 살짝 들어 올린다. 아기가 뭔가 좀 더 대담한 동작에 준비되어 있는 눈치면 아기를 던졌다 잡는다. 아기의 자신감이 늘어나면, 즉 아기가 내보이는 두려움의 경계선이 뒤로 밀려나면서 아기의 자신감 반경이 확대되면 아기를 더 높이 던진다.

서로 다른 감각을 골고루 경험하게 해주는 이런 놀이에 대한 정보는 갓난아기를 둔 어머니들 사이에서 활발하게 오간다. 까꿍 놀이 역시 어머니나 눈에 익은 사람이 갑자기 사라졌다가 다시 나타나는 형태로 발전시킬 수 있다. 갈수록 갑작스럽거나 커다란 소리, 예를 들어 "와!" 하는 소리가 아기 귀에 들리는 순간 엄마니가 놀랄 필요가 없다는 반가운 소식이 뒤따른다. 뚜껑을 열면 인형이 튀어나오는 장난감은 바깥세상에 대한 두려움을 없애고 안정감을 길러준다. 이처럼 어른이 이끄는 놀이가 있는데, 예콰나족은 아이가 이런 놀이를 좋아한다는 것을 잘 알고 있다. 예를 들어 예콰나족은 아기의 반응을 눈여겨보고 아기의 적극적인 신호를 존중하면서 아기를 점점 더 깊은 물에 담근다. 목욕은 태어나면서부터 매일의 일과지만 갓난아기는 누구나 물살이 빠른 강에 몸을 담그기도 한다. 물론 처음에는 발만 담그고, 그다음에는 다리, 그다음에는 몸 전체의 순서를 따른다. 아기가 자신감을 드러낼수록 물살은 점점 빨라지고, 나중에는 급류와 폭포에 담근다. 그리고 담그는 시간도 점점 길어진다. 걷는 능력이나 사고 능력을 갖추기도 전에 예콰나족 아기는 눈으로 물의 힘, 방향, 깊이를 거의 전문가처럼 정확하게 판단한다. 예콰나족은 급류에서 카누를 젓는 솜씨가 세계 최고에 속한다.

감각은 엄청나게 많고 다양한 사건을 경험하며, 그 경험에 근거해 기능을 훈련하고 연마하면서 학습한 내용을 두뇌에 통합시킨다.

최초의 경험은 뭐니뭐니해도 분주한 어머니의 몸이다. 활발한 움직임은 활기 넘치는 삶의 속도를 따라잡는 데 없어서는 안 될 요소다. 속도는 살아 있는 세상의 특징이 되고, 포근하고 온전한 자아와 늘 연계된다. 품 안에서 그렇게 배운다.

아기가 가만히 앉아 있기만 하는 사람에게 하루 종일 안겨 있을 경우 유기나 분리, 욕구 불만에서 오는 부정적인 감정은 느끼지 않겠지만 삶과 행동의 질을 배우지는 못한다. 아기가 자신을 재미있게 해주는 사람들과 활발하게 조우한다는 것은 곧 아기가 행동을 기대하고 자연스럽게 그 행동을 발달시키게 된다는 뜻이다. 가만히 앉아 있는 어머니는 아기가 삶은 지루하고 더디다는 생각을 갖게 만들 소지가 높다. 그럴수록 아기는 안절부절못하며 자꾸만 보챈다. 아기는 자기가 원하는 게 무엇인지 보여주기 위해 버둥거리거나, 어머니가 좀 더 빠르게 행동하기를 바라고 팔을 내젓는다. 마찬가지로 어머니가 아기를 깨지기 쉬운 유리그릇 다루듯 할 경우 아기는 정말 자기가 약한 줄 안다. 하지만 어머니가 되는 대로 아무렇게나 대하면 아기는 다양한 환경 속에서 스스로를 강하고 적응성이 뛰어나다고 생각하면서 편안하게 느낀다. 나약하다는 느낌은 불쾌할 뿐만 아니라 발달기는 물론 성인기의 능률까지 해친다.

처음에 시각, 청각, 후각, 촉각, 미각이 자리 잡고 나면 기능이 갈수록 발달하면서 아기는 점점 넓은 범위의 사건과 물체를 아우르게 된다. 그러면 연상이 시작된다. 음식 냄새가 있으면 언제나 어두컴컴한 오두막이 있고, 장작불 냄새가 있어도 거의 늘 그곳이 있다. 목욕할 때와 대롱대롱 매달린 채 흔들리며 걸어가는 시간 대부분은 날이 환하다. 타는 듯이 무덥지 않으면 비바람 때문에 으슬으슬한 밝은 실외보다, 어두운 곳의 온도가 대체로 더 쾌적하다. 하지만 아기는 어떤 변화든 받아들일 수 있으며, 다양한 변화를 기대한다. 아기의 경험 속에는 늘 갖가지 변화가 있었기 때문이다. 품 안에 있으면서 기본 욕구를 모두 충족하기 때문에 아기는 무얼 느끼든 자극을 받고 풍요로워진다. 준비 없는 어른은 깜짝 놀랄 일이 품 안의 아기에게는 거의 아무렇지도 않다. 누군가가 갑자기 눈앞에 불쑥 나타나고, 머리 위에선 나무 꼭대기가 빙글빙글 돌아간다. 주위가 경고도 없이 밝아지거나 어두워진다. 천둥과 번개, 시끄럽게 짖어대는 개들, 귀를 먹먹하게 하는 폭포 소리, 쪼개지는 나무들, 너울거리는 불꽃, 느닷없이 몸을 적셔오는 빗물이나 강물에도 아기는 놀라지 않는다. 아기의 부족이 진화해온 환경에 비추어보면 변화가 거의 없거나 아무 소리도 들리지 않는 것이 오히려 놀랄 일이다.

어른들이 한창 대화를 나눌 때 아기가 무슨 이유 때문인지 잠시 울면 어머니가 아기의 귀에 대고 쉿 하고 속삭여 아기의 관심을 딴 데로 돌린다. 이 방법이 실패하면 어머니는 아기가 조용해질 때까지 데리고 나간다. 어머니는 아기의 의사를 무시하고 자기 의사를 강요하기는커녕 불편을 끼치는 아기의 행동에 어떤 판단이나 불쾌한 기색을 전혀 내비치지 않고 아기를 데리고 슬며시 자리를 뜬다. 아기가 어머니에게 침을 흘려도 어머니는 거의 알아차리지 못한다. 어머니가 손등으로 아기의 입을 훔칠 경우 그 손길은 본인의 몸을 단장할 때처럼 여간 정성스럽지 않다. 아기가 오줌이나 똥을 싸도 어머니는 웃어넘긴다. 어머니는 혼자일 때가 거의 없기 때문에 친구들도 그 모습을 보고 깔깔거리고, 그런 가운데 어머니는 얼른 아기를 떼어놓고 아기가 볼일을 다 볼 때까지 기다린다. 아기를 얼마나 빨리 떼어놓을 수 있는지를 지켜보는 것도 재미있는 구경거리지만, 어머니가 아기 오줌이나 똥을 미처 못 피하기라도 하면 웃음소리는 더욱 커진다. 잠시 뒤 물이 땅바닥을 내리덮고, 곧이어 나뭇잎이 배설물을 쓸어간다. 우리 아기들의 삶에서는 토악질이나 '게우기'가 일상의 다반사지만 몇 년 동안 인디언들과 지내면서 그런 모습을 지켜본 기억은 딱 한 번뿐이며, 그때 그 아기는 열이 아주 높았다.

문명사회의 전문가들은 유독 인간이라는 종만 모유를 먹을 때마다 소화 불량으로 고생하도록 진화해왔다는 생각에 어찌 된 영문인지 한 번도 의문을 제기한 적이 없다. 아기를 어깨에 기대게 한 상태에서 등을 세게 두들겨 트림을 하게 하면 아기가 '젖을 먹으면서 삼킨 공기를 토해내는 데' 도움이 된다는 주장이 있다. 그 과정에서 아기는 어깨에 종종 토사물을 쏟아놓는다. 우리 아기들은 스트레스를 많이 받아 그런지 병을 거의 늘 달고 산다. 경직 증상, 발길질 증상, 관절을 있는 대로 비틀어대는 증상은 모두 어디가 몹시 불편하다는 신호다. 다른 동물의 새끼들이 그렇듯이 예콰나족 아기들도 젖을 먹고 나서 특별한 조치를 필요로 하는 법이 없다. 그 이유 중 하나는 아마도 그 아기들은 우리 문명권의 아기들보다 낮이고 밤이고 훨씬 더 자주 젖을 빨기 때문이 아닐까 싶다. 하지만 완전한 답은 끊임없이 스트레스를 받을 수밖에 없는 우리의 환경에서 찾아야 할 듯하다. 예콰나족 아기들은 하루 종일 어린 아이와 같이 있으면서 필요할 때 어머니의 손길을 받지 못해도 배앓이 증상을 전혀 보이지 않았기 때문이다.

나중에 대소변을 가리는 훈련이 시작되면 아기가 오두막 바닥을 더럽힐 경우 밖으로 쫓아낸다. 그 무렵이면 아기는 스스로를 온전하다고 느끼거나 '훌륭하다'고 여기는 데 아주 익숙하기 때문에 이제 막 눈뜨기 시작한 아기의 사회적 본능은 부족의 사회적 본능과 자연스럽게 조화를 이룬다. 그러고 나면 자신의 행동이 반대에 부딪쳐도 아기는 사람들이 비난하는 것은 자신의 행동이지 자기가 아니라는 인식 속에서 잘 어울릴 수 있도록 스스로 노력한다. 따라서 주변 사람들로부터 자신을 방어하려 하거나 믿음직한 자기편을 놔두고 다른 데서 관점을 빌려오려는 충동이 생길 틈이 없다.

이렇게 말해야 하다니 아이러니가 아닐 수 없지만 사회적 동물의 의미란 바로 이런 것이다.

이제 오늘날의 서구 문화에서는 아기들이 어떤 경험을 하는지 살펴보자.

생명체는 어디서나 똑같다. 우리의 최근 역사는 서로 많이 다르지만 우리의 진화 역사, 즉 인간이라는 동물을 탄생시킨 수백만 년의 형성기는 예콰나족이나 우리나 똑같이 공유한다. 연속성으로부터 이탈해 문명을 일궈온 몇천 년의 시간은 진화의 역사에서 빠져 있다. 그렇게 짧은 기간에는 의미 있거나 눈에 띄는 진화가 이루어질 수 없었다. 그 결과 연속성에 갑자기 간극이 생긴 아기들의 기대는 박탈을 경험하지 않은 조상들과 다를 수밖에 없으며, 언젠가부터 출생은 교외 지역 산부인과 의사의 골프 모임 약속에 맞추어 조정되었다.

앞에서도 살펴보았듯이 인간의 아기라고 해서 다른 종의 아기들에 비해 태어나는 데 특별히 더 어려움을 겪거나 하지는 않는다. 출생의 경험은 적응력 목록 가운데 일부를 이룬다. 적응력과 마찬가지로 우리 인간은 포유류가 출현한 이후와 그 이전에 지구상에 태어난 선조들 모두의 경험을 그대로 따르며 진화해왔기 때문이다. 예기된 사건은 전범이 되는 선례를 따른다. 예기치 않은 사건은 거기에 적응할 수 있는 안정화 기제를 발전시키지 못했다. 태어날 때의 예기치 않은 사건이 발달 단계에 필요한 예기된 사건과 동시에 일어나는 데 그치지 않고 그 사건을 대체할 위험마저 있다. 자연에서는 쓰임새를 찾지 못해 낭비되는 것이 거의 없다. 진화 체계의 본질은 발달 단계의 원인과 결과로 기능하는 측면을 어느 것 하나도 빠뜨리지 않고 아우르는 관련성이다.

이는 선대로부터 내려오는 경험 중 어느 하나라도 놓칠 경우 개인은 일정 정도의 행복 손실을 그 대가로 치르게 된다는 뜻이다. 물론 그 정도는 너무 미묘해서 감지하기 어려울 만큼의, 어쩌면 다들 잃어버리고 살아서 손해라고 알아채지 못할 만큼의 수준에 지나지 않는다. 곧 살펴보겠지만 손과 무릎으로 기어다니는 경험을 박탈하면 나중의 발달 단계에서 언어 능력에 나쁜 영향을 미친다는 연구 결과가 이미 나와 있다. 마찬가지로 유아기 때 다양한 자세로 안겨보지 못했거나, 잠시 비를 맞아보지 못했거나, 낮에서 밤으로 바뀌는 빛의 변화를 경험하지 못했을 경우 나중에 발을 단단히 딛고 서는 능력이나 온도 변화의 차이에 대처하는 참을성, 또는 질병 저항력의 부족을 가져온다는 연구 결과가 나올 수도 있다. 특히 발을 단단히 딛고 서는 능력과 관련해 우리와 달리 모호크족에게는 현기증이 거의 없는 이유를 찾아 그 부족 아기들의 경험에서 우리 아기들에게는 없는 뭔가를 밝혀내려는 연구자가 있을지도 모른다. (예콰나족과 사네마족을 비롯해 남아메리카 인디언 부족 모두가 현기증이 없는 듯하지만 현재까지는 모호크족이 우리에게서 배우는 경험이 가장 많고, 따라서 경험이 서로 다를 경우 그 원인을 찾기가 좀 더 쉽지 않을까 싶다.)

연속성 원리에 비추어볼 때, 문명사회의 구성원들에게서 나타나는 출생외상이라는 현상의 주된 원인은 철제 도구나 눈부신 조명, 고무장갑, 살균제와 마취제 냄새, 왕왕거리는 목소리, 기계 소리 때문일 가능성이 높다. 출생 과정에서 외상을 입지 않으려면 아기의 경험이 아기와 아기 어머니의 태곳적 기대에 부합해야 한다. 훌륭하고 건전한 문화들을 보면 출산을 오로지 어머니에게 맡기는 경우가 있는가 하면, 산모는 도움을 받아야 한다고 규정하는 경우도 있다. 어느 쪽이든 아기는 자궁에서 나오는 순간부터 어머니의 몸과 접촉한다. 아기는 혼자 숨을 쉬기 시작하면서 어머니 품에서 평화롭게 휴식을 취한다. 쉴 새 없이 어루만지는 어머니의 손길에 아기는 평온해지고, 배꼽이 맥동을 멈추고 완전히 떨어져나가면 씻기거나 몸무게를 재거나 검사를 한다는 등의 이유로 꾸물대지 않고 아기에게는 곧바로 젖이 물려진다. 평생 각인되는 일대 사건은 어머니와 아기가 서로 다른 인격체로서 처음 만나는 순간, 출생이 완성되는 바로 그 순간에 일어나야 한다. 동물 새끼들이 태어나는 순간 어머니를 각인한다는 것은 널리 알려진 사실이다. 거위 새끼는 알을 까고 나오고 나서 맨 처음 보게 되는 움직이는 물체를 각인한다. 다시 말해 태어나서 처음 보게 되는 움직이는 물체를 어머니로 여긴다. 그 대상이 자동인형이든 콘라트 로렌츠*든 거위 새끼는 진화된 본성의 지시에 따라 그 대상이 가는 곳마다 졸졸 따라다닌다. 거위 새끼의 삶은 어머니를 각인하는 데 달려 있다. 어머니는 새끼들을 한꺼번에 다

---

* 1903~1989, 노벨 생리·의학상을 수상한 오스트리아 출신의 동물학자. 자연 속에서 동물들과 생활하며 유형별 동물의 고유한 행동을 연구했다.

거둘 수 없고, 새끼들은 어머니 없이 혼자서는 자신의 욕구를 충족할 수 없기 때문이다. 우리 종의 경우에는 대부분의 종과 달리 어머니가 아기를 각인해야 한다. 인간의 아기는 너무 무력해서 누군가를 따라갈 수가 없기 때문이다. 즉 인간의 아기는 어머니가 자신의 기대를 채워주지 않으면 신호를 보내는 것 말고는 어머니와의 접촉을 유지해주는 그 어떤 행동도 할 수 없다.

아기 어머니에게 이 각인 본능은 그 어떤 고려 사항보다 앞설 만큼 아주 강하게 박혀 있다. 아무리 피곤해도, 아무리 배가 고프고 갈증이 나도, 그 외 일상의 욕구가 아무리 다급해도 무엇보다도 어머니는 그리 예쁘지도 않은 이 이방인을 먹이고 다독이고 싶어한다. 만약 그렇지 않았다면 우리는 이 수만 세대의 세월을 견뎌내지 못했을 것이다. 태어날 때 호르몬의 작용으로 일어나는 일련의 사건과 깊게 맞물려 있는 각인은 지체 없이 일어나야 한다. 그렇지 않으면 시기를 놓칠 수도 있다. 선사시대의 어머니는 강력하고 다급한 본능 때문에 단 몇 분도 갓 태어난 아기에게 무관심할 겨를이 없었을 것이다. 사건의 연속성 안에서 이 조항은 어머니와 아기가 함께 삶을 시작하면서 따라가게 되는 자극과 반응의 원활한 순환에 없어서는 안 될 전제 조건이다.

각인이 일어나지 못할 경우, 예를 들어 어머니가 쓰다듬고 품어줘야 하는 시간에 아기가 곁에 없는 경우나 어머니가 마취제에 취해 그 유대를 제대로 경험하지 못할 경우 어떤 일이 일어날까? 아기와의 예기된 만남을 통해 반응을 일으키지 못할 경우 각인 자극은 대개 슬픔으로 바뀐다. 억겁에 이르는 인간의 출산 과정을 돌아보면 아기를 사산할 경우 어머니는 모성애라는 강한 충동을 해소할 대상이 없었다. 이때 정신 생물학적 반응은 슬피 우는 것이었다. 그 순간을 놓치고 반응 없이 자극만 남을 경우 연속성은 아기가 없으니 각인 충동은 폐기되어야 한다고 생각한다.

현대에 들어와 병원이 어느 날 갑자기 시간 단위나 심지어는 분 단위로 아기를 생산하기 시작하면서 어머니는 생리적으로 비탄의 상태를 겪게 되었다. 그 결과 어머니는 아기를 잃었을 때 못지않게 슬프고 힘든 산후 우울증이라는 문명의 오랜 비극을 경험할 뿐만 아니라, 아기를 잘 기를 자신이 없다거나 아기에게 별로 애정이 생기지 않는다는 생각이 자꾸만 들어 죄책감에 빠지게 된다.(본문 193쪽 참조)

이 단계의 인간 아기에게는 한 발 떨어진 침대에 있는 생물학적 어머니보다 차라리 늑대의 연속성에 충실한 암늑대가 어머니 역할에 더 적합할지도 모른다. 늑대 어머니는 적어도 만질 수 있지만 인간 어머니는 화성에 있는 것과 다를 바 없기 때문이다.

서구 문명의 산부인과 병동에는 늑대가 주는 위안이 거의 없다. 태곳적 본능에 따라, 따스한 온기가 감도는 살아 있는 살의 촉감을 느끼고 싶어 울어대는 아기는 태어나자마자 생명 없이 버석거리는 천에 온몸을 감싸인다. 그러고 나면 아무리 울어대도 (억겁의 진화 과정을 거치는 동안이나 자궁 안에서 끝없는 축복을 누리는 동안에는 한 번도 경험해보지 못한) 상자에, 움직임이라고는 없는 망각의 구렁에 넣어져 방치된다. 아기가 들을 수 있는 소리라고는 말로 표현할 수 없는 고통을 겪는 같은 처지의 피해자들이 내지르는 통곡 소리가 전부다. 그 소리는 아기에게 아무 의미가 없다. 아기는 울고 또 운다. 공기가 낯선 아기의 폐는 마음속 절망으로 팽팽하게 긴장한다. 아무도 오지 않는다. 타고난 대로 삶의 온전함을 믿기에 아기는 자신이 할 수 있는 유일한 행동, 즉 계속해서 울어대는 일을 한다. 한참이 지나 아기는 결국 지쳐서 잠이 든다.

아기는 침묵의, 정지의 까닭 없는 두려움 속에서 잠이 깬다. 아기는 비명을 지른다. 머리끝부터 발끝까지 아기는 욕구로, 바람으로, 참을 수 없는 조바심으로 불타오른다. 아기는 머리가 울리다 못해 욱신욱신 쑤시도록 비명을 내지른다. 아기는 가슴이 아리도록, 목이 따끔거리도록 비명을 내지른다. 너무 고통스러워 더는 견딜 수 없다. 울음소리가 잦아든다. 아기는 귀 기울인다. 아기는 주먹을 폈다 쥔다. 아기는 고개를 이쪽저쪽으로 굴려본다. 아무도 도와주지 않는다. 그런 상황을 견딜 수 없다. 아기는 다시 울기 시작하지만 무리가 간 목소리가 감당하기에는 너무 벅차 곧 그친다. 아기는 욕구를 채우지 못해 괴로워하며 몸을 딱딱하게 굳힌다. 그랬더니 좀 낫다. 아기는 팔다리를 버둥거린다. 그러다 멈춘다. 아기는 고통은 느낄 수 있지만 생각할 수도, 희망할 수도 없다. 아기는 귀를 기울인다. 그러고는 다시 잠에 빠져든다.

잠에서 깨면 아기는 기저귀에 오줌을 누며 혼자 있어야 하는 고통에서 벗어난다. 하지만 아랫도리를 감싸는 축축하고 따스하고 시원하게 밀려드는 느낌은 곧 사라진다. 온기는 이제 꿈쩍도 하지 않은 채 차갑고 끈적끈적하게 바뀐다. 아기는 발길질을 해대며 몸을 딱딱하게 굳힌다. 아기는 또 운다. 간절한 열망 때문에, 축축하고 불편한 환경 때문에 아기는 참담하게 비명을 내지르다 지쳐 잠이 든다.

  갑자기 누가 아기를 들어 올린다. 아기는 무슨 일이 일어날지 잔뜩 기대한다. 젖은 기저귀가 치워진다. 안심이다. 살아 있는 손이 아기의 피부를 만진다. 곧이어 발이 쳐들리면서 생명 없이 바싹 마른 천이 아기의 아랫도리를 다시 꽁꽁 싸맨다. 눈 깜짝할 사이에 마치 손도, 젖은 기저귀도 아예 없었던 것 같다. 아직은 의식의 기억도, 어슴푸레한 희망도 없다. 아기는 끝도 없고 움직임도 없이 적막하고 모든 게 부족하기만 한 공허감을 도저히 견딜 수 없다. 아기의 연속성은 비상수단을 써보지만 그런 수단은 정확한 대우를 받는 사이사이 단절되는 시간을 잠시 이어주거나, 정확한 대우를 해줄 거라고 기대되는 누군가로부터 구조의 손길을 끌어내는 용도일 뿐이다. 아기의 연속성은 이런 곤경을 해결할 능력이 없다. 아기의 연속성이 아무리 방대한 경험을 아우르고 있다 할지라도 상황은 그 경험을 넘어선다. 세상에 나온 지 겨우 몇 시간 만에 아기는 강력한 연속성의 힘에서 벗어나 자신의 본성으로부터 이미 멀어져 있다. 아기의 타고난 기대는 평생 행복을 방해받지 않고 지내기를 바란다. 하지만 자궁에서 지낸 기간을 끝으로 그런 행복 상태를 감지할 수 있는 기회는 영영 사라지고 말았다. 아기의 본성은 어머니가 적절하게 행동하고 있으며 그런 행동을 하도록 유도하는 동기와 그 결과가 자연스레 서로 조화를 이룬다는 가정에 근거한다.

  누가 와서 기분 좋게도 아기를 번쩍 들어 올린다. 아기는 삶 한가운데 있다. 아기의 취향에는 그 사람이 너무 살살 다루는 경향이 있지만 어쨌든 움직임이 있다. 그러고 나서 아기는 자기 자리에 있다. 아기가 지금까지 겪은 그 모든 고통은 이제 존재하지 않는다. 아기는 품 안에서 휴식을 취하며 천에 감싸인 채 살아 있는 살에 닿지 못했을 때는 느끼지 못했던 안도의 메시지를 온몸으로 내보낸다. 아기의 손과 입도 정상이라고 보고한다. 연속성이 정상일 때의 삶의 기쁨이 거의 완성된다. 젖가슴의 맛과 질감이 있고, 따스한 젖이 아기의 갈망하는 입 속으로 흘러든다. 자궁에 있을 때 들었던 게 틀림없는 심장 박동이 있고, 희미한 시력에 포착되는 움직임이 있다. 목소리도 그 목소리다. 뭔가 낯선 게 있다면 천과 냄새(아기의 어머니는 향수를 사용한다)뿐이다. 아기는 젖을 빨다 충만하다고 느끼며 꾸벅꾸벅 졸기 시작한다.

깨어나보니 아기는 다시 지옥에 있다. 아기에게는 어머니를 만났을 때의 위안을 이 삭막한 연옥으로 불러들일 수 있는 기억도, 희망도, 생각도 없다. 몇 시간이 지나고, 또 몇 날 며칠이 지난다. 아기는 비명을 지르다 지쳐 잠이 든다. 그러다 잠에서 깨어 기저귀를 적신다. 이제 이런 행동에는 아무 기쁨이 없다. 뜨듯한 산성 오줌이 그사이 쓸려 벗겨진 몸을 휘감는 순간 아기의 내부에서 밀려드는 안도의 기쁨은 곧이어 갈수록 정도를 더해가는 고통으로 바뀐다. 아기는 비명을 지른다. 얼얼한 고통을 이겨내려면 지친 폐로도 비명을 지르는 수밖에 없다. 아기는 더는 고통을 느낄 수 없고 더는 비명을 지를 수 없을 때까지 비명을 질러대다 잠이 든다.

바쁜 간호사들은 기저귀가 말라 있든 젖어 있든, 너무 오래 젖어 있어 아기의 피부가 쓸려 벗겨지든 말든 상관없이 오로지 정해진 시간에만 기저귀를 간다. 그러고는 그런 일을 할 시간이 있는 누군가가 까진 피부를 치료할 수 있도록 아기를 집으로 보낸다.

어머니의 집(아기의 집이라고 부를 수 없으므로)에 도착할 무렵이면 아기는 이미 삶의 성격을 꿰고 있다. 인상이 전의식의 질을 결정하듯 앞으로의 인상의 질을 결정하게 될 전의식 단계에서 아기는 삶은 말할 수 없이 외롭고 고통으로 가득 차 있으며, 아무도 자기가 보내는 신호에 반응하지 않는다는 것을 안다.

하지만 그렇다고 해서 완전히 포기한 것은 아니다. 생명이 있는 한 아기의 활력은 원래의 균형을 회복하려고 끊임없이 노력할 것이다.

피부가 까질 걱정이 없다는 점만 빼면 집도 산부인과 병동과 크게 다르지 않다. 깨어 있는 시간은 소리 없는 공백이 온전한 상태로 바뀌길 열망하고 갈구하고 한없이 기다리다 허망하게 지나간다. 그래도 하루에 몇 분씩은 열망을 잠시 내려놓고 살을 맞대고 싶다는, 안기고 싶다는, 움직이고 싶다는 간절한 욕구를 해소할 수 있다. 어머니가 한참을 생각한 끝에 드디어 아기가 젖가슴에 접근할 수 있도록 결정했기 때문이다. 어머니는 전에 없이 다정하게 아기를 사랑한다. 처음에 어머니는 아기에게 젖을 먹이고 나서 아기를 내려놓다가 멈칫거린다. 내려놓으려고 하자 아기가 죽을 듯이 울어대기 때문이다. 하지만 어머니는 그래야 한다고 확신한다. 자신의 어머니로부터 지금 아기한테 지면 아기 버릇을 망쳐 나중에 골치가 아파진다는 말을 들었기 때문이다. 어머니는 옳은 일이라면 뭐든 다 하고 싶다. 한순간 어머니는 품에 안고 있는 어린 생명이 이 세상의 그 어떤 것보다 소중하다고 느낀다.

어머니는 한숨을 내쉬고는 아기 방의 전체 분위기에 맞추어 노랑 오리 새끼들로 장식한 요람에 아기를 살며시 내려놓는다. 어머니는 폭신한 커튼, 커다란 판다 모양의 깔개, 하얀색 화장대, 유아용 이동식 욕조, 파우더 · 오일 · 비누 · 샴푸 · 빗 등 색색의 유아용 제품을 갖춘 기저귀 교환대로 방을 꾸미느라 꽤나 애를 먹었다. 벽에는 사람처럼 옷을 입은 아기 동물들의 사진이 여기저기 걸려 있다. 서랍장은 칸마다 앙증맞은 속옷, 잠옷, 털실로 짠 양말, 모자, 장갑, 기저귀로 가득 차 있다. 천장에는 복슬복슬한 양 인형이 대롱대롱 매달려 있고, 꽃을 꽂은 꽃병도 있다. 어머니는 꽃도 '사랑한다.'

어머니는 아기의 속옷을 매만져 주름을 펴고는 수를 놓은 이불과 아기의 이름 머리글자가 수놓인 담요로 아기를 덮어준다. 어머니는 흡족한 눈길로 방 안을 둘러본다. 아기 방을 완벽하게 꾸밀 수 있다면 뭐든 아끼지 않았다. 하지만 어머니와 어머니의 젊은 남편은 집의 다른 곳에 들여놓으려고 마음먹은 가구들을 다 구입할 형편이 아직은 안 된다. 어머니는 허리를 굽혀 야들야들한 아기의 입에 입을 맞추고 문 쪽으로 향한다. 그러자 아기는 온몸을 들썩이며 괴롭게 비명을 질러댄다.

그래도 어머니는 아랑곳하지 않고 살며시 문을 닫는다. 어머니는 아기에게 전쟁을 선포했기 때문이다. 어머니의 의지가 아기의 의지를 눌러야 한다. 문틈으로 어머니는 마치 누가 고문을 당하기라도 하는 듯한 소리를 듣는다. 어머니의 연속성이 그렇다고 인식한다. 그렇지 않다면 자연이 누가 분명히 고문당하고 있다는 신호를 보낼 리가 없다. 소리가 말해주듯 상황이 심각하다.

어머니는 잠시 망설인다. 마음은 이미 아기한테 가 있지만 애써 눌러

참고 발길을 돌린다. 아기는 방금 기저귀도 갈아주었고 젖도 물렸다. 그래서 어머니는 아기가 필요한 것도 없는데 괜히 저런다고 확신하고 아기가 지쳐 떨어질 때까지 울게 내버려둔다.

아기는 깨고 나서 다시 울어댄다. 어머니는 아기가 잘 있는지 확인하려고 방문 앞에 서서 안을 들여다본다. 그러고는 아기한테 헛된 희망을 불어넣지 않으려고 살며시 문을 닫는다. 어머니는 서둘러 부엌으로 가선 '아기한테 무슨 일이 일어날' 경우 아기 소리를 잘 들을 수 있도록 문을 열어놓고 일을 한다.

아기의 비명은 점점 가늘어지다 훌쩍이는 소리로 바뀐다. 이미 오래전에 안도가 찾아왔어야 하는데도 아무 반응이 오지 않자 신호의 원동력은 삭막하기만 한 공허를 혼란스러워하며 제풀에 꺾인다. 아기는 주위를 둘러본다. 요람 칸살 너머에 벽이 있다. 빛이 희미하다. 아기는 혼자서는 돌아누울 수 없다. 아기 눈에는 움직임이 없는 칸살과 벽만 보인다. 아기는 멀리 떨어진 세상의 의미 없는 소리를 듣는다. 가까이에선 아무 소리도 들리지 않는다. 아기는 벽을 쳐다보다가 눈을 감는다. 다시 눈을 뜨자 칸살과 벽은 전과 똑같지만 빛은 더 희미해져 있다.

칸살과 벽을 바라보는 영원과도 같은 시간 사이사이 아기는 양쪽 칸살과 저 위 천장도 공허한 눈길로 하염없이 응시한다. 천장 한쪽 저 멀리에는 그곳에 붙박인 채 움직이지 않는 형체들이 있다.

더러 움직임과 귀를 희미하게 뒤덮는 소리, 머리 위의 헝겊 더미가 있을 때도 있다. 이럴 때면 아기는 유모차 안쪽의 하얀 플라스틱 구석을 볼 수 있다. 그리고 때로 얼굴이 쳐들리면 하늘과 유모차 지붕 안쪽,

멀리서 휙휙 스쳐 지나가는 거대한 덩어리들을 볼 수 있다. 먼 곳의 나무 꼭대기들, 아기와는 아무 상관 없는 것들, 그리고 때로 아기를 내려다보면서 대개는 자기들끼리 얘기하지만 가끔 아기한테도 말을 거는 사람들도 있다.

사람들은 아기에게 종종 딸랑거리는 물체를 흔들어댄다. 바로 옆에서 들리는 그 소리에 아기는 생명이 가까이에 있다고 느끼며 자기 자리를 찾을 수 있다는 기대에 부풀어 팔을 내뻗어 팔랑팔랑 휘젓는다. 딸랑이가 손에 닿자 아기는 딸랑이를 움켜쥐고 입으로 가져간다. 이게 아닌데. 아기가 손을 내젓자 딸랑이는 날아가버린다. 어떤 사람이 딸랑이를 다시 쥐여준다. 아기는 물건을 던지면 누가 온다는 것을 배운다. 아기는 이 인물이 어김없이 와주길 바라며 그 수법이 효과가 있는 한 딸랑이나 가까이에 있는 물건을 집어던진다. 그러다 떨어진 물건이 더는 아기 손으로 돌아오지 않으면 텅 빈 하늘과 유모차 지붕 안쪽만 있다.

유모차 안에서 울면 아기에겐 종종 생명의 징후가 상으로 주어진다. 울었더니 어머니가 유모차를 가볍게 흔들어준다. 어머니는 이제 그렇게 하면 아기가 조용해진다는 것을 터득했다. 조상들이 처음 몇 달 동안 경험했던 움직임을 동경하는 아기의 얼얼한 욕구는 덕분에 조금은 가라앉는다. 물론 그것으로는 아직 성이 차지 않지만 그래도 그 속에서 아기는 뭔가를 경험한다. 근처에서 들리는 목소리는 아기와는 아무 상관이 없으며, 따라서 아기의 기대를 충족하는 데 거의 기여하지 못한다. 그래도 아기 침대의 침묵보다는 낫다. 이 무렵 아기의 연속성 경험 지수는 거의 0에 가깝다. 다시 말해 아기는 경험이 한참 부족하다.

어머니는 아기의 몸무게를 정기적으로 재면서 아기의 성장에 흐뭇해한다.

중요한 경험은 아기가 매일 품 안에서 지내는 겨우 몇 분 동안에 이루어진다. 여기에 아기의 각기 다른 요구가 흡족하게 받아들일 수 있는 소소한 경험이 조금씩 쌓여가면서 경험 지수가 커진다. 보호자의 무릎에 있을 때 웬 아이가 고함을 지르며 달려오는 모습을 보면 아기는 자기는 가만히 있는데도 주변에 움직임이 있다는 사실에 전율을 경험한다. 엘리베이터가 주는 떨어지는 느낌도 아기는 환영한다. 갑자기 올라가는 느낌도 마찬가지다. 어머니 무릎에서 기분 좋게 뒤척일 때 자동차가 멈췄다 다시 출발하는 소리도 아기는 환영한다. 개 짖는 소리와 그 밖의 갑작스런 소음도 아기는 환영한다. 아기가 무리 없이 소화할 수 있는 경험은 유모차 안에서도 이루어질 수 있다. 하지만 품의 안전지대를 벗어났을 때 겪는 경험은 아기를 두려움에 떨게 한다.

아기 손이 닿는 곳에 있는 사물은 아기의 동경을 채워줄 수 있어야 한다. 흔히 사람들은 장난감이 우는 아기를 달래주는 역할을 한다고 알고 있다. 하지만 장난감이 꼭 아기의 울음을 달래는 용도로만 쓰이는 것은 아니다.

가장 먼저 아기와 '함께 자는' 곰 인형 같은 말랑말랑한 인형을 예로 들 수 있다. 이런 인형은 아기에게 지속적인 우정의 느낌을 안겨준다. 가끔씩 목격되는 장난감에 대한 지나친 집착은 변덕스런 아동기의 특징으로 간주되지만, 실은 자신을 버리지 않을 친구를 애타게 찾으며 생명 없는 물체에 매달리는 아이에게서 흔히 나타나는 박탈의 징후다. 유모차나 요람을 흔들어줘도 비슷한 효과를 가져다준다. 하지만 격리된 아기의 동경을 잠재우기에는 움직임이 너무 부족해서 품을 대신할 수는 없다. 그런 식의 움직임은 부적절할 뿐만 아니라 그나마 자주 주어지지도 않는다. 이 밖에 요람과 유모차 위에 매달아 아기가 만지면 딸랑이거나 땡그렁거리는 장난감도 있다. 밝은 색깔의 물체를 줄에 매단 형태를 띠는 이런 장난감은 벽 말고도 뭔가 쳐다볼 거리를 제공해 아기의 관심을 끄는 데 크게 도움이 된다. 하지만 시간이 지날수록 효과가 떨어져 다양한 종류의 시각과 청각 자극을 경험하길 바라는 아기의 발달 욕구를 채워주지 못한다.

물론 부족하긴 해도 유모차나 요람을 가볍게 흔들어주는 동작이나 딸랑이거나 땡그렁거리는 소리를 내는 밝은 색깔의 물체가 아주 효과가 없는 것은 아니다. 언제든 기대를 실현할 준비를 하고 있는 연속성은 아무리 작은 자극도 놓치는 법이 없다. 비록 경험이 어쩌다 가끔 온다고 해도, (우리 조상들이 그랬듯이 품 안에서 보고 듣고 움직이고 냄새 맡고 맛보며 감각의 능력을 키워나가는) 연속성 아기의 경험과는 비교가 되지 않는다 해도, 어떤 경험은 상대적으로 자주 반복되는 데 비해 어떤 경험은 완전히 배제된다고 해도, 아기는 자신에게 주어지는 경험은 모두 적절한 자료로 활용한다. 시간의 가로축에서나 세로축에서나 끊기지 않고 원활하게 이어지는 경험은 우리의 감각에 그것이 단 하나의 작용이라는 착각을 심는다. 하지만 각각의 경험은 따로따로 작용한다. 어느 한 발달 단계에서 다음 번 욕구가 생기고, 그것이 충족되면 다시 다음 번 욕구로 이행한다. 이렇듯 서로 인과관계를 맺고 있는 것처럼 보이는 행동들은 자세히 살펴보면 실은 각기 다른 동기의 산물일 때가 많다.

이는 하고 싶은 행동이 있으면 그 이유를 이성적으로 설명할 필요 없이 욕구를 마음껏 표출하며 충족하는 다른 동물들에게서 좀 더 명확하게 나타나지 않을까 싶다.

첫 번째 탐험에서 데려온 흰목꼬리감기원숭이는 자리에 앉아 (내가 껍질을 벗겨 건네준) 바나나를 실컷 먹고 나면 짐짓 아무 짓도 하지 않는 척, 마치 자기 손이 뭘 하고 있는지 모르겠다는 듯 멀뚱거리며 먹다 남은 바나나를 종이 냅킨에 싸두는 버릇이 있었다. 그러고 나면 녀석은 한가하게 산책 나온 사람처럼 주변을 서성이다가 어느 순간 신기한 꾸러미를 발견하고는 안에 보물이라도 있는 줄 알고 잔뜩 흥분하면서 포장지를 잡아 찢었다. 어, 이게 뭐야! 먹다 남은 바나나잖아! 제기랄! 그러고 나면 녀석의 무언극은 시들해졌다. 녀석은 막 점심을 먹은 터라 상을 보고도 시큰둥했다. 그러고 나면 녀석은 얼떨결에 봉변당한 바나나를 갈기갈기 찢긴 종이에 다시 싸놓고는 새로운 연기를 선보이기 시작했다. 과일 껍질과 호두 껍질 같은 껍질을 까고 싶어하는 녀석의 욕구는 먹고 싶어하는 충동과 완전히 별개였다. 그런데 내가 친절한 척 나서서 자연이 녀석의 진화하는 조상들에게 늘 요구했던 일련의 순서에서 사냥하고 껍질을 까는 과정을 없애버린 바람에 녀석은 경험상의 기대를 충족할 기회를 놓치고 말았던 것이다. 그렇게 하면서 나는 '녀석의 고충을 덜어주고 있다'고 생각했다. 그때만 해도 나는 연속성을 이해하지 못했다. 녀석은 가장 강한 충동에 따라 음식을 먹었다. 그 충동이 채워지면 그다음으로 강한 충동이 모습을 드러냈다. 녀석은 사냥하고 싶어했다. 하지만 주변 환경이 사냥하기에 적합하지 않았다. 바나나가 껍질이 벗겨진 채로 사방에 널려 있었기 때문이다. 녀석은 스스로 상황을 설정해놓고 사냥을 연기해 보이는 방법으로 문제를 해결했다. 포장지를 풀 때면 녀석은 진짜로 흥분했다. 그 순간 녀석의 심박동수는 눈에 띄게 올라갔고, 비록 기대, 즉 음식 섭취가 이미 이루어졌는데도 녀석은 잔뜩 기대했을 때의 정신 생물학적 징후를 빠짐없이 드러내 보였다. 연속성 경험의 각 요소가 원인이자 결과이면서 목표이듯이, 사냥의 진짜 목적은 경험을 간절히 원하는 욕구를 충족하는 것이었다.

삶의 목적은 삶이며, 행복의 목적은 행복의 느낌을 고양하는 데 있다. 출산의 목적은 계속해서 생명을 낳는 데 있다. 이런 순환은 절대 무의미하지 않으며, 모든 종류의 순환을 통틀어 가장 좋은(그리고 유일한) 것이다. 이런 순환은 우리의 본성 그 자체이며, 따라서 '좋은' 것이다. 좋다는 것은 상대적인 의미를 지니기 때문이다. 인간의 잠재력을 놓고 볼 때 그것은 가장 좋은 대안이다.

인간이 행동을 통해 소기의 목적을 달성하지 못하는 상황에서 스스로 욕구를 충족하는 사례는 수두룩하다. 대개 연속성 경험 욕구가 시간을 낭비한다거나 능률적이지 못하다거나 나쁘다는 이유로 문화 양식 또는 지성의 질서에 의해 원래의 순서에서 밀려나는 경우가 그런 예에 해당한다. 우리는 내면 깊숙이 자리하는 이런 욕구를 나중에야 알아차리지만, 흰목꼬리감기원숭이의 사례에서와 마찬가지로 우리에게도 음식이 아니라 오락거리를 사냥하려는 경향이 있다. 경제력이 웬만큼 뒷받침되는 사람들의 경우에는 손을 움직이고 싶어하는 본능을 골프장에서, 지하실 작업장에서, 요트 정박소에서 해소한다. 그보다 덜 운이 좋은 사람들은 정원 가꾸기, 가구 조립, 모형 제작, 요리 실습 등을 통해 위안을 찾는다. 여성들의 경우 집안일을 할 기회마저 없어지면 뜨개질, 자수, 꽃꽂이, 다과 모임, 자선 단체나 일손이 부족한 병원, 중고 의류 매장, 무료 급식소에서의 자원 봉사 활동에 전념한다.

갓난아기 역시 경험이 지속성을 띠든 단속성을 띠든 상관없이 긍정적인 경험을 매일 조금씩 모아들이고 있다. 이전의 경험을 다음 번 경험의 토대로 사용하려면 어떤 경험이든 최소한의 요소는 보유하고 있어야 한다. 이전 경험이 할당량에 미치지 못하면 다음 단계에서 경험이 수천 번 일어난다 해도 그 경험은 개인의 성숙에 아무런 기여도 하지 못하기 쉽다.

품을 박탈당한 아기는 경험의 파편이라도 되는 대로 흡수하면서, 고통을 덜기 위해 보상행동을 발달시킨다. 아기는 피부의 얼얼한 갈망을 완화하기 위해 할 수 있는 한 세차게 발길질을 해대며 팔을 내젓고, 머리를 이리저리 굴려 감각을 무디게 하고, 더는 고통을 느끼지 않기 위해 등을 활처럼 잔뜩 구부린 채 온몸을 뻣뻣하게 한다. 그런 가운데 아기는 자신의 엄지손가락에서 약간의 위안을 발견한다. 엄지손가락은 입의 끊임없는 갈망을 더러 잠재워주기 때문이다. 하지만 사실 아기는 엄지손가락을 거의 빨지 않는다. 아기는 허기를 채우기에 충분할 만큼 먹은 상태이고, 아기의 일정이 이제 곧 먹을 수 있다고 말하기 전에 먹고 싶은 욕구가 일어날 때만 엄지손가락을 빤다. 대개 아기는 참을 수 없는 공허감을, 영원한 외로움을, 만물의 중심이 어디 다른 곳에 있는 것만 같은 느낌을 달래려고 입 속에 엄지손가락을 집어넣을 뿐이다.

아기의 어머니가 자신의 어머니에게 조언을 구할 경우 돌아오는 답은 늘 똑같다. 즉 엄지를 빨아대면 나중에 치아 위치에 나쁜 영향을 미친다는. 어머니는 아기의 행복이 걱정스러워 고약한 맛이 나는 물감 같은 억제제를 구해 아기의 손가락마다 칠해놓는다. 그래도 아기가 여전히 엄지를 빨아대면 아기의 손목을 요람 칸살에 묶어둔다. 그러면 아기는 자유를 얻으려고 덫에 갇힌 팔다리를 한시도 쉬지 않고 꼼지락거리다 끈이 꼬일 대로 꼬여 결국에는 한쪽 손에 이어 다른 쪽 손까지 꼼짝달싹할 수 없는 지경에 이른다. 이러한 싸움은 어머니가 그 문제를 치과 의사와 상의할 때까지 계속된다. 치과 의사는 어머니에게 잘못 알고 있다고 납득시키고, 그제야 아기는 빈약한 위안을 되찾는다.

이미 오래전에 아기는 누가 가까이 다가오면 미소를 지으며 목에서 꼬르륵거리는 소리를 낼 수 있다. 상대가 자기를 번쩍 들어 올려주지 않고 그저 관심만 보이면 아기는 그 이상의 반응을 끌어내려고 미소를 지으며 꽥꽥 비명을 지른다. 상대가 아기를 번쩍 들어 올리면 아기의 미소는 일단 사명을 완수한 셈이며, 그러고 나면 아기는 상대가 소리를 내주거나, 배를 간질여주거나, 무릎에 올려놓고 펄쩍펄쩍 뛰게 해주거나, 코를 꼬집는 시늉을 해 보이는 등의 새로운 행동을 통해 즐거움을 선사할 때만 미소로 보답한다.

어머니가 다가올 때마다 아기가 방긋방긋 웃기 때문에 아기 어머니는 자신은 행복한 아기의 훌륭한 어머니가 틀림없다고 확신한다. 그때를 제외하면 아기에게 깨어 있는 시간은 쓰라린 시련의 연속이지만 그렇다고 해서 아기는 어머니에게 부정적인 감정을 갖지는 않는다. 오히려 그럴수록 아기는 어머니가 곁에 있기를 더욱더 갈망한다.

성숙 과정에서 인지 기능이 깨어나면 아기는 어머니가 기저귀를 갈아주어야 한다는 것을 알았을 때의 태도 변화를 인식하게 된다. 그 경우 어머니는 불쾌한 기분을 대놓고 드러내는 소리를 낸다. 어머니는 아기를 씻겨 편안하게 해줄 때와는 달리 고개를 옆으로 돌린다. 어머니는 손을 바삐 움직이면서 가능한 한 접촉을 최소화하려고 애쓴다. 어머니는 눈에서 차가운 기운을 내쏘며 웃지도 않는다.

이런 태도를 인식할수록 기저귀를 갈 때의 아기의 즐거움은, 어머니의 보살핌과 손길 속에서 기저귀로 인한 만성 피부염이 잠시 수그러들 때의 기쁨은 당혹감과 뒤섞이게 되고 당혹감은 곧 두려움과 죄의식이 된다.

어머니를 불쾌하게 한다는 두려움은 인지 기능의 발달과 더불어 점점 커지고, 그럴수록 아기는 어머니의 머리를 잡아당기거나, 음식을 쏟거나, 어머니의 옷에 침을 흘리거나(무슨 이유에서인지 특정 옷에만), 손가락으로 어머니의 입을 찌르거나, 어머니의 목걸이를 잡아당기거나, 딸랑이나 곰 인형을 유모차 밖으로 집어 던지거나, 찻잔을 걷어차는 등의 행동으로 어머니를 괴롭힌다.

이런 행동을 하면 어머니의 반응이 어떤지 아기는 알지 못한다. 아기는 찻잔이 떨어지는 것도 인식하지 못하고, 목걸이를 잡아당기면 어머니가 어째서 자신을 갑자기 거칠게 대하는지도 이해하지 못한다. 아기는 무언가에 침을 묻히고 있다는 사실도 까맣게 모른 채 관심을 끌려고 죽 그릇을 엎으면 나쁜 일이 일어난다는 것만 어렴풋이 인식한다. 그럼에도 아기는 관심을 아예 받지 못하는 것보다 그 편이 더 낫다고 여기며 이즈음 음식을 먹을 때 자신을 옭아매는 장치를 계속 쳐서 떨어뜨린다. 어머니가 숟가락으로 음식을 떠먹이려고 하면 아기는 그 상황을 좀 더 만족스럽게 바꾸려고 팔다리를 버둥대며 비명을 내지른다. 아기는 저기 어딘가에, 그러니까 어머니의 존재와 자신의 음식과 자기 자신 안에 있는 온전함의 느낌을 원한다. 하지만 아무리 신호를 보내도 아기는 그 느낌을 받을 수 없다. 오히려 신호를 보내면 보낼수록 어머니가 보이는 관심은 일종의 거절로 바뀐다. 처음에 아기는 그 영원한 무시의 의미를 도무지 해석할 수 없었지만 시간이 지나면서 점차 이해하게 된다. 아기에게 방치와 갈망은 이미 삶의 원리이다. 아기는 그것 말고는 달리 아는 게 없다. 아기에게 자아는 늘 뭔가를 원하고 기다리는 데 비해 타자는 늘 인색하고 둔감하다. 이러한 상황은 평생 계속된다. 하지만 아기는 자아와 타자의 다른 관계를 생각할 수 없기 때문에 모르는 채로 넘어갈 수도 있다.

 자아의식이 발육을 억제당한 채 그런 상태를 초래한 심연의 언저리에서 성장할 경우 품의 단계에서 놓친 경험, 타고난 자신감과 이후의 자신감 사이의 간극, 소외라는 끔찍한 상태는 평생을 좌우하게 된다. 하지만 갓난아기에는 자격 미달의 어머니를, 연속성과는 담을 쌓은 채 자신의 신호에 무반응으로 일관하는 어머니를, 자신의 기대를 채워주기보다 꺾어놓는 어머니를 고려할 수 있는 기제가 없다. 나중에 지성이 발달하면서 아기는 어머니의 관심과 자신의 관심은 서로 다르다는 점을 '이해'할지도 모른다. 그리고 성장하면서 스스로를 구하기 위해 독립적으로 행동하려고 노력할지도 모른다. 하지만 기본적으로는 단지 자신이 존재한다는 이유 하나만으로 어머니는 무조건 자신을 사랑한다는 '믿음'을 절대 의심하지 않는다. 어머니가 자신과 적대 관계에 있다는 것을 보여주는 이 모든 증거 때문에 아무리 항의하고 거부하고 반항해도 오히려 그 반대라는 증거는, 사실관계를 꿰뚫어보는 아기의 지력은, 어머니는 자신을 사랑하며 어떤 경우에도 자신을 사랑해야 한다고 말한다. 어머니(또는 어머니 역할을 하는 인물)에 대한 '증오'는 그러한 가정에서 벗어나려는 헛된 몸부림일 뿐이다.

독립심의 성장과 정서적인 성숙은 주로 품 안에서 맺는 관계를 통해 이루어진다. 따라서 누구든 어머니를 통하지 않고서는 어머니로부터 독립할 수 없다. 즉 어머니가 자신의 역할을 정확하게 수행하지 않으면, 품의 경험을 주면서 경험이 모두 충족되었을 때 그 단계에서 졸업할 수 있도록 해주지 않으면 누구도 어머니로부터 독립할 수 없다.

더구나 어머니가 연속성과 담을 쌓은 경우에는 어머니로부터의 독립은 영원히 불가능하다. 그럴 경우에는 어머니를 갈망하는 욕구가 지속될 수밖에 없다. 그럴 경우 하늘에 있는 하느님의 옥좌에 대고 주먹을 흔들어대고 "나는 당신을 믿지 않아!"라고 소리치면서 그 신성한 이름을 모독하는 언사를 쏟아내는 '무신론자'처럼 궁지에 몰린 채 그저 버둥댈 수밖에 없다.

인간관계에서 발생하는 문제를 전문으로 다루는 런던 태비스톡 클리

닉의 존 볼비 박사는 1950년, 세계보건기구로부터 '각국의 집 없는 아이들'의 운명을 정신 건강 상태와 관련지어 파악해 보고해달라는 의뢰를 받았다.* 그의 연구 대상은 각국에서 모성 박탈이 가장 극심한 아이들 수천 명이었다. 그는 오랫동안 온갖 상황을 경험해온 현장 연구자들로부터 정보를 수집했다. 신생아 때부터 시설에서 생활하는 아이들, 가정집에 위탁된 아이들, 부모에게서 방치되는 아이들, 초기 발달 단계에서 중요한 비중을 차지하는 몇 달 또는 몇 년을 병원에서 지내는 아기들과 아이들, 전시 피난민을 비롯해 정상으로 알려진 모성 접촉은 꿈도 꿀 수 없는 상황의 피해자들 정보가 하루가 다르게 쌓여갔다.

여러 가지 징후를 주도면밀하게 검토한 후 '모성 부족으로 인한 정서적인 박탈' 사례를 제외하고 나머지 사례는 연구에서 모두 배제되었다. 보고서에 나와 있는 설명과 통계의 결론은, 개인의 끔찍한 고통은 미처 의식하지 못하는 사이에 몇십 배, 몇백 배, 몇천 배로 늘어날 뿐만 아니라 박탈의 정도가 심할수록 박탈 이후에 '애정 없는 성격'을 드러내며 공허한 삶을 산다는 것이다. 애착을 형성하는 능력, 다시 말해 삶의 가치를 인식하는 능력을 잃어버렸기 때문에 그럴 수밖에 없다. 나아가 보고서는 타고난 권리를 찾으려 싸우며 여전히 고통에 몸부림치는 아이들은 거짓말을 하거나, 훔치거나, 함부로 공격하거나, 어머니나 그런 역할을 하는 인물에게 악착같이 달라붙거나, 아직도 경험에 굶주린 채 아기처럼 대우받을지도 모른다는 희망에 유아기의 행동으로 퇴행하는 등

---

* (원주) J. Bowlby, *Maternal Care and Mental Health*, W.H.O., 1951.

의 방법으로 사랑을 측정하려 든다고 설명한다. 또 이런 아이들이 나중에 부모가 되면 그 밑에서 태어난 아이들 역시 사랑을 받지 못해 반자아, 반사회 성향을 보이면서 줄 수도 받을 수도 없어 영원히 허기에 시달리는 운명의 악순환이 되풀이된다고 설명한다.

보고서는 아기 때의 경험이 인간의 성격에 미치는 그 막대한 영향력을 의심하는 사람들에게 논란의 여지가 없는 증거와 사례를 자세히 제시한다. 하지만 보고서의 극단적인 사례들은 정상적인 상황에서 일어나는 더욱 광범위하고 다양하고 미묘한 박탈과 그 효과를 좀 더 분명하게 보게 해주는 확대경일 뿐이다. 이 '정상적인' 박탈은 이제 우리 문화와 떼려야 뗄 수 없는 관계를 맺고 있어, 우리가 감당해야 하는 비용과 위험이 극심한 경우(예를 들어 폭력, 정신병, 범죄)를 제외하고는 거의 주목받지 못하고 있으며, 어쩌다 주목받는다 해도 원인 해명이 아주 희미한 수준에 머물 뿐이다.

지성이 수많은 이론으로 무장한 이후로 인간 아기들의 운명은 비참해지기만 했다. 그런 가운데 육아 방법의 수정이나 혁신을 주장하는 이론들이 나왔다. 하지만 하나같이 연속성과는 거리가 멀었고 설령 방향을 올바로 잡았다 해도 연속성 원리와는 아무 상관이 없어 단편적이고 설득력이 떨어졌다.

그런 이론은 처음으로 박탈을 경험해 괴로워하는 아기에게 확성기로 심장 박동 소리를 들려주는 미국의 한 산부인과 병동에서 효력을 발휘했다. 이 작은 기여가 아기의 건강 개선에 미치는 효과가 너무나 놀라워서 실험은 전 세계의 주목을 받았다.

미숙아를 돌보는 한 전문가도 비슷한 실험을 선보였다. 인큐베이터를 기계로 계속 움직이게 했더니 그 작은 실험 대상은 발달 면에서 놀라운 진전을 보였다.

해리 할로는 세인의 눈길을 끄는 실험을 통해 어머니 원숭이의 품이 아기 원숭이의 심리 발달에 얼마나 중요한 영향을 미치는지를 입증해 보였다.\*

또 제인 구달은 침팬지가 아기를 키우는 모습을 지켜보면서 비록 종은 달라도 침팬지의 행동이 오늘날의 인간의 행동보다 인간의 연속성 행동에 더 가깝다는 믿지 못할 사실을 발견했다. 역사를 통틀어 이보다 더한 아이러니가 있을까 싶다. 그녀는 침팬지에게서 배운 행동을 자신의 아이에게 직접 적용한 결과에 대해 이렇게 쓰고 있다. "아들이 요람에서 비명을 지르도록 내버려둔 적은 한 번도 없었다. 우리 부부는 어딜 가든 아들을 데리고 다녔고, 그 결과 아들의 환경은 자주 바뀌었지만 아들과 부모의 관계는 늘 안정을 유지했다." 나아가 그녀는 네 살짜리 아들이 "고분고분할 뿐 아니라, 말할 수 없이 민첩하고 활기차며, 또래 아이들이든 어른들이든 스스럼없이 어울리고, 상대적으로 겁이 없으며, 다른 사람을 잘 배려한다"고 보고한다. 하지만 그녀의 설명 중에서 무엇보다도 눈에 띄는 대목은 이게 아닐까 싶다. "게다가 우리 친구들의 예상과 정반대로 아들은 독립심이 매우 강하다." 그러나 이번에도

---

\* (원주) H. F. Harlow, "The Development of Affectioned Patterns in Infant Monkeys", in Brian M. Foss (ed.), *Determinants of Infant Behavior*, London, 1961.

그녀는 통찰력을 더 이상 진전시키지 못하는 바람에 그 뒤에 숨은 원리는 보지 못한 채 진리의 단편만을 붙잡고 이렇게 쓴다. "하지만 우리가 아들을 아주 다른 방식으로 키웠다 해도 어떤 식으로든 아들은 지금처럼 됐을 수 있다."*

빅토리아 여왕이 받아들여 지금처럼 널리 쓰이게 된 유모차가 그 이후 세대의 성격과 서구 가정에 미치는 영향에 관한 연구가 본격적으로 이루어진다면 유모차라는 발명품 역시 내가 어느 날 예콰나족 마을에서 보았던 아기 놀이울과 똑같은 운명을 맞이할지도 모른다.

내가 눈여겨보았을 땐 투두두의 작업은 거의 끝나 있었다. 놀이울은 선사시대에 사용했을 법한 아기 놀이울처럼, 위아래의 사각 틀을 지탱하는 수직 막대를 덩굴식물로 단단히 묶어놓은 형태였다. 놀이울은 꽤 많은 공을 들인 흔적이 역력했고, 투두두는 툭 튀어나온 막대 끄트머리를 마지막으로 잘라내며 무척이나 만족스러운 듯 보였다. 그는 일주일 전에 걸음마를 떼기 시작한 아들 카나나시뉴와나를 위해 놀이울을 만들었다. 젖먹이를 보자마자 투두두는 아들을 냅다 들어 올려 의기양양하게 새 발명품 안에 집어넣었다. 카나나시뉴와나는 어리둥절한 표정으로 울 한가운데 잠시 서 있더니 곧이어 한쪽 모서리로 움직여 가서 이리저리 몸을 놀려보고는 꼼짝없이 갇혔다는 사실을 깨달았다. 곧이어 아기는 비명을 지르며 너무 무섭다는 메시지를 내보냈다. 그쪽 사회의 아이들에게선 여간해선 들을 수 없는 그 소리의 의미는 명백했다.

---

* (원주) J. Van Lawick-Goodall, *In the Shadow of Man*, Boston, 1971.

놀이울은 인간 아기에게는 맞지 않다는 것이었다. 투두두의 연속성은 여느 예콰나족처럼 강했기 때문에 아들의 비명을 금세 해석해냈다. 그는 바로 아기를 꺼냈고, 아기는 그 길로 어머니한테 달려가 몇 분 동안 위안을 받으며 충격을 상쇄하고는 다시 놀러 나갈 준비를 했다. 투두두는 한 치의 망설임도 없이 자신의 실험이 실패로 끝났다는 것을 인정했다. 자신의 공작품을 마지막으로 흘낏 쳐다본 뒤 도끼로 산산조각 냈다. 하지만 그가 사용한 나무는 말리지 않은 상태였기 때문에 아침나절에 잠깐 수고해서 얻는 땔감보다 양이 턱없이 적었다. 예콰나족 사이에서 그런 종류의 발명품이 처음도 아니고 마지막도 아니지만 그들의 연속성은 그런 발명품이 오래도록 특권을 유지하도록 내버려두는 실수를 용인하지 않으리라는 것을 나는 믿어 의심치 않는다. 우리의 연속성이 우리가 안정을 누려온 지난 2백만 년 동안 인간의 행동에 지대한 영향을 미쳤기에 망정이지, 그렇지 않았다면 고도로 발달한 우리의 지성이 안고 있는 위험을 억제하지 못했을 것이다. 최근 들어 그 연속성이 힘을 빼앗긴 채 불안정 또는 '진보'가 갈수록 영광을 더하는 것이 우리의 운명처럼 보이는 지경에까지 이르렀다고 해서 연속성은 우리 인간의 타고난 본성이라는 사실이 바뀌지는 않는다. 애써 만든 아기 놀이울을 미련 없이 때려 부수는 투두두는 앞으로 우리가 나아가야 할 방향을 제시해준다. 우리도 계속 그 방향대로 밀고 나갔다면 갑자기 나타난 장애물에 걸려 위험할 만큼 무지한 지성의 손아귀에 굴러 떨어진다 해도 우리의 감각이 흐려지거나 배신당하는 일은 없었을 것이다.

4장

성장

품 안에서 안전하게 지내며 경험을 실컷 하고 나면 아기는 자신감도 생기고 자신의 본성이 유지하고자 하는 행복에도 익숙해진다. 다시 말해 앞으로, 밖으로, 어머니 너머의 세상으로 시선을 돌릴 준비를 마쳤다고 볼 수 있다. 아기는 다음 단계의 적절한 경험을 기대하며 여기저기 기어다니기 시작한다. 그러다 종종 되돌아와 어머니가 어디 가지는 않았는지 확인한다. 어머니는 언제나 자리를 지킨다는 것을 알고 나면 아기는 점점 더 먼 곳으로 모험을 나가 갈수록 뜸하게 돌아온다. 이 무렵이면 아기는 연속성의 지시에 따라 팔꿈치와 다리 안쪽, 배를 이용해 기어다니던 데서 손과 무릎으로 기어다니게 되면서 주변에 대한 호기심과 보조를 맞출 수 있을 만큼 민첩성이 늘어난다.

경험 할당량이 모두 채워지면 지속적인 접촉 욕구가 급속하게 줄어

들면서 아기나 아이는 현재의 능력으로는 감당할 수 없는 스트레스의 순간에만 위로를 필요로 하게 된다. 하지만 이런 순간도 점점 드물어지고 대신 독립심이 속도나 깊이, 너비 면에서 쑥쑥 자라나 품 안의 경험이 부족한 문명권의 아이들만 보아왔던 사람이라면 누구나 깜짝 놀랄 정도가 된다. 어떤 발달 단계에서는 씩씩하게 계속 앞으로 나아가지만 또 어떤 발달 단계에서는 주춤거리며 완성을 기다리는 아이들의 경우 동기動機가 상반되어 나타나는 경향을 보인다. 즉 뭘 하든 관심의 중심에 서기를 바라면서도 마음 한편으로는 무슨 문제든 해결해주는 사람의 품에서 지내던 갓난아기 때의 아무 생각 없는 행복감을 여전히 갈망하며 눈앞의 문제에 전혀 집중하지 못한다. 그렇게 마음 한편으로 품 안에서 무력하게 지내는 상태를 동경하는 한 나날이 늘어나는 힘과 기술을 제대로 활용할 수 없다. 모든 노력은 아기 때의 쉬운 성공을 희구하는 근저의 욕망과 충돌을 일으킨다.

연속성을 충분히 경험한 아이는 비상 상황에서만 어머니의 육체적 위로에 기댄다. 내가 아는 예콰나족 남자아이 하나가 치통 때문에 어머니에게 매달린 채 있는 대로 비명을 내지르며 나를 찾아왔다. 열 살쯤 먹은 아이였는데, 평소에 본 모습이 어찌나 의젓하고 사근사근하던지 필시 가정교육을 아주 잘 받았겠다 싶었다. 문명화된 나의 눈에 그 아이는 자기 감정을 무척이나 잘 갈무리하는 듯 보였고, 따라서 현재의 상황에서도 친구들에게 우는 모습을 보이지 않으려고 무진 애를 쓸 것 같았다. 하지만 아이는 고통을 참거나 갓난아기처럼 어머니의 품에서 위안을 받고 싶어하는 욕구를 전혀 억누르려 하지 않았다.

다들 그런 아이를 이해했지 혀를 차는 사람은 아무도 없었다. 아이의 친구 몇몇이 주변에 둘러서서 내가 이를 뽑는 광경을 지켜보았다. 아이들은 친구가 용사의 지위에서 갑자기 어머니에게 기대는 어린애가 됐다는 사실을 아무렇지도 않게 받아들였다. 아이 친구들에게서 조롱하는 기색을 엿볼 수 없었던 것처럼 아이에게서도 부끄러워하는 기색을 전혀 찾아볼 수 없었다. 아이가 이를 뽑는 동안 아이 어머니는 아이가 찾으면 언제라도 손을 내밀 수 있게 말없이 그 자리를 지켰다. 몇 번인가 내가 이를 건드릴 때마다 아이는 얼굴을 잔뜩 찡그리며 갈수록 더 심하게 비명을 질러댔지만 몸을 사리거나 고통을 줬다는 이유로 나를 노려본 적은 한 번도 없었다. 마침내 내가 무사히 이를 뽑고 거즈로 구멍을 메우자 아이는 하얗게 질린 채 완전히 녹초가 돼서 집으로 돌아갔다. 그리고 나서 한 시간이 채 지나지 않아 아이 혼자 다시 나타났는데, 그사이 뺨도 제 색깔을 되찾았고 침착한 태도도 제자리로 돌아와 있었다. 아이는 아무 말도 하지 않았지만 미소 띤 얼굴로 잠시 주변을 어슬렁거리며 내게 괜찮다는 것을 보여주고는 친구들과 놀러 휑하니 사라졌다.

다음은 스무 살가량 되는 청년의 이야기다. 나는 손전등을 들고 그의 발가락에서 막 썩어 들어가기 시작한 부위를 최선을 다해 절개하고 있었다. 보나마나 고통이 극심할 터였다. 내가 사냥용 칼로 상처를 도려내는 동안 그는 전혀 저항하지 않았지만 아내의 무릎을 베고 눈물을 펑펑 쏟았다. 그의 아내도 앞서 말한 소년의 어머니처럼 초연했다. 그녀는 억지로 남편의 자리로 밀고 들어가기보다 남편이 고통을 참다못해 흐느끼며 자신의 품에 얼굴을 파묻고 머리를 들썩이는 모습을 그저 조용히 지켜보았을 뿐이다. 결국 마을 사람 절반 정도가 그 광경을 구경하러 나왔지만 그의 반응은 여전했다. 애써 자제심을 보이지도 않았고, 그렇다고 더 엄살을 부리지도 않았다.

예콰나족 여자들은 어머니가 살아 있는 한 대개 함께 생활하고, 또 남자들은 결혼하면 어머니를 떠나 아내의 가족들 사이에 자리를 마련해야 하기 때문에 남편이 위기에 처했을 때 아내가 남편의 어머니 역할을 하는 것은 아주 흔하게 볼 수 있는 일이다. 물론 아내에게는 의지할 어머니가 있지만 남편이 필요로 하면 본능적으로 모성을 발휘한다. 어른들 사이에서도 부모를 잃으면 또 다른 가정에 양자로 가는 풍속이 있다. 양자를 받아들인 가정이 그 때문에 경제적으로 지는 부담은 거의 없다. 양자로 들어간 사람은 새로운 가정에서 소비하는 것보다 기여하는 게 더 많으며, 그런 만큼 필요할 경우 가족 모두가 지원해주겠다는 암묵의 보증서를 받기 때문이다. 비록 지원을 보장해달라고 요구하는 일은 없지만 그런 언질만으로도 안정화 요소가 되기에 충분하다. 예콰나족은 정서적인 안정을 바라는 욕구를 인간의 당연한 본성 가운데 하나이자 사회의 이익과도 밀접하게 결부되는 본성으로 바라본다. 이러한 인식은 환경 변화가 개인의 타고난 사회성에 압력을 가해 반사회 성향을 띠게 하는 것을 막아주는 또 다른 안전장치다.

기어다니기 시작하면서 아기는 이전의 경험을 통해 얻은 힘과 그 힘을 사용할 수 있게 해주는 생리적 발달 상태를 십분 활용하기 시작한다. 대체로 아기의 첫 번째 탐험은 기간이 짧고 조심스러우며 어머니나 보호자가 간섭할 필요가 거의 없다. 어린 동물이 다 그렇듯이 아기도 자기 보존에 필요한 재능과 자신의 능력을 올바로 파악하는 직관이 뛰어나다. 하지만 어머니가 아기의 사회적 본능에 대고 안전한 행동은 어머니에게 맡기라고 말하면 아기는 그 기대에 기꺼이 따른다. 어머니가 계속 지켜보면서 아기가 가야 할 곳을 지정해주고, 멈춰 세우고, 옆길로 새면 쫓아갈 경우 곧이어 아기는 어머니가 뭘 기대하는지 알기 때문에 스스로 책임질 필요가 없다는 것을 배운다.

**인간은 사회성이 매우 높은 동물이다. 그런 만큼 인간의 내면 깊숙한 곳에는 상대가 기대하는 것을 채워주려는 욕구가 자리한다.** 초기 단계라 지적인 능력은 보잘것없지만 아기의 본능적인 성향은 삶의 마지막 순간 못지않게 강하다. 이 두 가지 힘, 즉 학습을 통한 추론 능력과, 다른 동물을 이끄는 타고난 능력과 같은 본능이 결합해 상호작용을 하게 되면 지성적으로는 세련되고 본능적으로는 효율을 달성하는 데 필요한 인간의 성격과 인간만의 고유한 잠재력이 모습을 드러낸다.

아기는 모험을 하려는 성향과 신중을 기하려는 성향뿐만 아니라 늘 그렇듯이 기대도 가지고 있다. 아기는 조상들이 누렸던 만큼 기대한다. 아기는 마음대로 움직일 수 있는 공간과 자유뿐만 아니라 다양한 만남을 기대한다. 아기는 이제 자신의 기대에 좀 더 유연하다. 처음의 엄격했던 요구 기준이 품의 단계를 거치는 동안 점점 넓어졌고, 기어다니기 시작하면서 정확한 환경과 대우보다는 다양한 종류의 경험을 기대하게 된다.

하지만 아기의 경험에는 비록 그 경험이 아기한테 유리한 방향으로 작용한다고는 해도 여전히 한계가 있을 수밖에 없다. 다양한 종류의 기회와 아기가 필요로 하는 사람들의 참여가 없으면 아기는 제대로 발달하지 못한다. 주변의 사물, 상황, 사람들을 언제라도 활용할 수 있어야 그 속에서 아기는 자신의 능력을 발견하고 확대해나갈 수 있다. 물론 주변 환경은 너무 급격하거나 너무 자주 바뀌어서는 안 되고 적절한 수준을 유지해야 한다. 늘 그렇듯이 어느 정도가 적절한지는 선례가, 진화과정에서 우리의 조상들이 유아기 때 쌓은 경험의 성격이 결정한다.

예를 들어 예콰나족 마을에는 기어다니는 아기에게는 양에서나 질에서나 소화하기 힘든 자극과 위험과 관계가 수두룩하다. 처음으로 출격에 나선 아기는 뭐든지 시험해본다. 자신의 힘과 민첩성을 재보고, 만나는 대상은 모조리 시험하면서 개념을 형성하고 시간과 공간과 형태를 식별한다. 아울러 어머니와의 관계도 새로 맺는다. 즉 직접적인 의존에서 필요하면 언제든 기댈 수 있다는 인식으로 서서히 옮겨가면서 어머니의 지원을 필요로 하는 횟수가 점점 줄어든다. 이 단계에 이르면 아기의 자신감은 어머니를 활용할 가능성에 따라 커지기도 하고 작아지기도 한다.

예콰나족 사이에서는 어머니나 보호자가 느긋한 편인 데다 애보기보다 다른 일에 관심을 갖는 게 보통이지만, 아기가 기어다니는 모험에서 돌아오면 언제나 반겨준다. 관심을 다 쏟을 필요가 없겠다 싶으면 어머니는 음식을 만드는 일이나 다른 일을 중단하지 않는다. 어머니는 안도를 찾는 아기를 두 팔 벌려 안아주지는 않지만 침착하면서도 부지런히 아기에게 자신을 내주거나 움직이는 중이면 한쪽 팔에 아기를 태워 옆구리에 끼운다.

**예콰나족 어머니는 먼저 나서서 아기와 접촉하지 않고 오직 수동적인 태도만 보인다.** 어머니를 찾아 두리번거리며 자기가 뭘 원하는지 행동으로 보여주는 쪽은 늘 아기다. 그때마다 어머니는 아기의 청을 기꺼이 들어주지만 그것으로 끝이다. 어떤 거래에서든 아기는 적극적이고, 어머니는 소극적이다. 아기는 피곤하면 어머니에게 다가가 재워달라고 요구하고, 배가 고프면 먹여달라고 요구한다. 아기의 세상 탐험은 비록 어머니와 떨어져 있어도 언제든 기댈 수 있다는 인식을 통해 더욱 강화된다.

아기는 어머니의 관심을 다 달라고 요구하지도 않거니와 다 받지도 않는다. 아기에게는 지금 이곳에 집중하지 못하게 방해하는 얼얼한 동경이, 태고의 허기가 없기 때문이다. 절약 정신이 투철한 자연처럼 아기 역시 필요한 것보다 더 많은 것을 원하지 않는다.

손과 무릎으로 기어다니기 시작하면 아기는 속도를 아주 빨리 낼 수 있다. 한번은 불안하게도 한 아기가 벽을 만들 진흙을 구하려고 파놓은 깊이 1미터 50센티미터의 구덩이로 쏜살같이 기어가 그 언저리에서 멈추는 모습을 본 적이 있다. 아기는 그 주변을 돌아다니며 같은 동작을 하루에 몇 차례나 선보였다. 아기는 골짜기 끝자락에서 풀을 뜯는 웬 짐승은 완전히 무시한 채 구덩이 앞에서 데굴데굴 뒹굴었다 앉았다를 거듭했다. 아기는 구덩이는 안중에도 없는 듯 막대기나 돌멩이나 자기 손가락이나 발가락을 가지고 놀면서 사방으로 굴러 다녔다. 그런데 알고 보니 아기는 다른 곳은 모두 다녀도 위험 지역에는 얼씬도 하지 않았다. 지성과 상관없는 자기 보존이라는 기제가 어김없이 작용했기 때문에, 즉 구덩이 주변 어디를 가든 그 기제가 정확한 판단을 내리며 매번 제 역할을 충실히 이행했기 때문이다. 역시 구덩이를 아랑곳하지 않고 근처에서 놀고 있는 아이들이 관심을 보이거나 말거나 아기는 주변에 있는 것 모두와 관계를 맺느라 여념이 없었다. 가족과 사회 성원들로부터 아기가 은연중에 받은 제안이 있다면 아기가 자기 자신을 잘 돌보기를 기대한다는 것이 전부였다. 아직 걷지는 못하지만 아기는 자신이 원하기만 하면 어디서 위안을 찾을 수 있는지 알고 있었다. 강이나 밭에 갈 때면 어머니는 아기를 팔뚝에 올려 옆구리에 끼고 아기 스스로 균형을 잡게 하거나 옷 중에 아기의 몸무게를 지탱할 만한 끈이 있으면 아기에게 그 끈을 잡게 해 아기를 데리고 다녔다. 어딜 가든 아기를 안전한 곳에 내려놓으면 어머니는 특별히 감시하지 않아도 아기가 안전한 상태로 있을 것이라고 기대했다.

아기는 자살 충동이 전혀 없고, 대신 크게는 감각에서부터 적게는 일상에서 흔히 접하는 텔레파시처럼 보이는 것에 이르기까지 생존 기제를 완전히 갖추고 있다. 어린 동물들이 다 그렇듯이 아기 역시 경험을 해석하는 능력이 없다. 아기는 자신이 선택을 하는지도 모르면서 안전한 쪽을 선택한다. 아기는 원래 자신의 행복을 지키는 능력을 타고났으며, 그러기를 바라는 주변 사람들의 기대 속에서 타고난 능력에 발달과 경험의 정도를 보태 그 능력을 키워나간다. 하지만 생후 6개월이나 8개월 또는 10개월의 이 나이에서는 발달과 경험의 정도가 아주 미약하기 때문에 환경이 새로워지면 그동안의 경험이 별로 도움이 되지 않거나 아무 도움도 되지 못한다. 자기 보존은 아기의 본능이다. 하지만 아기는 더는 영장류로 바뀐 포유동물에 머물지 않는다. 이제 아기는 인간의 특성을 구체적으로 드러내기 시작한다. 아기는 하루가 다르게 자기 부족의 문화를 배우려 든다. 이 단계에서 아기는 자신의 삶에서 어머니의 역할과 아버지의 역할이 어떻게 다른지를 식별하기 시작한다. 지금까지 모든 어머니가 그래왔듯이 아기 어머니의 역할은 확고부동하다. 즉 대가를 바라지 않고 주는 것으로 만족하는 사람이 바로 어머니다. 어머니는 단지 아기가 존재한다는 이유 하나만으로 아기를 사랑한다. 아기는 존재 자체만으로도 어머니의 사랑을 충분히 보장한다. 어머니의 조건 없는 수용이 여전한 가운데 아버지가 중요한 인물로 떠올라 발달을 거듭하는 아기의 사회 행동과 독립심의 진척에 관심을 보인다. 아버지의 인정은 그럴 만한 이유가 있을 때만 따라오지만 어머니의 사랑에는 아무 조건이 없다. 아버지의 사랑도 어머니의 사랑과 기본적으로 성격이 똑같지만 아이가 뭔가를 성취했을 때만 인정해준다는 차이가 있다. 그렇게 해서 자연은 안정성 확보와 사회성 고취라는 두 마리 토끼를 동시에 잡는다. 나중에 아버지는 사회의 표본이라는 역할에 점점 더 충실해지면서 아이가 참여하게 될 특별한 관습에 적절한 행동이 뭔지를 몸소 보여주는 방법으로 아이를 지도한다.

이제 아이의 세상에서는 형제자매를 비롯해 주변 사람 모두가 각기 다른 자리를 차지하기 시작한다. 물론 시간이 지날수록 점점 감소하지만 주변 사람 모두가 당분간은 아이에게 모성 요소를 보인다. 아이는 나날이 독립심을 키워가지만 그래도 아직은 말리고, 도와주고, 보호해

주어야 한다. 물론 아이는 자신의 욕구에 따라 계속 신호를 보낸다. 그러면 아이 주변의 연장자들은 아이가 사춘기로 접어들어 더는 그런 신호를 보내지 않을 때까지 무조건 거기에 응할 수밖에 없다. 그런 가운데 아이는 자기보다 어린 아이들이 보내는 애정 어린 신호에 민감하게 반응하면서 어머니처럼 행동하게 된다. 그와 동시에 자기보다 발달 단계가 높은 아이들과 여전히 생명 유지에 필요한 수단을 의지하고 있는 어른들에게도 똑같이 관심을 보인다.

남자아이들에게는 남자 어른이 그 사회가 돌아가는 방식, 즉 문화 안에서 자기 위치를 찾는 데 본보기가 된다. 여자아이들은 유대에서 참여로 발달 단계가 바뀌면 여자 어른을 모방하기 시작한다.

직접 만들기 어려운 도구들은 외부에서 얼마든지 구할 수 있다. 예를 들어 남자아이는 혼자 힘으로 노를 깎을 수 있기 훨씬 오래전부터 카누를 젓거나 가지고 놀 수 있다. 때가 오면 아이에게는 어른이 만든 작은 노가 주어진다. 말하는 능력이 생기기도 전에 남자아이들에게는 작은 활과 화살이 주어진다. 이때부터 아이들은 매일 활쏘기 연습을 하고, 어느 날 화살은 똑바로 날아가 아이들의 실력을 입증한다.

한 여자아이가 생애 처음으로 일을 하는 순간을 지켜본 적이 있다. 두 살 안팎의 아이는 나무 그릇을 받쳐놓고 카사바를 가는 여자 어른들 틈에서 놀고 있었다. 그러더니 어느 순간 카사바 더미에서 하나를 집어 들어 옆에 있는 동네 언니의 강판에 대고 문지르기 시작했다. 그런데 덩어리가 너무 커서 아이는 강판 너머로 카사바를 몇 번이나 떨어뜨렸다. 사람들의 다정한 미소와 함께 좀 더 작은 덩어리가 건너왔고, 아이의 어머니는 직접 가르쳐주고 싶은 마음에 자신의 작은 강판을 아이에게 건넸다. 아이는 이치를 깨칠 때까지 여자 어른들이 강판을 사용하는 모습을 지켜보더니 곧바로 다른 사람들과 똑같이 카사바 덩이를 강판에 대고 위아래로 문질렀다.

아이는 일 분도 채 지나지 않아 흥미를 잃고는 나무 그릇에 작은 강판과 거의 갈리지 않은 채로 있는 카사바를 던져놓고 쌩하니 사라졌다. 아이의 행동이 우습다거나 '뜻밖'이라고 생각하는 사람은 아무도 없었다. 거기 있는 여자들 모두 조만간 그런 일이 일어나리라고 기대하고 있었다. 개인의 능력에 따라 속도만 다를 뿐 아이들도 어른과 같이 문화에 참여한다는 사실에 익숙하기 때문이다. 그 결과가 높은 사회성과 협동심, 자발성으로 이어지리라는 것은 의심의 여지가 없다. 어른과 나이 든 아이들은 아이가 혼자서는 해결할 수 없을 때에만 도움을 준다. 아직 말을 할 수 없는 아이도 자신의 요구를 분명하게 표현할 수 있으며, 따라서 아이가 필요로 하지 않는 것은 줘봤자 아무 소용이 없다. 어쨌든 아이의 활동 목표는 독립심을 개발하는 데 있다. 아이가 필요로 하는 도움보다 더 많거나 더 적게 주면 그러한 목적이 실패로 돌아갈 확률이 높다.

보호자로서의 역할도 도와줄 때와 마찬가지로 요구가 있을 때만 수행한다. 몸을 살찌우는 음식을 줄 때도 정신을 살찌우는 품을 내줄 때도 후하지도 인색하지도 않다. 아이는 언제든 그 두 가지에 다가갈 수 있으며, 그러면 어머니는 아이가 원하는 만큼만 준다. 예콰나족 사회에서는 무엇보다도 아이의 인격을 존중해준다. '나쁜 아이'라는 개념도 없고, 반대로 '착한 아이'의 기준도 없다. 예콰나족은 아이의 동기는 어디까지나 사회적이며 반사회적이지 않다는 전제에서 출발한다. 아이가 어떤 행동을 하든 '온전하게' 태어난 생명체의 행동으로 받아들여진다. 온전함 또는 사회성을 인간의 타고난 본성으로 바라보는 이러한 시각은 상대가 나이가 많든 적든 예콰나족이 다른 사람을 대하는 태도의 핵심을 이룬다. 아이의 주변 사람이나 부모는 아이의 발달을 격려할 때도 이러한 시각에서 출발한다.

훈육한다는 것은 원래 '앞장서서 이끈다'는 뜻이다. 물론 이러한 해석이 범위를 좀 더 넓혀 '두드려 단련한다'는 뜻으로 해석할 때보다 어느 정도 유리할지 몰라도 두 경우 모두 아이의 진화된 기대에 부합하지 못하기는 마찬가지다. 연장자가 앞장서서 아이를 이끌거나 지도할 경우 아이의 발달을 저해할 뿐이다. 그럴 경우 아이를 아이의 타고난 길, 다시 말해 가장 효율이 높은 길에서 끌어내 효율이 떨어지는 길로 이끄는 셈밖에 되지 않기 때문이다. 사회성은 타고난다는 가정은 문명 세계가 널리 공유하는 믿음, 즉 사회성을 기르려면 아이의 충동에 재갈을 물려야 한다는 믿음과 정면으로 배치된다. 아이를 고분고분하게 길들이는 데에는 설득을 통해 '협조'를 이끌어내는 쪽이 위협이나 모욕, 회초리보다 더 효과가 높다고 믿는 사람들이 있다. 하지만 아이는 너나 할 것 없이 반사회 성향을 띠기 때문에 사회성을 심으려면 조종이 필요하다는 이러한 가정은 양극단 사이에서 좀 더 일반적인 견해뿐만 아니라 그 두 가지 관점 모두를 반영한다. 예콰나족처럼 연속성을 유지하는 사회에서 우리와 기본적으로 다른 점이 있다면 그것은 바로 사회성은 타고난다는 가정이다. 이 가정에서 출발해 그 안에 숨은 의미를 따져보면 그들의 낯선 행동과 그 결과물인 높은 행복 지수, 그리고 신중하게 계획된 우리의 행동과 턱없이 낮은 행복 지수 사이의 간극이 이해가 된다.

앞에서도 살펴보았듯이 도움이 아이가 요구하는 것보다 더 많아도 또는 더 적어도 아이의 발달에 해로운 영향을 미친다. 따라서 외부의 간섭이나 불필요한 지도는 아이에게 백해무익하다. 아이는 동기 부여가 스스로 이루어질 때만 앞으로 나아갈 수 있다. **아이의 호기심과 혼자 해보려는 욕구는 전체 발달 중에서 어느 한 부분도 희생하지 않고 배우는 능력을 뜻한다. 지도는 한쪽 능력을 희생하고 다른 쪽 능력을 끌어올릴 뿐, 타고난 한계를 뛰어넘어 아이가 가진 능력 전부를 끌어올리지는 못한다.** 부모가 생각하기에 아이에게(또는 자신들에게) 최선인 방향으로 아이를 이끌 경우 아이의 온전한 상태를 해치는 결과만 초래할 뿐이다. 영양이 넘쳐나도 부족해도 아이의 행복은 바로 타격을 받는다. 아이의 윗사람들은 본을 보이며 자신들이 무엇을 기대하는지 아이에게 알려 아이의 행동을 결정하려고 안달한다. 하지만 아이의 동기를 자신들의 동기로 대체하거나 아이에게 '무엇을 해야 할지' 알려주는 방법으로는 아이의 온전함에 아무것도 보태지 못한다.

아이에게 본을 보이거나 앞에서 이끌 때는 아이에게 영향을 미치려고 하지 말고 평소처럼 행동하는 것이 가장 바람직하다. 다시 말해 아이에게 관심을 쏟지 말고 자신의 일을 최우선으로 둔다는 분위기를 조성하면서 아이가 관심을 필요로 할 때만 아는 척을 하는 것이 좋다. 품 안에서 경험을 충분히 한 아이는 실제 욕구를 넘어서는 관심을 달라고 조르지 않는다. 문명사회의 아이들과 달리 자신의 존재나 매력을 굳이 확인받을 필요를 느끼지 못하기 때문이다.

문명사회의 어머니가 이 원리를 일상에 적용하고 싶다면 어린 딸을 데리고 집안일을 하는 데서부터 시작할 수 있다. (아이가 가정부 역할을 그럭저럭 할 수 있을 경우) 비질을 하거나 먼지를 털거나 청소기를 돌리거나 의자에 올라가서 설거지를 돕는 데 관심을 보이면 그렇게 하게 해주라. 기물 파손은 사소한 문제일 뿐이며, 어머니가 재앙을 예기하며 호들갑을 떠는 바람에 (사람들이 기대한다고 생각하는 대로 따르려는) 아이의 사회적 충동이 그 기대에 순응하도록 아이를 떠밀지 않는 한 아이가 의자에서 떨어질 위험은 없다. 대부분의 경우 어머니는 걱정스런 표정을 지으며 입 밖으로 꺼내지만 않을 뿐 속으로 이렇게 말하기 쉽다. "어, 저러다 떨어뜨리겠다!" 또는 "조심해! 떨어질라!" 이런 식의 기대는 아이의 자기 보존과 모방 충동과 정반대로 작용해 결국 아이가 그 기대에 복종해 접시를 떨어뜨리고 자기도 의자에서 떨어지게 할 수도 있다.

인간이라는 종의 고유한 특징을 꼽으라면 무엇보다도 진화된 본성과 충돌하는 지성의 능력을 들 수 있다. 안정화 기제가 균형을 잃고 무기력해져 연속성이 한 번 제 궤도에서 이탈하고 나면 탈선이 잇따라 일어나기 쉽다. 의도는 좋지만 정확한 정보도 없이 행동과 관련된 무수한 요인을 한 번에 하나씩만 고려한다는 점에서 지성은 좋은 결과만큼이나 나쁜 결과도 가져올 가능성이 높기 때문이다.

연속성에 대한 믿음을 상실했을 때의 가장 기묘한 결과 가운데 하나는 아이들을 도망치게 만드는 어른의 능력이다. 낯선 곳에서 어머니 곁에 최대한 가까이 붙어 있으려는 욕구는 아기의 본성이다. 우리의 포유류 친척들은 말할 것도 없고 조류, 파충류, 어류를 보아도 새끼들은 어미를 따라다닌다. 그렇게 하는 것이 자신들의 이익을 지키는 길이기 때문이다. 예콰나족 아이는 숲에서 어머니를 잃어버릴지도 모른다는 생각은 꿈에도 하지 않는다. 어머니는 아이가 잘 따라오고 있는지 어떤지 확인하러 뒤돌아보는 법이 없다. 다시 말해 아이를 부르는 것이 자신의 역할이라는 것을 일절 내색하지 않는다. 다만 아이가 따라올 수 있는 속도로 걸음을 늦출 뿐이다. 이 점을 알기에 아이는 이런저런 이유 때문에 따라잡을 수 없을 때만 울음을 터뜨려 신호를 보낸다. 하지만 살짝 넘어져 혼자서 일어날 수 있다면 잃어버린 몇 초를 보상하려고 뒤뚱거리며 달려오지 우는 법이 거의 없다. 아이를 기다려야 할 경우 어머니는 사무적이면서 느긋한 태도를 보인다. 다시 말해 어머니는 아이가 필요 이상으로 시간을 지체하지 않을 것이며, 따라서 곧 둘이 함께 다시 길을 나설 수 있다는 것을 알고 있다. 어머니에게서 판사의 면모는 전혀 찾아볼 수 없다. 아이는 사회성을 타고난다는 어머니의 가정은 어머니가 기대하는 대로 행동하려는 아이의 성향과 나란히 보조를 맞춘다. 멈춰 서든 나아가든 그 가정은 바뀌지 않는다.

하지만 수백만 년에 이르는 선례와 우리 동료 동물들, 그리고 우리 동료 인간 다수의 한결같은 사례에도 불구하고 우리는 아이들을 설득해 도망치게 하는 데 성공했다.

네 번째 탐험이 끝난 뒤 맨해튼 센트럴파크를 찾았다가 아이들 뒤를 쫓아다니는 어른들을 보고 나는 깜짝 놀랐다. 어머니와 보모들이 여기저기서 꼴사납게도 허리를 숙인 채 손을 휘저으며 날카로운 목소리로 간간이 설득력 없는 위협을 섞어 꼬맹이 도망자들에게 어서 오라고 사정하고 있었다. 그들은 허용된 거리를 벗어나려는 아이들에게 고함을 치면서도 공원 벤치에 앉아 자기들끼리 계속 수다를 떨거나, 게임의 규칙을 단번에 파악하고 감시망이 약해진 것을 휴식 신호로 받아들이고 냅다 도망가는 아이들을 보고 벌떡 일어나 뒤쫓는 등, 신경 거슬리는 장면을 다양하게 연출하고 있었다.

걱정스런 목소리(기대)로 내뱉는 "안 보이는 데로 가면 안 돼!"와 같은 말이야말로 경찰서 미아부서에 혼잡을 초래하는 주범이다. 그런 기대가 "조심해, 그러다 다치겠다!" 같은 확신의 말과 뒤섞이면 물에 빠지는 사고, 크게 넘어지는 사고, 교통사고로 이어진다. 보호자와의 의지 싸움에서 상대가 자신에게 기대하는 역할에 지나치게 신경 쓸 경우 아이는 환경과의 균형을 잃게 될 뿐만 아니라 아이의 자기 보존 체계도 고장을 일으킨다. 그 결과 아이는 무의식적으로 스스로를 해치는 부조리한 질서를 따르게 된다. 하지만 병원에서 깨어나 차에 치였다는 소리를 듣게 되더라도 아이는 그다지 놀라지 않는다. 아이의 VIP 보호자가 언젠가 그렇게 될 것이라고 아이에게 지겹도록 약속했기 때문이다.

무의식은 추론 능력이 없다. 즉 경험을 습관화하는 기제, 자주 반복되는 행위가 의식의 관심을 끌지 못하도록 행동을 자동화하는 기제, 안정과 유지를 담당하는 기제, 이성만큼이나 믿을 수 없는 기능에는 너무 버거운 자료를 처리 체계에 따라 통합하고 비교 평가하는 기제가 없다.

게다가 무의식은 너무 고지식해서 누가 그냥 해보는 소리도 곧이곧대로 믿는다. 그 때문에 무의식의 논리는 '이성'과 정반대일 때가 많다. 따라서 아이는 보호자의 추론을 이해할 뿐만 아니라 똑같이 추론하지만 행동은 정반대로 하게 된다. 다시 말해 아이는 상대에게 들은 대로가 아니라 **상대가 기대한다고 생각하는 대로** 행동할 확률이 높다. 어머니가 수용해주길 바라는 아이의 오래되고도 간절한 열망은 어머니나 어머니의 대리인이 기대한다고 생각하는 것을 하려는 욕구를 자기 파괴의 수준으로까지 강화할 수 있다. 연속성 아이는 흉내 내고, 탐험하고, 조사하고, 비를 피해 안으로 들어오고, 사람들이 정확하게 행동하면 즐거운 표정을 짓고, 자기보다 어린 아이들이 보내는 신호에 반응하는 등 적절한 일을 하려는 타고난 성향을 십분 발휘한다. 반면 박탈당한 아이나 반사회적으로 행동할 것이라는 기대에 노출된 아이는 다른 사람들의 기대에 부응하려고 자신의 욕구와 감정은 무시해버리는 정도로까지 타고난 온전함에서 멀어질 수 있다.

   칭찬과 비난이라는 익숙한 수단은 아이들, 특히 꼬마들에게 아주 나쁜 영향을 미친다. 아이가 옷을 혼자 입거나, 개한테 먹이를 주거나, 들꽃을 한 줌 들고 들어오거나, 찰흙으로 재떨이를 만드는 등의 기특한 일을 했을 때 아이가 사회적으로 행동했다는 사실에 놀라움을 나타내는 것만큼 아이를 맥빠지게 하는 일도 없다. "어머나, 착하기도 하지!" "이것 좀 봐요, 조지가 혼자 만들었대요!" 같은 감탄의 말은 아이에게서 사회성을 기대하지 않는다는 뜻을 내포한다. 그런 말에 아이의 이성은 즐거워할지 몰라도 아이의 감정은 상대의 기대를 채워주지 못했다는 것 때문에, 즉 자신의 문화와 부족과 가족의 진정한 일원이 될 수 있는 기회를 놓쳤다는 것 때문에 불안해한다. "와, 이거 좀 봐, 메리가 학교에서 만들었대!" 이런 말이 아이들 사이에서 나와도 메리는 실은 그렇지 않은데도 친구들이 마치 "와, 메리 정말 뚱뚱하다!"라거나 말랐다거나 키가 크다거나 작다거나 똑똑하다거나 멍청하다고 말할 때와 똑같은 어조로 말하기라도 한 듯 그 자리를 벗어나고 싶어할 것이다. 비난 또한 특히 "네가 하는 짓이 늘 그렇지 뭐"라는 투와 결합될 경우 그 안에 숨은 반사회 행동을 기대한다는 암시와 더불어 파괴적인 결과를 불러온다. "무슨 애가 손수건을 잃어버리는 걸 저리도 좋아할까", "애가 얼마나 짓궂은지 원", 두 손 두 발 다 들었다는 듯 어깨를 으쓱이는 동작, "사내애들이 다 그렇지 뭐"와 같은 밑도 끝도 없는 비난 등 본바탕이 나쁘다고 암시하는 말이나 행동 또는 버릇없는 행동이 그다지 놀랍지 않다는 것을 드러내는 얼굴 표정은 사회적인 행동을 했을 때 보이는 놀라움이나 칭찬만큼이나 해로운 영향을 미친다.

함께 어울리려는 아기의 욕구를 악용할 경우 창의력을 훼손할 수도 있다. 예를 들어 그저 이렇게 말하기만 된다. "여기서 이렇게 어지르지 말고 물감통 들고 베란다로 나가지 그래." 그림을 그리면 어지럽히게 된다는 그 메시지는 누가 들어도 분명하며, 어머니가 기대하는 행동을 하려는 아이의 절실한 욕구를 이기려면 창조 욕구가 이만저만 크지 않으면 안 된다. 다정하게 미소 지으며 말하든 전쟁 구호처럼 고함을 내지르든 나쁜 아이라는 판결은 똑같은 효과를 발휘한다.

사회성은 타고난다는 가정은 아이의 성향과 기대를 빠짐없이 아우르는 지식에서 출발한다. 알다시피 아이들은 흉내 내기 좋아하고 잘 어울리고 개인과 종을 보존하려는 성향을 보이지만, 갓난아기를 어떻게 하면 잘 돌볼 수 있는지 같은 세부 사항도 알고 있다. 여자아이의 모성 본능을 깡그리 무시한 채 주변에 진짜 아기가 있는데도 인형에게 관심을 돌리게 한다면 무엇보다도 나중에 아이가 커서 부모가 됐을 때 그 아이들에게 심각한 피해를 입히게 된다. 어머니의 가르침을 이해할 수 있는 능력이 생기기도 전에 예콰나족 여자아이는 본능에 따라 태고 이래로 아기가 원하는 방식 그대로 아기를 대한다. 다른 방법을 고려할 수 있을 만큼 어느 정도 나이가 들면 아이는 이미 육아 전문가가 돼서 대안을 찾는 것은 아무 의미가 없다고 생각한다. 이후로도 아이는 아동기 내내 자기 집이나 이웃에서 기회가 있을 때마다 아기를 돌보며 지낸다. 그리고 결혼할 무렵이 되면 스포크 박사* 같은 전문가들과 상담하지 않고도, 음식을 만들면서, 밭일을 하면서, 카누를 저으면서, 몸을 치장하면서, 잠자면서, 춤추면서, 목욕하면서, 식사하면서, 강인한 두 팔로 자세를 이리저리 바꾸어가며 아기를 안는 요령을 완전히 터득한다. 예콰나족 여자아이의 의식 깊숙한 곳에는 자신이나 아기의 연속성에 부적합한 행동에 반발하는 성향이 자리한다.

나는 예콰나족 여자아이들이 서너 살 때부터(때로 그보다 훨씬 더 어려 보이기도 했다) 혼자 아기를 돌보는 모습을 수없이 보았다. 애보기는 여자아이들이 가장 좋아하는 일이지만, 여자아이들은 불을 살피

---

\* 아이들의 욕구와 가족 관계를 이해하는 데 최초로 정신분석학을 도입한 미국의 소아과 의사.

고 물어 길어오는 등의 다른 일도 곧잘 했다. 인형을 가지고 놀 때와 달리 아이들은 싫증내는 기색이 없었다. 연속성은 아기를 보호하면서 제일 강해지는 듯했고, 남자아이를 포함해 아이 누구에게나 아기가 필요로 하는 끝없는 인내와 다정함이 있는 듯했다. 물론 남자아이들은 아기를 돌볼 기회가 그리 많지 않았지만 아기를 안아 들고 같이 노는 것을 좋아했다. 십대 청년들은 하루 일과를 마치고 집에 돌아오면 아기부터 찾아 함께 놀았다. 아기를 공중으로 높이 들어 올렸다 붙잡고는 큰 웃음을 터뜨리며 그 앙증맞은 동료 부족민과 즐거운 시간을 공유했다. 그 속에서 아기는 경험의 폭을 늘리면서 사랑받는다는 느낌으로 풍요로워졌다.

아이든 어른이든 사회성을 타고났다는 가정만큼 중요한 것은 아마도 개개인을 스스로의 주인으로 존중하는 태도가 아닐까 싶다. 예콰나족 사이에서는 누가 누구의 주인이라는 개념이 없다. 다시 말해 '내 아이'나 '당신 아이'라는 생각이 존재하지 않는다. 상대의 나이가 몇 살이든 어떤 일을 억지로 시킨다는 말은 예콰나족 행동 사전에는 없다. 흥미롭게도 그 누구한테서도 다른 사람을 억압하려는 충동은 둘째 치고 영향을 미치려는 충동조차 찾아볼 수 없다. 아이의 의지는 곧 아이의 동인이다. 노예제도는 당연히 없다. 위협이나 처벌로 어느 한 사람의 의지를 다른 사람에게 강요해 복종을 끌어내는 것이 노예제도라면 예콰나족 사회에는 그런 제도가 있을 수 없기 때문이다. 예콰나족은 아이가 신체적인 힘이 열등해 어른에게 기댈 수밖에 없다고 해서 아이를 어른보다 덜 존중해도 된다고 생각하지 않는다. 아무리 어른이라고 해도 노는 방법, 식성, 잠자는 시간 등과 관련해 아이의 성향을 거스르는 지시는 내리지 않는다. 하지만 어른이 도움을 청하면 아이는 곧바로 거기에 응해야 한다. "물 좀 가져와라!" "나무 좀 패거라!" "저것 좀 다오!" 또는 "아기한테 바나나 좀 줄래?"와 같은 지시 역시 아이는 도움이 되길 원하고 또 주변 사람들의 일에 동참하길 원한다는 확고한 지식에서 나온다는 점에서 사회성은 타고난다는 가정과 궤를 같이한다. 아이가 지시에 고분고분하게 응하는지 어떤지 지켜보는 사람은 아무도 없다. 바꿔 말해 함께 어울리려는 아이의 의지를 의심하는 사람은 아무도 없다. 아이는 사회적 동물이기 때문에 한 치의 망설임도 없이 최선을 다해 사람들이 기대하는 대로 행동한다.

그 효과는 실로 놀랄 만하다. 그런데 두 번째 탐험에 나섰을 때 어떤 이유에서인지 연속성의 중심에서 벗어난 것처럼 보이는 한 살가량의 사내아이를 목격하게 되었다. 그 이유는 알 수 없지만 우연히 일어난 일은 아닌 듯하다. 아이의 나이 많은 아버지 웨니토는 젊은 시절 고무 열풍이 불 때 외지에 나가 일한 적이 있어 그 일대 예콰나족 중에서는 유일하게 스페인어를 좀 할 줄 알았고, 그 아내는 동쪽 끝의 인디언들과 함께 산 적이 있어 페몬통 말을 좀 할 줄 알았다. 외국 물을 먹은 부부는 아마도 그러한 권위에 영향을 받아 연속성을 침해받지 않았을까 싶다. 물론 확인할 길은 없다. 하지만 부부의 아들 위디디는 내가 본 예콰나족 아기 중에 유일하게 짜증이 심하고, 무언가가 마음에 들지 않으면 보통 아기들이 울 때와 다르게 숨이 턱까지 차도록 비명을 질러댔다. 걷기 시작하고 나서부터는 때로 다른 아이들을 때리기도 했다. 그런데 흥미롭게도 아이들은 그 아이에게 화를 내지 않았다. 공격성이라는 개념이 너무 낯설다보니 갑자기 당한 봉변을 나뭇가지에 부딪쳤을 때처럼 어쩔 수 없는 결과로 받아들였던 것이다. 아이들은 맞았으니 되돌려줘야 한다는 생각은 꿈에도 하지 못했고, 위디디를 따돌리기는커녕 계속 같이 놀았다. 내가 다시 위디디를 만났을 때는 다섯 살 무렵이었다. 그사이 아이의 아버지는 세상을 떴고, 웨니토와 절친한 친구였던 마을 추장 안슈가 위디디에게 아버지 또는 안내자 역할을 하고 있었다. 아이는 예콰나족 기준에서 볼 때 여전히 행복한 상태와 거리가 멀었다. 표정과 행동에 문명 세계 아이들에게서 흔히 볼 수 있는 긴장의 빛이 도사리고 있었다.

우리와 활주로로 가는 길에 안슈는 위디디를 데려왔고, 카누를 젓기로 한 다른 사람들도 경험 삼아 각자 아들을 데리고 왔다. 위디디는 어느새 카누를 젓는 데 도가 터 있었다. 원래 뱃머리를 다루는 일이 가장 어렵고 그다음으로 고물을 조종하는 게 어렵기 때문에 추장이 뱃머리를 맡고 위디디가 고물을 맡아 노를 저을 때가 많았다. 둘 사이에 말은 거의 오가지 않았지만 안슈가 속으로 계속 온전함을 기대하고 있다는 것쯤은 누구나 알 수 있었다. 중간에 우리가 고깃덩이를 돌릴 때마다 안슈는 늘 자기 몫을 위디디에게 나눠주었다. 더러 위디디는 여느 예콰나족 사내아이들처럼 침착하고 느긋해 보일 때도 있었다.

그런데 활주로 옆 야영지에서의 어느 날이었다. 안슈가 사냥 나갈 준비를 하는 동안 위디디가 무척이나 불안한 눈길로 그 모습을 지켜보고 있었다. 아이의 눈이 안슈의 일거수일투족을 따라가는 가운데 얼굴 가득 끔찍한 갈등이 묻어난다 싶더니 입술도 떨리기 시작했다. 안슈의 활과 화살이 준비되자 아이의 가슴은 경련에 이어 흐느낌으로 들썩였다. 안슈는 한마디도 하지 않았고, 아이에게 판단의 눈길을 보내지도 않았다. 하지만 위디디는 남자아이들은 안내자를 따라 사냥을 나가야 한다는 것을 알고 있었다. 그런데 가고 싶지 않았다. 자기 자신 말고는 위디디를 다그치는 사람은 없었다. 안슈는 그저 사냥하러 나갈 뿐이었고, 위디디가 어떻게 할지는 위디디에게 달려 있었기 때문이다. 위디디의 반사회 성향은 가지 않겠다고 말했던 반면, 이제 안슈를 통해 서서히 깨어나고 있는 그 아이의 타고난 사회성은 가겠다고 말했다. 안슈는 활과 화살을 들고 걸음을 옮겨놓기 시작했다. 위디디는 비명을 내지르며 온몸을 바들바들 떨어댔다. 동기와 대항 동기가 팽팽하게 맞서는 가운데 아이는 이러지도 저러지도 못한 채 그 자리에 서서 고래고래 악을 써댔다. 그때만 해도 나는 어떤 원리가 작용하고 있는지 알지 못했다. 다만 안슈와 같이 가지 못해서 괴로워하고 있는 아이의 모습이 눈에 들어왔을 뿐이다. 나는 위디디에게 다가가 어깨를 붙잡고 서둘러 안슈의 뒤를 쫓았다. 위디디와 사바나 지대에 이르자 안슈는 밀림 속으로 막 사라지고 있었다. 나는 기다려달라고 소리쳤지만 안슈는 뒤돌아보지도 속도를 늦추지도 않았다. 나는 다시 더 크게 소리쳤지만 그는 숲 속으로 사라지고 말았다. 나는 등을 떠밀며 위디디에게 서두르라고 재촉했다. 나는 내가 위디디를 돕고 있으며, 안슈가 실망하는 일이 없도록 하고 있다고 생각했다. 하지만 실은 내가 속해 있는 문화가 늘 그렇듯이 주제 넘게 참견하고 있었을 뿐이며, 아이의 의지를 나의 의지로 대체하면서 아이가 올바른 행동을 하도록 다그치고 있었다. 반면 안슈는 그보다 훨씬 더 건전한 원리에 입각해 스스로 올바르게 행동할 마음이 들 때까지 아이에게 맡겨두고 있었다. 나의 간섭으로 위디디의 진전은 몇 주 늦어졌을지도 모른다. 그 무렵 안슈의 체계는 위디디에게서 압력을 모두 걷어내 만물의 일부가 되려는 자연스런 욕구가 그 아이를 반항하게 만든 요인들을 극복할 수 있도록 동기와 대항 동기의 팽팽한 긴장 상태를 허물어뜨리기 바로 직전까지 갔을지도 모른다. 예콰나족은 설득, 즉 누군가의 의지를 다른 사람에게 억지로 강요하는 방법으로 압력을 행사하는 법이 없었다. 하지만 나는 내 눈으로 직접 그런 사례를 수없이 보면서도 믿기도 이해하기도 힘들었다.

세 번째 탐험에 나섰을 때였다. 강 위쪽으로 갈 준비를 하면서 나는 안슈에게 타데하라는 아홉 살이나 열 살쯤 된 사내아이도 우리와 같이 갈 수 있는지 타진했다. 당시 우리는 영화를 찍고 있었는데, 타데하는 특히 사진을 잘 받았기 때문이다.

안슈는 그 아이와 아이의 양어머니를 찾아가 내 생각을 전했다. 타데하는 우리와 같이 가고 싶어했고, 아이의 양어머니는 안슈 편에 탐험이 끝나고 나서 아이를 우리 집으로 데려가면 안 된다는 전갈을 보내왔다. 나는 아이를 꼭 돌려보내겠다고 약속했고, 우리는 우리를 도와줄 예콰나족 남자 다섯 명과 출발했다. 타데하도 자기 해먹을 들고 카누 중 한 척에 자리 잡았다.

일주일 뒤 의견 차이가 불거지면서 예콰나족 남자들이 갑자기 집에 가겠다고 말하고는 돌아갈 채비를 했다. 그러고는 마지막 순간에 해먹이 여전히 야영지에 걸려 있는 타데하에게 돌아서서 말했다. "가자!"

그러자 아이는 나지막한 목소리로 이렇게 말했다. "전 안 가요." 그 말에 나머지 사람들은 미련 없이 자리를 떴다.

같이 가자고 압력을 행사하거나 설득하려는 시도는 전혀 없었다. 다른 사람들이 그렇듯이 아이의 주인 역시 아이 자신이었다. 아이는 스스로의 의지로 결정을 내렸고, 그 결정은 그의 운명의 일부를 이루었다. 신체적으로 충분히 제압할 수 있을 만큼 작고 약하다고 해서, 또는 결정을 내리는 능력이 아직 덜 여물었다고 해서 스스로 결정할 수 있는 아이의 권리를 짓밟으려는 사람은 아무도 없었다.

예콰나족은 개인이 어떤 판단을 하든 그 사람에게는 그럴 만한 동기가 있어서 내리는 결정이기 때문에 적절하다고 생각한다. 결정하고 싶어한다는 것은 곧 그 결정을 적절하게 실천할 수 있는 능력이 있다는 증거다. 예콰나족은 자기 보존을 중요하게 여기며, 이해력의 범위를 벗어나는 문제에서만 연장자에게 무엇이 최선인지를 판단해달라고 맡긴다. 이처럼 아주 어렸을 때부터 아이에게 선택을 맡기기 때문에 결정권을 위임하든 스스로 결정하든 판단은 최고의 능률을 유지하게 된다. 신중한 태도는 책임감으로 이어지고, 따라서 실수를 최소한으로 줄일 수 있다. 어떤 경우를 막론하고 결정이 이런 식으로 이루어지기 때문에 아이가 거부하는 법이 없으며, 결국 관계자 모두가 조화롭고 행복하게 일한다.

타데하는 내가 보기에 그 나이 또래의 아이가 감당하기에는 무척 벅차 보이는 일을 거뜬하게 해냈다. 그는 동료 부족민과 같이 가는 쪽이 아니라 완전히 낯선 이방인 셋과 함께 머무는 쪽을 선택했다. 게다가 내가 미처 우리 카누를 따로 마련할 생각을 하지 못한 데다 예콰나족 남자들이 카누를 한 척도 남겨놓지 않았기 때문에 그 넓은 강을 걸어서 통과해야 했다.

타데하는 자신의 능력을 잘 알고 있었고 모험을 원했다. 우리는 온갖 고생 끝에 몇 달이 지나서야 돌아올 수 있었지만 그는 불평 한 마디 없이 늘 도움이 되었고 늘 행복했다.

서로에게 그 어떤 압력도 행사하려 하지 않는 예콰나족의 그런 모습은 네 번째 탐험에서도 내게 깊은 인상을 심어주었다. 당시 유럽인 한 명과 나는 탐험에 나서고 싶었지만 안슈에게 붙들려 출발을 못하고 있었다. (다른 사람에게 자신의 의지를 강요한다는 점에서 언뜻 지금까지의 설명과 모순되어 보이는 이 상황에 대해 설명이 필요할 듯하다. 그 이유는 한편으로는 예콰나족은 우리나 사네마족을 사람으로 보지 않기 때문이었고, 또 한편으로는 내가 계속해서 자기들을 치료할 수 있도록 여행에 우리와 동행하지 않는 방법으로 나를 붙잡았기 때문이다. 여행은 두 사람만으로는 어림도 없었다. 그들은 우리를 먹여주고 우리에게 따로 오두막을 지어주었다. 그런 가운데 가게 해달라는 우리의 요구는 매정하게 거절당한 적은 한 빈도 없었지만 늘 벽에 부딪쳤다. 다시 말해 단지 우리를 돕지 않았을 뿐 우리가 뭘 하도록 강요한 사람은 사실상 아무도 없었다.)

심하게 몸이 아픈 남자가 둘 있었다. 한 명은 마을에 살았고, 또 한 명은 인근에 살았다. 한 명은 맹장염이 발전해 합병증까지 온 상태였고,

또 한 명은 등에 종창이 두 군데나 나 있었다. 항생제를 투여해 겨우 목숨을 부지하고 있었지만 호전될 기미는 보이지 않았고, 그대로 놔둘 경우 몇 주나 몇 달이 지나면 둘 다 사망할 것이 불을 보듯 뻔했다.

  이 힘든 싸움에서 맹장염을 앓고 있는 청년을 보러 강 상류로 처음 '왕진'을 나갔을 때 나는 청년의 아버지에게 아들을 시우다드볼리바르로 데려가 진짜 의사에게 수술을 받게 해야 한다고 말했다. 그런 다음 구멍을 뚫어 문제의 원인을 제거해야 한다고 설명하면서 나의 맹장 수술 자국을 보여주었다. 그는 동의했지만 아들이 스페인어를 할 줄 모르기 때문에 베네수엘라 마을에 갈 수 없다고 말했다. 청년은 외아들이라 그에게 매우 소중했지만 그는 나더러 아들을 데려가달라고 부탁하지 않았다. 나에게 폐를 끼치느니 차라리 아들을 죽게 내버려두는 게 낫다고 생각하는 눈치였다. 그는 내게 문제를 에둘러 알렸다. 그것이 그가 내게 했던 설득의 전부였다.

  나는 그에게 아들을 데리고 치료하러 가려면 안슈에게 가서 우리가 당장 떠날 수 있도록 억지로라도 허락을 받아내야 한다고 말했다. 이 말에 노인은 무척이나 당황한 듯 보였지만 나는 계속해서 안슈를 찾아가 허락을 받아내지 않으면 아들이 죽게 될 것이라고 힘주어 말했다. 노인은 상대한테서 억지로 뭘 받아내는 것 같은 행동은 한 번도 한 적이 없었다. 하지만 내가 청년을 치료할 수 있었던 점으로 미루어 온 가족을 이끌고 마을로 내려가 추장에게 상황을 설명했을 가능성이 높다. 하지만 그는 안슈를 평소처럼 덤덤하게 대했을 뿐 아들의 목숨이 추장의 손에 달려 있다는 내색은 전혀 하지 않았다.

4개월 뒤 마침내 내가 속박에서 풀려나 환자들을 데리고 길고 험난한 여행길에 오르자 청년의 아버지와 그 가족은 각자 카누에 나누어 타고 근처 강에서 치료가 끝나면 청년을 집으로 데려가려고 기다렸다. 결국 자신의 이익을 위해 다른 사람에게 압력 행사하기를 꺼렸던 노인의 태도는 애정 부족 때문이 아니었다.

안슈의 수양 누이이자 나와 절친한 친구인 나하카디에게 그녀의 죽어가는 남편을 병원으로 데려가려면 오빠한테 우리를 풀어달라고 말해야 한다고 했을 때도 마찬가지였다. 그녀는 추장을 자주 보았고 기회도 많았지만 겨우 몇 미터 떨어진 해먹에 사랑하는 남편이 기운 없이 누워 고통스러워하고 있는데도 추장과 늘 가볍고 유쾌한 대화만 나누었다.

그녀는 내가 자기 남편을 치료했던 그 몇 달 동안 나를 여러 차례 찾아와 나더러 남편의 등을 절개해 종창을 제거해달라고 부탁했다. 나는 외과 수술을 해본 적이 없어 거절했고, 결국 그녀가 직접 나서기로 했다. 하지만 평소 사용하던 낚시 바늘을 남편의 등에 밀어 넣으려다 여의치 않자 아들을 보내 내게 도움을 청했다. 그녀가 무슨 짓을 하고 있는지를 확인하는 순간 나는 그녀의 비위생적인 시술로 훨씬 더 큰 위험을 초래하느니 차라리 내가 하기로 결심했다. 그녀는 '도덕적으로 부담을 주어' 나를 설득했을 뿐 나에게 자신의 의지를 전혀 강요하지 않았다.

결국 나는 두 남자 모두 살아 있는 채로 병원으로 데려갔다. 그들은 목숨을 구해 마을로 돌아왔다.

우리를 풀어달라는 나의 주장을 안슈는 들은 척도 하지 않았다. 그런 얘기가 나올 때면 그는 매번 화제를 바꾸면서 우리에게 지어준 오두막이나 우리에게 주는 음식이 마음에 들지 않느냐고 물었다. 내가 시간을 지체할수록 두 남자의 목숨이 위험하다고 말하자 그는 예콰나족의 주술 전통대로 온몸에 칠을 하고 구슬로 치장한 다음 두 남자를 데리고 일주일을 틀어박혀 마라카 반주에 맞춰 기도를 올리는 방법으로 대답을 대신했다. 그가 잠깐 눈을 붙이는 동안에는 다른 사람들이 기도를 넘겨받아 주문을 외웠다. 그의 치료는 아무 효과가 없었지만 안슈가 자기 부족민의 생명에 무관심하다고 생각하는 사람은 아무도 없었다. 그렇다고 그가 사기꾼이었다는 뜻은 아니다. 그는 예콰나족 중에서 가장 위대한 주술사에 속하지는 않았지만 누가 보아도 최선을 다했고 가망 없어 보이는 환자 둘을 살리려고 나를 풀어주느니 내가 거기 계속 남아서 그의 부족민 모두를 치료하게 하는 쪽이 장기적으로 볼 때 더 낫다고 생각하는 듯했다.

강요는 둘째 치고 다른 사람을 구워삶으려는 시도조차 하지 않는 예콰나족의 태도는 개인의 선택의 문제인 것 같지는 않다. 그런 태도는 연속성의 진화가 가져온 결과로 문화를 통해 유지되는 듯하다. 예콰나족은 다른 종에게는 서슴없이 압력을 행사한다. 예를 들어 사냥개를 길들일 때 보면 주먹과 막대기와 돌멩이로 때리거나 심지어는 귀를 자르는 등 엄격한 훈련과 처벌을 병행한다. 하지만 동료 인간에게는, 앞에서도 살펴보았듯이 어린아이에게조차도 자신의 의지를 강요하지 않는다.

아기 놀이울의 경우처럼 법칙을 입증하는 예외가 또 있었다. 하루는 젊은 아버지가 한 살짜리 아들에게 인내심을 잃는 모습을 우연히 보게 되었다. 그는 고함을 지르며 아들을 때리기라도 할 듯 거칠게 대했다.

아기는 오갈 데 없는 두려움에 휩싸여 귀청이 째져라 비명을 질러댔다. 아버지는 그 끔찍한 소리에 깜짝 놀라 망연자실하게 서 있었다. 그는 뭔가 자연을 거스르는 행동을 한 게 분명했다. 나는 그 남자 집 바로 옆에 살고 있어 그 가족과 자주 마주쳤지만 그 뒤로 그 남자가 아들을 함부로 대하는 모습은 단 한 번도 보지 못했다.

그렇다고 부모의 태도가 '수동적'이지는 않다. 아이들의 자율성을 존중하면서 아이들이 사회적인 존재답게 처신할 것이라고 가정하면서도 그와 동시에 아이들이 따라야 하는 기준을 세워놓기도 한다.

온 식구가 화로 앞에 둘러앉는 식사 시간은 문명인의 눈에는 엄숙하기 그지없다. 어머니가 아버지와 아이들 앞에 주발과 받침을 묵묵히 내려놓으면 다들 한마디 말도 없이 음식을 돌리며 먹기 때문이다. 어머니가 나지막한 소리로 뭐라고 말하면 아이는 벌떡 일어나 어머니나 아버지에게 조롱박을 가져다준다. 아이가 아직 한참 어리다 해도 그 행동은 민첩하고 침착하다. 내 눈에는 무척이나 조심스러운 그 행동뿐만 아니라 의식 전체가 위협을 앞세워 다른 사람들 위에 군림하는 가장의 비위를 건드리지 않는 데 목적이 있는 듯했지만 실은 아니었다.

좀 더 가까이 다가가 관찰하자 식사 시간은 더할 나위 없이 느긋했고, 침묵은 위협과는 전혀 상관이 없었다. 다만 정해진 방식대로 행동하면서 서로를 이해하고 신뢰하는 데서 비롯될 뿐이었다. '엄숙'은 긴장이라고는 찾아볼 수 없는 소박한 평화였다. 대화 부족은 여유의 부재가 아니라 여유의 존재를 의미했다. 아이들은 뭔가 말할 게 있으면 망설임 없이 차분하게 말했지만 대개는 말을 아꼈다. 평온한 분위기를 위해

'밥상머리'에서는 되도록 조용히 먹는 게 예콰나족의 관습이고, 아이들도 군말 없이 거기에 따른다.

아버지가 집에 오면 아내와 아이들은 말이 없어진다. 물론 아버지의 눈에도 최선을 다하며 서로에게뿐만 아니라 가장의 기대에 부끄럽지 않게 행동하는 아내와 아이들을 자랑스럽게 생각하는 기색이 역력하다. 남자아이들이 아버지를 기준 삼아 스스로를 평가하길 좋아한다면 여자아이들은 아버지를 챙겨주길 좋아한다. 어린 여자아이는 언젠가부터 능력이 돼서 아버지에게 신선한 카사바를 갖다줄 수 있게 되면 이를 큰 기쁨으로 여긴다. 아버지는 위엄 있고 탁월한 행동을 통해 어린 자녀들에게 그 사회의 방식을 몸소 보여준다. 남자 어른들이 대화를 나눌 때 갓난아기가 울면 어머니는 울음소리가 들리지 않는 곳으로 아기를 데리고 나간다. 아이가 방바닥에 실례를 하면 아직 대소변을 가리는 훈련을 받기 전이라도 웬만큼 말을 알아들을 수 있는 나이면 엄하게 밖으로 나가라고 말한다. 하지만 방바닥을 더럽히지 말라는 말도, 나쁜 아이라거나 늘 나쁜 짓만 한다는 말도 아이에게 하지 않는다. 따라서 아이는 자신을 나쁘다고 생각할 필요가 전혀 없으며, 비록 바람직하지 않은 행동을 했을지언정 자신은 사랑받는 아이라고 느낀다. 아이 스스로 주변 사람들이 싫어하는 행동은 하지 않기를 원한다. 아이는 원래 사회적이다.

아이가 적절한 행동에서 일부러 이탈할 때는 물론이고 어쩌다 벗어나도 어머니와 아버지는 엄하게 나온다. 둘 다 아이의 응석을 조금도 받아주지 않는다. 위디디가 위기를 겪는 동안 안슈가 그랬듯이 예콰나족 부모의 기준은 언제나 확고하다.

아이가 스스로를 괴롭히더라도 예콰나족 부모는 절대 동정하지 않는다. 다만 아이가 자신을 추슬러 처진 만큼 만회하기를 기다릴 뿐이다. 심각하게 다치거나 병이 나면 약이나 주술의 도움을 빌려 아이의 치료에 최선을 다하거나, 때로는 아이의 몸에 들어가 환자에게 전혀 인정을 베풀지 않는 악마를 불러내 아무도 다치지 않고 아이가 가능한 한 빨리 병마와 화해하기를 기원하며 몇 날 며칠 주문을 외우기도 한다.

그곳에 있을 때 부모들이 병을 앓는 아이들을 치료해달라고 내게 직접 데려오거나 보내왔다. 이 경우에도 연속성 아이와 단속성 아이의 차이가 분명하게 드러났다. 품의 단계에서 적절하게 대우받으며 자신이 사랑스러운 존재라는 점을 깨친 예콰나족 아이는 견딜 수 없이 고통스럽지 않은 이상 어머니에게 기대지 않고 고통을 의연하게 참아냈다. 반면 문명 세계의 우리 아이들은 의식하지 못할 뿐 (언제나 더 많이 사랑받길 갈망하는) 고통스런 짐에 영원히 짓눌린 채 살짝만 넘어져도 포옹과 입맞춤과 다정한 말을 기대한다. 어머니가 위로해준다고 해서 까진 무릎이 낫지는 않겠지만 특별히 긴장했을 경우 고통의 짐이 가벼워지기 때문이다.

동정을 기대하는 것은 대개 학습의 결과일 가능성이 높다. 나는 그렇다고 거의 확신하지만, 내게 치료받으러 온 꼬마들이 보여준 자신감과 다른 사람에 대한 믿음(이 경우 외지인에 대한)은 단지 응석 부리지 않는다는 차원을 넘어 내게 더 확실한 의미로 와 닿았다.

예콰나족이 사는 곳으로 처음 탐험에 나섰을 때 나는 안슈가 추장으로 있는 와나니아라는 마을에 있었다. 네 살쯤 되는 사내아이 하나가 나를 찾아왔다. 아이는 환영받지 못할지도 모른다는 생각에 쭈뼛거리며 다가왔다. 서로 눈이 마주치면서 미소가 오가자 아이는 내가 볼 수 있도록 엄지손가락을 치켜들었다. 아이는 스스로를 가엾게 여기거나 동정을 구하지 않았다. 아이의 얼굴에는 눈부신 미소만 있을 뿐이었다. 어쩌다 그랬는지 엄지손가락 위쪽 마디와 손톱 일부가 잘려 거의 떨어져나갈 판이었다. 상처 주위에는 반쯤 말라붙은 피가 들러붙어 있었다. 내가 상처를 소독하고 봉합하는 동안 아이는 고통 때문에 새끼 사슴 눈 같은 그 커다란 눈에서 눈물을 뚝뚝 떨어뜨리며 때로 그 작은 손을 바들바들 떨어댔지만 여전히 내게 손을 내민 채 뒤로 물러나지도 않았고 특별히 고통스러울 때를 제외하고는 훌쩍이지도 않았다. 아이는 대체로 느긋하고 평온했다. 엄지손가락에 붕대를 감고 나서 손가락을 가리키며 나는 이렇게 말했다. "물 안 돼!" 악기 소리 같은 아이의 조그만 목소리가 내 말을 그대로 되울렸다. "물 안 돼!" 그러고 나서 "내일도 올게요"라는 말을 남기고 아이는 총총히 사라졌다. 그 아이의 행동은 아이들의 행동 방식과 응급 상황에서 아이들을 어떻게 다루어야 하는지에 대한 나의 생각을, 아이들을 치료할 때는 우선 안심부터 시켜야 한다는 등등의 나의 가정을 완전히 뒤엎었다. 내 눈으로 직접 보고서도 나는 거의 믿을 수가 없었다.

  그다음 여행에서의 일이었다. 어느 날 아침 나는 두 살짜리 아이가 피리 소리 같은 음색으로 "시! 시!" 하고 부르는 소리에 잠이 깼다. 나의 예콰나족 이름인 '쉬'가 아무리 해도 발음이 안 되었던 것이다. 해먹 밖을 내다보았더니 카나나시가 상처를 입고 혼자 와 있었다. 아이는 울지도 않았고 굳이 달랠 필요도 없었다. 아이는 상처에 붕대를 감을 때까지 의젓하게 기다렸고, 손에 물이 닿지 않게 조심하고 내일 다시 오라는 내 당부를 귀담아 듣더니 놀러 달려갔다.

이튿날 아이를 봤더니 붕대가 젖은 데다 지저분해져 있었다. 물론 두 살 아이의 지적 이해력으로는 하루 종일 기억해야 하는 지시에 잘 따르기가 어려웠다. 하지만 더할 나위 없이 풍요로운 품의 단계 2년을 보내면서 힘든 세상에 나갔을 때 스스로 문제를 해결하는 훈련을 쌓은 건전한 경험 덕분에 아이는 최소한의 관심 말고는 그 어떤 지원이나 동정 없이도 혼자 와서 치료를 받을 수 있었다. 아마도 아이의 어머니는 상처를 보고 그저 "진한테 가"라고만 말했을 테고, 나머지는 카나나시가 알아서 해결했다.

치료를 받을 때 예콰나족이 보이는 덤덤한 태도에 몇 달 넘게 익숙해졌는데도 다음의 사건은 내게 역시나 새로운 충격을 던져주었다. 아홉 살가량 되는 안슈의 둘째아들 아와다후가 복부에 상처를 입고 혼자 내 오두막으로 찾아왔다. 알고 보니 상처는 위험할 만큼 깊지는 않았지만 처음에 봤을 때 나는 혹시 내장이라도 다쳤을까봐 겁이 났다. "어쩌다 이랬어?" 내가 물었다.

"화살에요." 소년은 얌전하게 대답했다.

"네 화살에?" 나는 탐문을 계속했다.

"카타웨후요." 소년은 내가 마치 꽃 이름을 묻기라도 한 듯한 표정으로 열 살 된 형의 이름을 댔다.

내가 끔찍해 보이는 상처를 치료하는 동안 카타웨후와 다른 소년 몇몇이 들어와 그 광경을 지켜보았다. 카타웨후에게서도 죄책감을 전혀 찾아볼 수 없었고, 아와다후에게서도 분노를 전혀 찾아볼 수 없었다. 그 사고는 그저 우연한 사고일 뿐이었다. 형제의 어머니가 와서 자초지종을 물었고, 장남이 강둑에서 동생에게 화살을 쏘았다는 이야기를 간략하게 들었다.

"정말이니?" 어머니가 나직하게 말했다.

내가 치료를 채 끝내기도 전에 어머니는 구경꾼들을 놔둔 채 하던 일을 계속 하러 자리를 떴다. 그녀의 아들은 어머니가 곁에 없어도 보살핌을 잘 받고 있었기 때문에 굳이 지키고 서 있을 필요가 없었다. 걱정하는 사람은 나밖에 없었다. 나는 최선을 다해 치료했고, 다른 소년들 또한 치료가 끝날 때까지 기다리지 않고 다시 놀러 나갔다. 아와다후는 굳이 안심시켜줄 필요가 없었고, 내가 마지막으로 연고를 발라주자 친구들과 합류하려고 다시 강가로 나갔다.

그의 어머니는 아들이 자신을 필요로 했다면 자신을 찾았을 것이라고 생각했고, 그런 때에 대비해 늘 마음의 준비를 하고 있었다.

내가 지금까지 언급한 사건들은 예콰나족이 사고를 많이 당한다는 잘못된 인상을 심어줄지도 모르겠다. 하지만 오늘날 미국의 중산층과 비교할 때 예콰나족은 사고를 거의 당하지 않는다고 말할 수 있다. 외부 보호 장치와 관련해 미국 아이들만큼 세심하게 보호를 받는 경우는 역사를 통틀어 찾아보기 어려우며, 따라서 미국 아이들만큼 스스로를 돌보는 법을 모른다는 기대 속에서 생활하는 경우 또한 찾아보기 어렵다는 사실은 우연의 일치가 아닌 듯하다.

수영장이 어린 자녀에게 위험할까봐 불안에 떨던 어느 가족의 이야기는 아주 좋은 예가 아닐까 싶다. 부모가 불안해한 것은, 수영장이 갑자기 불쑥 솟아올라 아이를 삼켜버릴까봐서가 아니라 아이가 자칫 수영장으로 떨어지거나 뛰어내릴까봐서였다. 그 가족은 수영장 둘레에 울타리를 세워 입구를 잠가버렸다.

(추론하는 능력은 아직 한참 떨어져도) 아이의 논리적인 사고는 부모의 설명을 듣고 울타리와 자물쇠를 채운 입구가 암시하는 의미를 아마도 알아챘던 듯하다. 아이는 사람들이 자신에게 뭘 기대하는지 정확히 꿰뚫어보고는 어느 날 입구가 열려 있다는 사실을 발견하자 안으로 들어가 수영장에 떨어져 익사했다.

물론 상대방은 아이들이 잘못해서 다치는 것을 방지하려면 계속 지켜봐야 한다는 취지로 내게 이 이야기를 들려주었다. 하지만 이야기를 듣는 순간 나는 와나니아 마을에선 아이들이 감시하는 사람 하나 없이 하루 종일 구덩이 근처에서 노는데도 사고가 단 한 건도 일어나지 않았다는 사실을 떠올리지 않을 수 없었다. 서로 현격하게 대비되는 이 두 경우는 두 문화의 차이를 정확하게 보여준다. 예콰나족 사회에는 더 위험할 수도 있는 상황이 많이 있다. 가장 눈에 띄는 위험 가운데 하나는 날카롭기 그지없는 벌채용 큰 칼과 보통 칼이 어디에나 있어 아이들이 가지고 놀거나 밟고 올라서거나 걸려 넘어질 수 있다는 점이다. 손잡이를 잡는 법을 알기에는 아직 너무 어린 아기들이 앙증맞은 손으로 칼날을 집어 들고 이리저리 흔들어대는 모습을 나는 수없이 보았다. 하지만 아기들은 손가락을 베거나 몸을 다치는 법이 전혀 없을 뿐만 아니라 어머니 품에 안겨 있을 경우 어머니를 다치게 하는 법 또한 전혀 없었다.

마찬가지로 한 아기가 횃불을 가지고 놀다가 발을 잘못 디뎌 넘어진 뒤 손에 여전히 횃불을 들고 30센티미터 높이의 문지방을 타넘어 집에서 나왔는데 문지방도, 야자나무 잎으로 엮은 지붕도, 아기의 머리카락도 다들 멀쩡했다. 강아지처럼 아기들도 연장자의 제지를 전혀 받지 않고 화로 근처에서 마음껏 놀았다.

남자아이들은 생후 18개월부터 날카로운 화살로 활쏘기를 연습했고, 몇몇 열성적인 아이들은 깨어 있는 시간의 대부분을 칼과 화살을 가지고 다녔다. 활을 쏘는 장소가 따로 정해져 있지도 않았을 뿐만 아니라 '안전 수칙' 같은 것도 없었다. 그곳에서 2년 반을 지내는 동안 화살 때문에 일어난 사고는 앞에서 언급한 딱 한 건밖에 없었다.

밀림에도 위험이 수두룩하다. 길도 나 있지 않은 광활한 밀림에서 얼마든지 길을 잃을 수도 있고, 맨발과 맨몸으로 걷다가 다칠 수도 있다. 그뿐만이 아니다. 뱀이나 전갈, 재규어처럼 좀 더 큰 위험에 직면할 수도 있다.

아나콘다나 악어보다 훨씬 더 위험하고 훨씬 더 자주 맞닥뜨리게 되는 것은 급류가 흐르는 강이다. 자기 힘과 능력으로는 물살을 감당하기 어려운 먼 데까지 헤엄쳐 갔다가 까딱하면 바위에 부딪쳐 박살나거나 알려지지 않은 수많은 지류 중 하나에 빨려 들어갈 위험도 높다. 강 상류에서는 강우량이 매일 엄청나게 차이를 보이기 때문에 오늘 어떤 곳의 깊이와 물살을 훤히 꿰고 있다고 해도 내일이면 그런 정보가 아무 소용이 없어질 수도 있다. 따라서 날마다 강에서 멱을 감으며 노는 아이들은 어떤 상황에서도 자신의 능력을 정확하게 파악하고 있어야 한다.

그런 환경에서 효력을 발생하는 요인은 아무래도 책임감인 것 같다. 서구 아이들의 경우에는 자신을 돌보는 책임을 대부분 어른 보호자가 떠맡지만 예콰나족 아이들은 그 책임을 거의 자기가 진다. 뭐든 도가 지나치면 싫어하는 특성 때문에 스스로를 보호하는 역할을 다른 사람이 대신 떠맡을수록 연속성은 움츠러든다. 그 결과는 당연히 효율 저하로 이어질 수밖에 없다. 각자가 처한 환경을 당사자만큼 지속적으로 또는 빈틈없이 경계할 수 있는 사람은 아무도 없기 때문이다. 자연을 능가하고자 노력하는 사례는 또 있다. 지성의 통제 아래 들어가지 않는 기능을 불신하면서 지성의 힘으로 그 기능을 빼앗으려는 경우가 바로 그렇다. 하지만 지성은 적절한 정보를 빠짐없이 고려할 수 있는 능력이 없다.

그 무엇보다도 책임을 적재적소에 배치하는 자연을 방해하려는 우리의 이러한 성향 때문에 문명 세계의 아이들은 더 많은 사고를 당할 뿐만 아니라 그 밖의 무수한 위험에 노출되어 있다. 이와 관련해 우연히 일어나는 화재 사고만큼 좋은 예도 없을 것이다.

얼마 전 겨울 미국 중서부의 한 도시에 심한 눈보라가 불어닥쳐 교통이 완전히 두절되는 바람에 소방차 역시 며칠이나 꼼짝없이 발이 묶였다. 하루에 평균 40건의 어이없는 화재 사고를 처리하는 데 이골이 난 소방서장이 텔레비전에 출연해 시민들에게 상황이 상황인 만큼 불을 내지 않도록 각별히 조심하라고 신신당부했다. 그러면서 화재가 발생해도 시민들 스스로 알아서 대처하는 수밖에 없다고 으름장을 놓았다. 그 결과 교통이 두절된 동안 화재 사건은 하루에 네 건으로 뚝 떨어졌다. 하지만 교통 흐름이 원활해지자 그 숫자는 곧 평상시 수준으로 올라갔다.

평상시 매일 일어나는 40건의 화재 사고가 일부러 불을 낸 것이라고는 생각할 수 없지만, 우연히 불을 낸 사람들은 소방대가 신속하게 출동할 수 있을 때에는 굳이 극도로 조심할 필요가 없다는 점을 의식하고 있었던 게 분명했다. 책임 소재가 바뀌었다는 사실을 알게 되면서 사람들은 무의식적으로 화재 발생 비율을 낮췄던 것이다.

세계 최대의 도시 도쿄는 대부분의 대도시보다 화재 발생 비율이 낮다. 아마도 그 이유는 주택 상당수가 목조주택이라 어느 한 지역에서 불이 났다 하면 눈 깜짝할 사이에 재앙으로 이어지기 쉬운 데 비해, 소방 장비가 사람들로 북적이는 거리를 헤치고 이동하기는 몹시 어렵기 때문이 아닐까 싶다. 도쿄 시민들은 그런 환경에 익숙해졌고, 익숙한 환경에 맞추어 행동하게 되었다.

이러한 책임 배치는 아이와 어른의 행동에서 기대의 측면, 다시 말해 영향력을 발휘하는 힘으로 작용한다. 인간을 사회적 동물이라고 정의한다면 그 말은 인간은 상대가 기대한다고 생각하는 대로 행동하려는 경향이 강하다는 뜻 아니고 무엇이겠는가?

연속성 원리를 문명사회의 삶에 적용하려는 사람이라면 누구나 하루아침에 발상을 전환해 스스로를 보호할 수 있는 아이의 능력을 믿는다는 것만큼 어려운 일도 아마 없을 것이다. 우리는 아이들을 자기 뜻대로 하게 놔두는 데 전혀 익숙하지 않기 때문에 많은 사람이 아이들은 우리의 감시가 없을 때가 더 행복하다는 이론을 선뜻 받아들이지 못한다. 우리 대부분은 설령 들켜서 못 미더워 저러나보다는 의심(다시 말해 기대)을 사는 한이 있더라도 몰래 숨어서 걱정스런 눈길로 아이들을 훔쳐보기 일쑤다. 그렇다면 아기가 날카로운 칼을 가지고 놀아도 유유자적할 수 있게 해주는 믿음은, 예콰나족이 오랜 경험을 통해 체득한 믿음은 어떻게 얻을 수 있을까? 아기가 칼을 가지고 노는 경험이 오랫동안 축적된 결과 그런 믿음이 형성되었다고는 볼 수 없다. 그 사회에서 금속의 도입은 아주 최근의 일이기 때문이다. 그런 믿음은 자신이 처한 환경에서 가장 미묘한 요소를 감지하고 그 속에서 스스로 안전하게 행동하는 아기의 능력을 잘 아는 데서 비롯한다.

우리에게는 지성을 사용해 예콰나족과 우리 조상들이 공통으로 가지고 있는 저 지식으로 되돌아가는 길밖에 달리 선택의 여지가 없다. 이는 교회에 가서 하느님에 대한 믿음을 달라고 기도하는 것과 그다지 많이 다르지 않다. 하느님에 대한 믿음을 얻으려면 처음에는 마치 믿는 것처럼 행동하려고 최선을 다해야 한다. 물론 그런 연기를 훌륭하게 소화하는 사람들이 있는가 하면 그렇지 못한 사람들도 있을 것이다.

언어는 동물의 능력을 보여주는 경이로운 카탈로그에서 가장 최근에 나온 발전 성과다. 발달중인 아이의 언어 능력은 갈수록 복잡해지는 개념을 연달아 형성하는 능력을 반영한다. 발달 단계가 높아지면서 차츰차츰 시간 개념이 생길수록 아이의 우주관은 물론 자아와 타자의 관계를 바라보는 시각도 바뀐다.

연령 집단이 다르면 개념도 다른 이유는 그 때문이다. 최근 들어 아이들과 이런저런 문제를 놓고 의논하면서 '설득'하는 대화 방식이 유행으로 떠올랐지만 여섯 살 아이가 의미하거나 이해하는 우주와 서른 살 어른이 의미하거나 이해하는 우주 사이에는 메울 수 없는 간극이 존재한다. 따라서 그 둘의 관계에서 언어는 제한된 가치를 지닐 뿐이다.

예콰나족의 경우 아이와 어른들 사이에서 흔히 이루어지는 대화를 살펴보면 흥미롭게도 "여기서 기다려"나 "저것 좀 줄래"처럼 매우 기본적인 형태 몇 가지밖에 없다. 아이들끼리는 연령대가 다를수록 대화가 점점 줄어드는 반면 나이 또래가 비슷하면 활발하게 대화를 주고받는다. 남자아이와 여자아이들 사이에서는 최소한의 잡담만 이루어질 뿐이다. 생활과 관심사가 서로 매우 다르기 때문이다. 심지어 어른들 사이에서도 남녀가 서로 대화를 오래 나누는 경우는 아주 드물어 보인다.

어른이 말할 때면 아이들은 대개 입을 다물고 가만히 듣는다. 우리와 우리 아이들이 서로 대화를 나눌 때와 달리 나이를 불문하고 잘못된 관점을 강요받는 사람은 아무도 없다. 예콰나족 어른들은 아이들 앞에서도 해야 할 말이 있으면 주저 없이 하고, 아이들은 그 말을 귀담아 들으면서 각자의 능력에 따라 이해한다. 아이들은 어른이 아이 수준에 맞추느라 일부러 만든 대화 방식과 관점을 불신할 필요도 없다. 아이들은 그저 자신의 속도로 어른의 말과 대화 방식과 관점을 이해할 만큼 성장하면 비로소 어른들 틈에 끼게 된다.

각각의 연령 집단은 현재의 발달 상태에 적합한 개념 구조를 파악해

나가면서 자기보다 약간 나이 많은 아이들의 발자국을 좇아간다. 그런 과정을 거쳐 언어인지 능력이 완성되면 갓난아기 때부터 늘 들어왔던 어른의 견해와 대화 내용 전체를 흡수하기에 이른다.

이에 비해 아이의 사고가 무엇을 얼마나 빨아들일 수 있는지를 가늠하는 데 초점을 맞추는 우리의 체계는 의견 불일치, 오해, 실망, 분노, 조화의 부재라는 결과를 가져온다. 우리는 대대로 아이에게 '착하게 굴면' 늘 상이 따르고 '나쁘게 굴면' 늘 벌이 따른다고, 약속은 언제나 지켜야 한다고, 어른들은 절대 거짓말을 하지 않는다고…… 가르쳐왔다. 이런 위험천만한 전통은 '비현실적이고 미성숙한' 아이를 양산해, 특히 아이가 커서도 유아기 때 귀가 따갑게 들었던 허구를 계속 믿는 동시에 자신이 받은 교육과 충실히 따라야 하는 문화라고 믿었던 것에 환멸을 느낄 경우 아이에게 상처만 안겨줄 뿐이다. 그 결과 행동 기준이 갑자기 사라지고 우리 문화 전체를 의심하면서 어떻게 행동해야 할지 갈피를 잡지 못하게 된다.

이번에도 지성은 아이가 무엇을 이해할 수 있는지를 '결정'하려고 든다. 이에 비해 연속성을 중시하는 교육 방법은 왜곡되지도 편집되지도 않은 전체 언어 환경에서 아이가 흡수할 수 있는 것만 흡수하게 놔둔다. 무엇을 소화할 수 있는지를 아이의 사고에 맡겨두는 한 아이가 이해하지 못하는 개념 때문에 상처를 받는 일은 절대 없다. 하지만 아이의 어깨를 붙잡고 억지로 이해시키려고 할 경우에는 아이는 자신이 이해할 수 있는 것과 사람들이 기대한다고 느끼는 것 사이에서 심각한 갈등을 일으킬 수 있다. 아이가 자유롭게 경청하면서 자신이 이해할 수 있는 것만 이해하게 놔두면 아이에게 쏟아지는 주변의 기대를 둘러싼 암시를 모두 제거해 파멸로 치닫는 갈등을 미리 막을 수 있다.

예콰나족 여자아이들이 생애 처음으로 언니와 어머니와 집안일이나 밭일에 참여하면서 아동기를 보낸다면 남자아이들은 대부분의 시간을 우르르 떼지어 여기저기 몰려다닌다. 아버지는 적절하다고 판단되는 경우에는 아들의 동행을 허락한다. 사냥에 나선 아버지가 하루 종일 겨우 한두 번만 활 쏘는 것을 허락하면서 사냥한 짐승을 거두는 일만 시키고 달리 기술을 연마할 기회를 주지 않더라도, 그사이에 남자아이들은 메뚜기나 나중에는 작은 새를 수없이 쏘아 맞힌다.

아이들은 남녀 구분 없이 거의 매일 멱을 감으러 간다. 카누를 젓는 실력에서도 아이들은 믿을 수 없을 만큼 어린 나이에 커다란 마상이의 안내를 맡아 까다로운 조류와 급류를 거뜬히 통과할 정도로 전문가 수준에 오른다. 때로 배를 모는 사람이 예닐곱 살짜리 아이밖에 없는 경우도 있다. 남자아이들과 여자아이들이 함께 카누를 저을 때도 종종 있다. 같이 활동하는 기회가 적을 뿐 남녀가 서로 어울리는 것은 금기가 아니다.

또한 예콰나족 아이들은 굳이 곁에서 다독거려주지 않아도 스스로 알아서 척척 일을 해낸다. 낚시는 남녀노소 할 것 없이 주로 혼자 하는 활동이다. 바구니를 짜거나 무기를 만들거나 수리하는 일은 남자아이들과 남자 어른들이 혼자 해결한다. 카사바를 갈고, 팔에 두르는 띠나 해먹을 짜고, 요리를 하는 일은 여자 어른들과 여자아이들의 몫이다. 이런 일은 주로 혼자 하거나 아니면 갓난아기하고만 함께 한다.

하지만 예콰나족은 지루해하거나 외로워하는 법이 없다. 그들은 시간의 거의 대부분을 동년배들과 같이 보낸다. 남자들은 대개 사냥할 때, 특정 종류의 물고기를 잡을 때, 카누를 만드는 몇몇 단계에서, 집을 지을 때 함께 어울린다. 상거래 목적의 여행에 나설 때도, 나무를 베고 불태워 밭을 개간할 때도 함께 어울린다. 여자 어른들과 여자아이들은 밭에 나가 카사바를 캘 때, 물을 긷거나 땔감을 장만할 때 함께 어울린다. 남자아이들은 대개 활쏘기 연습을 할 때, 놀이할 때, 멱 감을 때, 낚시할 때, 식량을 구할 때 함께 어울린다. 같이 일할 때면 어른이든 아이든, 남자든 여자든 할 것 없이 다들 신이 나서 즐겁게 이야기를 주고받는다. 특히 청년들 사이에서는 새로운 소식이든 우스갯소리든 이야기가 끝날 때마다 웃음소리가 와자지껄 터져 나온다. 이런 잔치 분위기가 매일 이어진다. 사실 예콰나족의 잔치는 워낙 재미있기 때문에 더 재미있게 하려고 특별히 노력할 필요가 없다.

내가 지켜본 예콰나족 아이들과 다른 아이들의 가장 현저한 차이점은, 예콰나족 아이들은 자기들끼리 주먹다짐이나 말다툼을 벌이는 법이 없다는 점이다. 경쟁도 없으며, 통솔력은 추종자들의 자발적인 주도 아래 확립된다. 그들과 함께 몇 년을 지냈지만 아이들이 싸우는 모습은 물론이고 말다툼을 벌이는 모습을 한 번도 보지 못했다. 험악한 말을 들은 적은 딱 한 번 있는데, 뭔가 바람직하지 않은 행동을 한 아이에게 어른이 보기 드물게도 참을성을 잃고 분통을 터뜨렸을 때였다. 그리고 나서 어른은 걱정스런 표정으로 또는 얼른 실수를 바로잡고 싶어 안달하는 표정으로 그 자리에서 아이에게 잔소리를 약간 길게 퍼부었지만 문제가 해결되자 더는 화를 내지 않았다.

  잔치가 벌어지면 예콰나족은 남녀노소 할 것 없이 술에 취했지만 언쟁의 기미조차 찾아볼 수 없었다. 그들의 사회를 관찰할 기회가 있다면 누구든 그들은 겉으로 드러나는 모습과 똑같이 제 분수를 지키는 가운데 서로 조화를 이루며 행복하고 마음 편히 살아간다는 생각을 하지 않을 수 없다.

5장

# 가장 중요한
# 경험의 박탈

우리처럼 문명사회에서 살아가는 사람들은 품 안의 경험뿐만 아니라 나중에 기대하는 경험까지 대부분 박탈당해 상황을 바꾸는 것이 불가능한데도 무의식적으로 그런 기대를 충족할 수 있기를 끊임없이 갈망한다.

우리는 우리의 타고난 연속성에서 멀어진 채 삶의 흐름에서 밀려나 요람과 유모차 안에서 경험을 갈망한다. 나이가 들어도 우리의 일부는 여전히 미숙한 상태로 남아 있기 때문에 우리의 삶에 긍정적으로 기여하지 못한다. 하지만 우리에게는 그런 부분과 이별할 능력이 없다. 품 안의 경험을 갈구하는 욕망은 정신과 신체가 발달해도 계속 남아 충족되기만을 기다린다.

문명의 울타리 안에서 살아가는 사람은 누구나 연속성이 병을 앓고 있다는 공통점을 지닌다. 경험의 박탈이 언제, 어떻게 우리의 타고난 특성에 영향을 미쳤느냐에 따라 정도의 차이만 있을 뿐 자기 혐오와 자기 회의는 우리에게서 아주 흔하게 나타나는 증상이다. 세월이 지나 성장할수록 품 안의 경험을 되찾으려는 갈망은 매우 다양한 형태를 띠게 된다. 품 안에서 지내는 시간을 갖지 못해 행복에 반드시 필요한 조건을 상실할 경우 그 조건을 대체할 수 있는 조건이라도 찾으려고 안간힘을 쓴다. **그렇게 되면 행복은 더 이상 일상의 일부가 아니라 삶의 목표로 바뀌고, 사람들은 그 목표를 평생 추구한다.**

예콰나족의 삶을 생각하면 우리가 무의미해 보이는 일에 매달리는 이유가 점점 명확해진다.

품의 박탈은 가장 흔하게는 불안이라는 잠재적인 감정의 형태로 나타나기 쉽다. 뭔가를 놓친 것처럼 괜히 불안하다. 모호한 상실감, 뭐라고 딱 꼬집어 말할 수 없는 뭔가를 간절히 바라는 갈망이 있다. 그 갈망은 종종 주변의 사물이나 사건에 집착한다. "······만 하면 더 바랄 게 없겠는데"라는 말로 표현할 수 있는 그 갈망의 대상은 새 옷이나 새 자동차, 승진이나 월급 인상, 다른 직업, 장기 휴가, 아직 배우자나 아이가 없다면 결혼이나 출산이 될 수도 있다.

갈망의 대상을 손에 넣고 나면 만족감은 곧이어 새로운 갈망에 자리를 내주고, 갈망과 자아 사이의 거리는 자아와 잃어버린 온전함 사이의 공간을 가늠하는 새로운 기준이 된다.

'편안하게' 느끼는 데, 다시 말해 품 안의 경험을 빼앗겼을 때 어머니와 맺었던 관계와 똑같은 종류의 관계를 맺는 데 필요한 거리에 희망이 보이면 개인은 희망의 대상을 손에 넣을 수 있다는 희망의 힘으로 살아간다. 이때 필요한 거리는 얼마나 도달하기 어려운지에 따라 결정된다.

필요한 거리에서 계속 희망을 갖기가 어려워지면 재앙으로 이어질 수도 있다. 다행히 그런 일이 자주 일어나지는 않는다. 사람들은 대부분 현재 무엇을 가지고 있든 상관없이 가질 수 없는 것을 끝도 없이 상상해낼 수 있기 때문이다. 하지만 더러 목표가 너무 빨리 또는 너무 쉽게 이루어지는 바람에 상상력이 그 속도를 따라잡지 못할 때도 있다.

몇 년 전 미모의 유명한 영화배우가 희망하는 족족 이루어져 더는 희망할 대상을 찾을 수 없다는 참기 어려운 상황에 그만 덜미를 잡히고 말았다. 그녀는 전 세계에서 가장 성공한 여배우이자 전 세계가 가장 흠모하는 여성이었다. 상대가 유부남이든 이혼남이든 그녀는 신체적, 지적으로 뛰어난 남자들을 무조건 공략해 손에 넣었다. 그녀의 상상력 기준에서 볼 때 그녀는 자신이 원하는 것은 모두 가지고 있었다. 그런데도 온전하다는 느낌을 되찾지 못하자 그녀는 당혹스러워하며 쉽게 가질 수 없는 대상을 찾아 헤매다가 실패하고 결국 자살했다.

목표가 그녀와 똑같은 수많은 여성들이 모든 것을 다 가진 그녀가 어째서 그런 길을 선택했는지 의아하게 여겼다. 하지만 그녀의 죽음이 아메리칸 드림에 미친 피해는 그리 심각하지 않았다. 많이 여성들이 궁금해하는 가운데서도 마음속으로는 삶에서 바람직한 것들을 그렇게 많이 가질 수만 있다면, 행복이 손만 뻗으면 닿을 수 있는 곳까지 이미 와 있다면 당연히 행복할 것이라고 확신했기 때문이다.

성공한 사람들 사이에서 이와 비슷한 이유로 자살을 선택하는 사례는 얼마든지 찾아볼 수 있지만 그보다는 무모하게 행동하는 경우가 훨씬 더 흔하다. 이 경우 자기 보존 본능이 마지막 한 걸음을 떼어놓아 망각의 나락으로 굴러 떨어지는 것은 막아주지만 대신 알코올 중독, 약물 중독, 이혼, 우울증 등으로 삶이 고달프다. 큰 부자들은 더 부자가 되려고 갈망하고, 권력을 쥔 사람들은 그 권력으로 더 많은 권력을 탐한다. 하지만 최종 목표에 이르는 사람은 거의 없다. 밖에서 주어진 갈망에 사로잡힌 채 자신이 정말 원하는 것이 무엇인지 보지 못하면 아무리 갈망을 채워도 마음에 차지 않기 때문이다. 사실 미처 기억하지 못할 뿐, 그들의 내면 깊숙한 곳에는 어머니의 품을 갈망하는 아기의 모습이 자리한다. 그들은 자신이 갈망하는 대상이 돈이나 명예, 성취라고 확신할지 몰라도 실제로는 끝없는 심연을 응시하면서 대답 없는 질문을 던질 뿐이다.

문명사회에서 결혼은 많은 점에서 이중 계약의 의미를 지닌다. 어쩌면 그 이면에는 "당신이 내 어머니가 돼준다면 나도 당신의 어머니가 돼주겠다"는 조항이 적혀 있다고 말해도 지나치지 않을지도 모른다. 서로의 내면 깊숙이 늘 존재하는 유치한 욕구는 "나는 당신을 사랑해, 나는 당신을 원해, 나는 당신이 필요해"라는 암묵의 또는 명백한 선언을 통해 표현된다. 물론 이 말의 첫 두 마디는 성숙한 남녀에게 하나도 이상할 게 없지만 필요하다는 표현은 비록 우리 문화에서는 낭만적으로 받아들여진다 해도 통상적으로는 아기처럼 응석을 부리고 싶어하는 욕구를 일정 정도 내포한다. 그런 욕구는 아기 말투("있잖아, 나 얼마만큼 사랑해?")에서부터 다른 사람에게 표면적인 관심 이상을 보이지 않겠다는 무언의 동의에 이르기까지 다양한 형태로 나타날 수 있다. 그런 욕구가 두드러지면 대개 관심(아기에게는 어울리지만 아이나 어른에게는 어울리지 않는 일종의 변형된 관심)의 대상이 되고 싶어하며, 그럴 경우 배우자끼리 무대 중앙을 사이좋게 나눠 가질 수도 있다.

연애 기간은 서로의 유치한 욕구를 어디까지 충족하게 될지를 결정하는 시험장일 때가 많다. 욕구가 광범위한 사람들, 다시 말해 초기의 삶에서 욕구를 충분히 채우지 못해 늘 욕구 불만에 시달리는 사람들은 짝을 찾아 끊임없이 헤맬 확률이 높다. 그런 사람들의 경우 아기 때 배반당한 경험 때문에 갈망이 넓고 깊다. 다시 배반당할지도 모른다는 두려움이 너무 크면 마음에 드는 동반자 후보를 찾는 순간 화들짝 놀라 후보를 시험하다가 자신이 원하는 만큼 무조건 사랑스럽지는 않다는 결론에 이르게 될까봐 도망쳐버린다.

이루 헤아릴 수 없이 많은 남녀가 연애할 때 뚜렷한 이유도 없이 행복에 대한 두려움을 드러내는 행동 '양식' 때문에 피해를 보고 있다. 짝을 찾을지도 모른다는 두려움을 극복하기가 아주 쉬울 때조차 신랑은 제단 앞에서 망설이고, 신부는 앞으로 걸어나가 행복을 선언하기만 하면 되는데도 불안감에 계속 흐느낀다. 그럼에도 많은 사람이 몇 년 동안 계속 상대를 바꿔가면서 뭐라고 딱히 설명할 수 없는 관계를 찾아 나서지만 자기 자신보다 중요한 사람은 아무도 없기 때문에 그 누구에게도 헌신하지 못한다.

영화, 텔레비전, 소설, 잡지, 광고가 양산하는 근사한 남녀의 모습 같은 문화 이미지 때문에 마음에 드는 짝을 찾는 일은 갈수록 더 어려워지고 있다. 관객을 왜소하게 만드는 영화 속 이미지들은 오래전에 잃어버린 '권리'나 어머니 같은 사람을 찾을지도 모른다는 환상을 부추긴다. 우리는 이 터무니없는 환상을 무작정 믿으면서 그렇지 않아도 완벽해 보이는 배우들에게 완벽성을 부여한다. 그들은 잘못을 할 리가 없고, 우리가 서로에게 하는 그 어떤 종류의 판단으로부터도 자유롭다. 설상가상으로 그들이 연기하는 인물들은 현실에선 거의 찾아볼 수 없는데도 우리 욕망의 기준으로 자리 잡아 현실 속 사람들을 그 어느 때보다 무력해 보이게 만들고 있다.

광고 또한 품을 박탈당한 대중의 갈망을 이용하는 법을 터득해 "이것만 있다면 여러분은 다시 더할 나위 없는 기분을 느끼게 될 겁니다"라고 말하는 듯한 약속을 남발한다. 예를 들어 한 음료수 회사는 "이것이 진짜다"라는 슬로건을 내세운다. 또 그 회사의 경쟁사는 "당신은 펩시 세대"라는 슬로건이나 그 자체로 '온전해' 보이는 '펩시 사람들' 사진으로 잊힌 소속감에 호소한다. 그런가 하면 "다이아몬드는 영원하다"는 슬로건으로 갈망에 종지부를 찍으라고 제안하는 회사도 있다. 여기에는 가치가 보장된 물건을 소유하면 그 주인도 그 물건처럼 영원하고 흠 하나 없이 완전무결한 가치를 지니게 된다는 의미가 숨어 있다. 시대를 초월해 모든 이를 매혹하는 마법의 반지 다이아몬드만 착용하면 굳이 사랑스럽지 않더라도 얼마든지 사랑받을 수 있다는 투다. 최고급 모피와 자동차, 좋은 집 등도 사람을 매혹하는 힘을 발휘하는 듯하다. 게다가 그런 것들은 우리가 늘 그리워하는 품처럼 불확실성의 한가운데서도 안전하게 우리를 품어준다. 우리의 문화가 가지면 더할 나위 없이 좋다고 약속하는 물건이 무엇이든 우리가 정말 원하는 것은 '안'에 있는 것이다. 우리가 우리 자신을 향해 우리는 '안'에 있다고 아무리 떠들어도, 그렇다는 믿음을 가지려고 아무리 노력해도 우리는 늘 바깥에 있다고 느끼기 때문이다.

우리 가운데 대부분이 맨 처음의 그야말로 온전한 느낌을, 진정으로 안에 있다는 느낌을 기억하지 못하지만 우리는 종종 기억할 수 있다고 착각하면서 그 착각을 미래뿐만 아니라 과거로까지 옮겨놓는다. 우리는 유년 시절이라는 황금기나 좋았던 옛날을 떠올리면서 온전함이 실은 그리 멀리 있지 않다는 착각에 계속 빠진다. 생각해보면 잔인한 현실로부터 우리를 보호해주었던 유년 시절의 때 묻지 않은 순수함은 어른들에게 들은 말과 우리 눈에 비친 세상이 갈등을 일으키면서 당혹과 혼란으로 바뀌었고, 그 뒤부터는 지금처럼 뭔가를 놓치고 있다는 느낌이 늘 들었다. 하지만 그러고 나서 머리가 어느 정도 자라 '틀림없는' 나이의 사람들 틈에 끼게 되자 안에 있다는 착각에 빠졌다.

우리는 틀림없는 나이의 사람들이 늘 우리보다 한 발 앞선다는 것을 거의 의심하지 않았다. 그러다 시간이 지나면서 그 사람들은 우리보다 오히려 한두 걸음 뒤처진다고 믿기에 이르렀다.

성취감처럼 꽉 찬 느낌은 경쟁과 승리를 통해 나온다는 개념은 프로이트가 말한 이른바 '형제간의 경쟁'을 확장한 데 지나지 않는다. 프로이트는 어머니를 놓고 다퉈야 한다는 이유를 들어 우리 모두가 형제나 자매에게 질투와 증오를 느낀다고 보았던 듯하다. 하지만 프로이트 주변에는 박탈당한 사람들만 있었다. 만약 예콰나족과 알고 지낼 기회가 있었다면 아마도 그는 경쟁과 승리는 그 자체로 목적이라는 생각이 그들에게는 아예 없다는 사실에 주목했을 것이다. 따라서 경쟁과 승리를 인간의 본성이라고 보기에는 무리가 따른다. 어머니의 품에서 경험의 욕구를 모두 채우고 자유의지에 따라 어머니와 떨어질 경우 아기는 새로 온 아기가 자신이 자발적으로 떠난 그 자리를 차지한다고 해도 그 상황을 아무런 어려움 없이 받아들일 수 있다. 아기가 여전히 필요로 하는 것을 빼앗기지 않는 한 경쟁이 들어설 여지는 없다.

예콰나족에게는 물건이나 사람을 갖고 싶어하는 동기가 다양하지만 단순히 다른 사람을 눌러 이기겠다는 것이 동기로 작용하는 경우는 없다. 물론 그 사회에도 놀이나 경기는 있지만 경쟁과는 거리가 멀다. 예를 들어 레슬링이 있지만 몇 명씩 조를 이뤄 시합을 벌일 뿐 우승자를 가리지는 않는다. 활쏘기 연습의 경우에도 그 목적은 어디까지나 노련한 궁수가 되는 데 있을 뿐 다른 아이들과 경쟁하는 법이 없으며, 어른들 역시 사냥을 하면서 경쟁심에 사로잡히는 법이 없다. 감정에 충실한 그들의 삶은 경쟁을 필요로 하지 않으며, 따라서 문화 또한 경쟁을 부추길 필요가 없다. 하지만 우리의 경우에는 우리는 그 자체로 온전하다는 느낌이 어떤지 상상하기가 어렵듯이 경쟁 없는 삶을 상상하기가 어렵다.

새로움의 추구에 대해서도 똑같은 말을 할 수 있다. 변화에 저항하려는 우리의 타고난 본성이 왜곡될 대로 왜곡되었다는 것이 우리 문화의 현주소다. 이제는 변화를 추구하려는 충동이 변화를 거부하고 일정한 상태를 지향하려는 본성만큼이나 일반화된 듯하다.

더구나 최근 들어서는 가장 새로운 방법이 가장 좋다는 생각까지 모습을 드러냈다. 여기에 광고가 앞장서서 참신성 경쟁을 부추기고 있다.

그러한 경쟁에는 휴식도, 유예도 없다. 충분히 훌륭한 것으로는, 충분히 만족스러운 것으로는 성에 차지 않는다. 이처럼 가장 최신의 것을 갈구하는 우리의 욕망은 우리의 근원적인 불만에서 나온다.

목록 위쪽에 있는 것들 중에는 수고를 덜어주는 물건도 있다. 수고를 덜어주는 장치가 지니는 매력은 품의 박탈이 야기한 두 가지 성향에 의해 두 배로 늘어난다. 뭔가 '더할 나위 없는' 것을 손에 넣고자 하는 첫 번째 성향은 최소한의 노력으로 최대한의 행복을 달성하려는 두 번째 성향에 의해 더욱 강화된다. 연속성이 훼손되지 않았을 경우, 아무것도 하지 않고 자신이 원하는 것을 손에 넣는 아기의 능력은 일하는 능력을 키우려는 욕구로 점차 바뀐다. 아무것도 하지 않고도 성공을 거두는 아기 때의 경험을 한 번도 해보지 못한 사람은 단추를 누르려는, 다시 말해 수고를 덜려는 성향을 보인다. 그러면서 자신은 아무것도 하지 않고 가만히 있는데도 모든 게 이루어지고 있다고 믿는다. 단추를 누르는 행동은 보호자에게 신호를 보내는 것과도 비슷하지만 소원이 이루어질 것이라는 확신을 가지고 그런 행동을 한다는 점에서 약간 다르다. 어쨌든 그 결과 건전한 연속성의 특징인 일하려는 욕구는 발육을 저지당한다. 스스로를 돌볼 준비가 되어 있지 않은 불모의 땅에서는 그런 욕구가 제대로 커나갈 수 없다. 결국 우리 대부분에게 일은 그저 일로, 싫어도 해야 하는 그 무엇으로 그치고 만다. 수고를 덜어주는 장치는 번쩍번쩍 빛을 발하며 잃어버린 위안을 찾아주겠다고 약속한다. 그런 가운데 우리는 기분을 전환해준다는 이른바 레크리에이션이라는 것 안에서 자신의 능력을 십분 활용하려는 어른의 욕구와 아무것도 하지 않으려는 유치한 욕구 사이의 불일치를 해소하려 든다.

서류 더미에 파묻혀 울며 겨자 먹기로 일을 하는 사람은 골프 같은 활동을 통해 몸을 움직여 일하고 싶어하는 타고난 기대에 활력을 불어넣으려 든다. 그래 봤자 무슨 유익한 결과를 거두는 것도 아닌데 그러거나 말거나 땡볕 아래서 무거운 골프채 가방을 짊어지고 터벅터벅 걸어다니며 공을 땅 속 구멍에 떨어뜨릴 기회를 호시탐탐 노린다. 그런데 매우 비능률적이게도 공을 들고 가서 구멍에 떨어뜨리는 것이 아니라 골프채 끝으로 집어넣는다. 만약 이 모두를 억지로 해야 한다면 힘들다는 생각밖에 안 들겠지만 이른바 레크리에이션이자 오로지 몸을 움직이는 데에만 목적이 있기 때문에 예쾨나족이 즐거운 마음으로 유용한 일을 하듯 마음껏 즐긴다.

하지만 요즈음은 수고를 덜려는 충동 때문에 이러한 즐거움마저 망치는 사람들이 많다. 골프 문화가 골프채를 들고 다니는 것은 즐거움이 아니라 고역이라는 입장을 표명한 데다, 또 좀 더 최근 들어서는 터벅터벅 걸어다니는 것도 일의 범주에 들어가므로 대신 카트를 사용해야 한다고 주장하기 때문이다. 골프를 하고 나서 기분을 전환하려면 곧이어 테니스에 의지해야 할지도 모른다.

품의 단계에서 놓친 경험을 되찾고자 하는 욕구는 우리를 아주 괴상한 행동으로 이끌기도 한다. 언제 어떻게 될지 모르는 위험이 곳곳에 도사리고 있어도 안전만 보장된다면 우리 인간은 시간 가는 줄 모른다는 사실이 밝혀졌기에 망정이지 그렇지 않았다면 롤러코스터를 좋아하는 우리의 취향을 설명하기가 아마 쉽지 않았을 것이다. 짓궂게 괴롭힐 수 있는 동물에 끌려 굳이 돈을 주고 사들이는 이유는 동물이 채워줄 수 있는 욕구가 무엇인지 모르고서는 설명이 되지 않는다. 먼 옛날 어머니가 숲 속이나 대초원, 물에서 뛰어다닐 때마다 아기가 경험했던 짜릿한 전율을 최근의 불행한 세대들은 맛보지 못한다. 요즘 아기들에게는 고작해야 움직임이라곤 없는 요람의 침묵 아니면 유모차가 굴러갈 때의 덜거덕거리는 움직임과 소리, 거기에 덧붙여 어쩌다 가끔 무릎 위에서 펄쩍펄쩍 뛰어오를 수 있는 기회가 있을 뿐이다. 그리고 만약 운이 좋아 아버지가 아직도 자신의 연속성이 내는 소리를 들을 수 있다면 공중으로 번쩍 들려지는 경험을 기대해볼 만하다.

롤러코스터가 지니는 매력의 비밀은 안전지대에 있다는 점이다. 롤러코스터가 트랙을 따라 질주하다 공중에서 뒤집어져도 안전띠를 매고 있기 때문에 전혀 위험하지 않다. 안전이 보장되지 않는다면 소름이 끼칠 것이 틀림없는 환경 한복판에서 안전하다는 것은 기분 좋은 일이다. 유령과 해골이 불쑥불쑥 튀어나와 공포를 안겨주는 '유령의 집'에서도 우리가 안전하다는 것을 아는 한 우리는 얼마든지 즐길 수 있다. 우리가 돈을 주고 입장권을 사는 이유는 바로 그 때문이다.

괴물이 나오는 공포 영화의 경우도 마찬가지다. 좌석에 앉아 관람하고 나면 상처 하나 없이 멀쩡한 채로 나올 수 있다는 것을 알기 때문이다. 만약 고릴라나 공룡, 흡혈귀가 아무런 제지도 받지 않고 극장을 드나들 수 있다면 관람권을 사려는 사람은 아마 없을 것이다.

**품 안에서 아기는 결국 독립이 목표인 이후의 발달 과정에 적응할 수 있도록 자신을 준비시켜줄 경험을 쌓는다.** 충격적이고 위협적인 사건들을 지켜보면서 비록 수동적이지만 거기에 참여하는 것은 분주한 어머니의 품 안에 있는 아기의 운명이자 아기의 자신감 배양에 없어서는 안 될 요소다. 자아 개념을 형성하는 것 또한 아기가 품 안에서 하는 중요한 일 가운데 하나다.

장난감이든 실제든 말이나 자동차 같은 운반 수단에 올라타는 경험은 품 안에서 그런 경험이 부족했을 경우 부족한 부분을 채워주어 어딘가로 가고 싶어하는 욕구를 어느 정도 덜어준다. 무언가에 올라타는 행위는 중독성이 강하다. 말이나 자동차를 타고 어디로 가고 있다는 즐거움에 익숙해질수록 다시 두 발만 달랑 남겨졌을 때의 허탈감이 깊어지기 때문이다. 하지만 중독의 역할에 대해서는 나중에 살펴보기로 하자.

품 안을 박탈당한 경험은 경우에 따라 병증으로까지 나타난다. 그 병증은 우리의 삶을 바꾸어놓을 뿐만 아니라 주변 사람들에게도 나쁜 영향을 미친다. '카사노바 신드롬'이 그런 예에 속한다. 이 신드롬에 걸리면 오로지 어머니만 줄 수 있는, 개인의 존재와 가치를 확신하게 해주는 특별한 성질의 사랑을 찾아 닥치는 대로 정복하며 놓친 것을 보상하는 방법으로 자신의 매력을 과시하려 든다. 자신의 매력을 입증하는 증거 수집 활동은 물론 잃어버린 확신을 되찾는 데 목적이 있다. 이 여자 저 여자 품에 안길 때마다 약간씩 보상이 이루어지긴 하지만 카사노바는 거기에 만족하지 못한다. 그러다 결국 온전한 느낌을 찾으려는 그런 식의 탐색에 싫증을 느끼게 되고 그제야 비로소 여성을 좀 더 진일보하고 성숙한 눈으로 바라볼 수 있게 된다. 다행스럽게도 카사노바 대부분이 이른 나이에 이런 깨달음을 얻는다. 하지만 여자를 정복하는 일을 무슨 대단한 위업으로 여기며 정복 기술을 완성하는 것만이 삶에서 부족한 것을 복구하는 길이라는 착각에서 벗어나는 못하는 경우도 더러 있다.

제비족과 꽃뱀은 자신이 정복하는 사람의 부가 자신의 진정한 가치를 나타내는 척도라고 믿으면서 부자와 결혼하면 당연히 만족을 얻을 것이라고 생각한다. 어찌 된 영문인지 그들에게는 돈은 곧 행복이라는 착각뿐만 아니라 돈은 곧 사랑이라는 인식이 박혀 있다. 이러한 오류를 영속화하는 문화의 영향력은 도처에서 쉽게 발견된다. 하지만 사랑이나 행복의 행방을 둘러싼 환상을 없앤다고 해도 문제가 해결되지는 않는다. 온전하지 못하다고 느끼는 한 사람들은 또 다른 희망을 찾아 거기에 매달릴 테고, 그 희망 또한 착각으로 끝날 가능성이 높다.

'게으름뱅이 신드롬' 역시 아기 때의 박탈 경험이 흔히 야기하는 병증 가운데 하나다. 꼬질꼬질한 몰골로 침을 질질 흘리는 아기처럼 게으름뱅이도 단지 자신이 존재한다는 이유만으로 사랑받기를 원할 뿐 꼼짝도 하지 않고 드러누워 나쁜 기분을 달래줄 만한 행동을 전혀 하지 않는다. 아기처럼 그도 자신이 음식을 즐기고 있다는 것을 주변에 알리려고 쩝쩝 입맛을 다시며 먹는다. 아기처럼 그도 담뱃재나 얼룩이나 쓰레기를 남겨 자신의 존재를 입증해 보이거나 주변 사람들을 괴롭혀 사랑받을 권리를 거부하는 등 기회가 있을 때마다 자신의 존재를 불쑥불쑥 드러낸다. 아기처럼 그도 자신이 거부당하고 있다는 것을 알고 나면 어머니 우주에 대고 넋두리를 늘어놓는다. "그거 알아요? 엄마가 내 턱을 닦아주지 않으니까 아무도 날 사랑하지 않잖아요!" 아기처럼 그도 씻지 않아 지저분한 행색으로 느릿느릿 걸어다니다 사람들 발에 걸려 넘어진다. 아기처럼 그도 어머니라면 응당 그래야 하듯이(그의 연속성이 그렇게 말한다) 어머니 우주가 고통을 겪고 있는 자신을 불쌍히 여겨 완벽한 사랑으로 품어주길 바란다. 그러다 어머니가 돌아오면 문을 활짝 열어놓고 지저분한 얼굴과 차림새를 가다듬느라 여념이 없다. 그런데 그런 행동은 절망을 인정한다는 뜻이기도 하다.

순교자도 고통을 자초한다는 면에서 게으름뱅이와 다르지 않지만, 순교자는 고통이 크면 클수록 결국에는 보상받을 거라고 믿는다. 순교자들은 수많은 이유 때문에 장작더미로, 교수대로, 사자 아가리로 의연하게 걸어 들어간다. 그러면서 자신의 모든 것을 내어주면 언젠가는 자신의 정당한 자리를 꼭 찾을 수 있을 것이라고 확신한다. 끝내 자기를 희생하는 사람은 다시 돌아와 실은 속았노라고 불평하지 못한다. 그래서 아기가 다칠 때마다 엄청나게 후회하는 어머니 밑에서 자라며 순교자 성향을 지니게 된 사람들은 여전히 자신의 고통이 의미 있다는 착각 속에서 살아간다.

배우 성향을 띠는 사람은 한편으로는 앞에 나서기가 무서우면서도 무대에 서거나 수많은 사람들에게 둘러싸여 자신이 관심의 중심에 있다는 것을 입증해 보이려는 욕구가 아주 강하다. 따라서 그는 그런 위치를 차지하려고 끊임없이 애쓴다. 삶을 시작하는 시기에 관심이 필요하다는 신호를 아무리 보내도 그런 노력이 번번이 수포로 돌아가는 쓰라림을 경험했을 경우, 주목받고 싶어하는 욕구는 병적인 과시욕과 자아도취의 형태로 나타날 수도 있다. 대개 과시욕은 어떤 다급한 욕구 때문에 아기가 받아야 할 관심을 빼앗아 자기가 차지하는 어머니와 밀접한 관계가 있다.

넘치는 학구열을 주체하지 못하고 끊임없이 학위를 따 들이면서 평생 이 학교 저 학교 전전하는 사람은 모교를 적응력이 매우 뛰어난 어머니 대리인으로 여긴다. 그런 사람에게 학교는 자신보다 더 크고 더 안정적인 존재다. 학교는 착한 행동과 나쁜 행동을 예측한 대로 보상해준다. 학교는 추위로부터, 박탈당한 개인의 무력한 감정 기제가 감당하기에는 너무도 위험한 험난한 바깥세상으로부터 내면의 아기를 보호해준다. 세상의 도전에 맞서 스스로의 능력을 시험해보고, 그리하여 발달에 박차를 가하고자 하는 어른스런 욕구는 나이가 몇 살이든 상관없이 소심한 성격 안에서는 생겨날 수 없다.

학교만 바라보고 아기의 지위에 매달리는 학구파(와 수십 년 동안 기업이라는 페티코트에 매달리는 회사원)의 반대편에는 모험가 – 정복자가 있다. 이런 사람들은 어린 시절 부모에게서, 까마득히 높은 산을 오르거나, 땅콩 껍질을 타고 단독으로 대양을 항해하거나, 남다른 업적을 거두거나, 세상의 강이란 강은 모조리 발아래 두겠다고 호언장담하면 관심을 끌 수 있다는 인상을 받았을 확률이 높다. 깃대 위에서 누구보다도 오래 버티는 사람이나, 백인 최초로 어딘가에 발을 내디디는 사람이나, 줄 하나에 의지해 폭포를 건너는 사람에게 쏟아지는 박수갈채는 당사자가 원하는 것과 매우 비슷해 보인다. 물론 목표를 달성하고도 무력감에 시달리다 진짜 내지는 대답 내지는 온전함에 이르는 여권처럼 보이는 또 다른 계획에 새로 도전하기 전까지는.

강박에 사로잡힌 듯 여행에 집착하는 사람도 착각의 힘으로 살아가기는 마찬가지다. 새로운 장소는 여기가 바로 그곳이라고 약속한다. 뚜렷하게 인식되는 현실 속에서는 기적처럼 품으로 다시 돌아갈 수 있다는 착각이 들어설 여지가 없기 때문이다. 따라서 저 멀리 들판의 상대적인 싱그러움은, 스스로도 기억할 수 없는 이유를 들어 장소를 바꾸면 뭔지 모를 기대를 이룰 수 있다고 믿는 사람의 눈에 황홀할 만큼 찬란하게 빛난다.

인간의 고유한 연속성과 그 연속성이 억겁의 세월에 걸쳐 쌓은 경험의 성격에 비추어볼 때 삶의 중심에 서고 싶다는 욕구는 그 중심을 여전히 찾지 못했다는 증거가 아닐까 싶다. 충족되지 못한 기대는 계속 그 상태로 남아 있다. 그래야만 억지로라도 발달을 완성하려는 동기를 불어넣을 수 있기 때문이다. 이성이나 개인의 경험과는 무관한 이러한 믿음은 아무리 말이 안 되더라도, 아무리 시간이 많이 걸리더라도 계속 나아가라고 우리를 부추긴다. 이런 또는 저런 목표만 이루면 행복해질 것이라는 착각은 문명인들 사이에서 힘을 발휘하는 동기의 거의 전부를 설명해준다고 해도 지나치지 않다.

다른 사람에게 자신의 고통을 물려주는 방법으로 박탈의 경험을 표출하는 사람들을 생각하면 더욱더 가슴이 아프다. 박탈의 경험 때문에 괴로워하는 부모 밑에서 가장 고통을 겪는 사람은 뭐니뭐니해도 매 맞는 아이들이 아닐까 싶다.

콜로라도 의과대학 소아과 과장 C. 헨리 켐프 교수는 1천 가구를 대상으로 연구를 진행한 결과 여성의 20퍼센트가 아이를 돌보는 데 별로 관심이 없다는 결론을 내렸다. 그는 "어머니 상당수가 아기를 그다지 사랑하지 않는다"고 말했다.* 유감스럽게도 그는 그 결과를 너무나 많은 어머니들이 아이를 사랑하지 못하기 때문에 모성애라는 본능은 '신화'에 지나지 않는다고 해석했다.(본문 105쪽 참조) 다시 말해 어머니라면 누구나 성모처럼 아무 조건 없이 아이에게 뭐든 내주고 아이를 보호하기 마련이라는 기대는 착각이라는 것이 그의 논지였다. 그는 어머니는 당연히 그래야 한다고 믿도록 사람들을 세뇌시킨 주범으로 중세와 근대의 대화가大畵家들을 지목했다. 하지만 그럼에도 그는 여러 가지 사실을 제시하며 아동 폭력의 이유를 이렇게 바라본다. "연구 사례가 하나같이 반박의 여지가 없는 하나의 사실을 가리킨다. 즉 매 맞는 아이들은 나중에 커서 때리는 부모가 된다." 그는 어린 시절 이후로 줄곧 교사나 친구, 애인, 남편 또는 아내에게 어머니한테서 받지 못한 사랑을 기대했다가 실패한 사람들이 부모가 되면 이처럼 잔인해진다고 지적했다.

"모성애가 부족한 어머니는 아이를 잘 돌보지 못하면서도 아이가 자신을 사랑해주길 바란다. 다시 말해 아기의 능력을 훨씬 벗어나는 것을 기대하면서 아기가 울면 거절로 인식한다." 이렇게 말하고 나서 켐프는 교육 수준이 높은 한 어머니의 고백을 인용했다. "아기가 울면 나를 사랑하지 않는다는 뜻인 것 같아 아기를 때렸어요."

---

\* (원주) C. H. Kempe and R. Helfer (eds.), *Helping the Battered Child and His Family*, Oxford and New York, 1972.

많은 여성이 자신의 애정 결핍을 역시 애정 결핍에 시달리는 자기 아기를 통해 해소하고자 한다는 것은 비극이 아닐 수 없다. 당연히 이러한 기대는 아이가 겪는 박탈의 성격에서 매우 중요한 비중을 차지한다. 그런 어머니 밑에서 자라는 아이는 필요한 애정과 관심을 거의 받지 못할 뿐만 아니라 애정과 관심을 놓고 자기보다 더 크고 강한 사람과 경쟁한다. 어머니의 갈망을 해결해주는 답 가운데 모성애는 없다. 그래서 아이는 어머니의 보살핌이 부족해 울어대고 어머니는 그런 아이를 때린다. 이보다 더 가슴 아픈 일이 어디 있단 말인가?

그런 게임에서는 승자도, 가해자도 없다. 다만 피해자와 피해자의 피해자가 있을 뿐이다.

화상을 입는 아이들은 부모에게서 나타나는 박탈의 표출을 간접적으로 보여주는 사례다. 이 경우 대개 우연한 사고로 분류되지만 런던 아동 종합병원 화상 병동 연구원 헬렌 L. 마틴은 그렇지 않다고 단언한다. 그녀는 7개월에 걸쳐 50건의 사례를 연구한 결과 대부분의 화상이 실은 '정서적 문제'에 원인이 있다고 결론지었다. 그녀는 다섯 건의 사례를 제외하고 나머지는 모두 갈등 상황에서 발생했다는 점에 주목했다. 즉 어머니가 긴장했거나, 아이가 다른 가족 구성원과 갈등을 일으키거나, 어른들이 싸우는 사이에 화상 사고가 일어났다. 더욱이 아이 혼자 있을 때 발생한 화상 사고는 겨우 두 건에 지나지 않았다.

때리는 부모와 달리 아이에게 화상을 입히는 부모는 아이를 대놓고 학대하지는 않는다. 그들은 유아기의 절망과 분노, 그리고 아이를 보호해야 한다는 부모의 감정 사이에서 갈등한다. 불행한 어머니는 무의식적으로 기대라는 무기를 사용해 아이에게 화상을 입을 것이라고 암시하면서 닿을 수 있는 위치에 뜨거운 수프를 놔두어 암시를 강화한다. 이런 방법을 통해 떳떳한 부모에게 필요한 전선을 확보하는 한편, 몰인정한 부모와 자기 안의 증오에 찌든 아이 사이에서 갈등하며 양심의 가책으로 스스로에게 벌을 준다.

남편을 차갑거나, 무심하거나, 냉담하다고 생각하는 어머니의 거의 절반이 아이가 사고를 당할 때 남편으로부터 따스한 애정을 받지 못했던 것으로 드러났다. 헬렌 마틴이 확인한 결과 연령대와 배경이 같은 가족 대조군에서는 그렇게 느끼는 어머니가 50명 가운데 겨우 세 명밖에 없었다.

병적인 성격의 특징인 범죄성 역시 어른의 규칙에 따르지 않으려는 성향, 다시 말해 어른이 감당해야 하는 부담을 지기 싫어하는 성향에 그 원인이 있다고 볼 수 있다. 도둑은 일을 해서는 자신이 필요로 하고 원하는 물건을 얻을 수 없기 때문에 어머니에게 공짜로 얻어서라도 어떻게든 그 물건들을 손에 넣어야 한다고 생각한다. 작은 물건 하나도 '공짜'로 얻기가 무척 어렵다는 사실은 도둑에게 중요하지 않다. 중요한 것은 결국 어머니 우주로부터 공짜로 얻었다고 생각한다는 점이다.

범죄자에게 나타날 수 있는 벌이나 관심을 바라는 욕구는 종종 그가 사회와 맺는 유치한 관계를 반영한다. 그래서 그는 사랑의 증표인 귀중품을 훔친다.

이러한 현상은 문명사회의 성원들에게 낯설지 않지만 가로막힌 연속성의 표출로 바라보면 그 의미가 좀 더 명확해진다.

공격을 받고 난 뒤나 공격을 받는 동안 안정을 되찾으려는 유기체의 시도라고 볼 수 있는 육체의 질병은 다양한 역할을 수행한다. 앞에서 살펴보았듯이, 죄의식이라는 견디기 힘든 고통에 벌을 가하는 방법으로 불안정한 상태를 '바로잡으려는' 행동 역시 그런 시도 가운데 하나다.

감정 소모가 특별히 심할 경우 연속성은 질병을 유발해 건강한 어른은 받기 어려운 관심과 배려를 필요로 하게 만든다. 관심을 바라는 욕구는 특정인이나 가족과 친구, 또는 병원 체계에 집중될 수 있다. 병원은 비인간적으로 보일 수도 있지만 환자에게 아기 역할을 부여해 일손이 달려도 어렸을 때의 무관심한 어머니와 달리 환자를 먹여주고 환자를 대신해 모든 결정을 내리는 책임을 떠맡는다. 비록 병원이 환자의 요구를 모두 채워주지는 못한다 해도 근사치는 충족해준다고 봐도 무방하다.

뉴욕 몬티피오리 병원의 레브 요양재활 센터는 연속성의 관점에서 보았을 때 납득이 되고도 남을 몇 가지 사실에 주목해왔다. 1966년 센터는 환자들에게 다가가 공감을 나타내면서 문제가 뭔지 얘기하도록 격려하는 방법으로 재입원 비율을 80퍼센트나 낮추었다고 발표했다. 이와 관련해 센터 소장이자 설립자인 간호사 리디아 홀은 간호는 어머니가 갓난아기를 보살피는 것과 같다며 이렇게 말했다. "아무리 사소해 보여도 우리는 환자의 요구에 즉시 응합니다."

센터 부소장인 젠로즈 알파노는 어디서 그런 놀라운 통찰력을 얻었는지 스트레스로 인해 유아기의 감정 상태로 되돌아가려는 경향에 대해 이렇게 말했다. "사람들이 병이 나는 이유는 대개 삶에 적응하지 못하기 때문입니다. 스스로 문제를 해결하는 법을 알고 있다면 병이 날 리가 없지요."

물론 병이 나기 전에는 환자 대부분이 어떤 식으로든 자신의 문제를 해결했지만 상황이 너무 힘들어지면서 누군가의 도움이 절실히 필요했다. 센터가 어머니처럼 자애롭게 돌보는 이 기술을 사용하기 시작하면서 회복 속도도 빨라졌다. 홀은 사람들이 병원을 찾는 흔한 이유 중 하나인 골반 골절의 경우 회복 기간이 환자의 나이와 전체 상황을 고려해 통상적으로 잡는 기간의 반으로 줄어들었다고 말했다. 심장 발작의 경우에는 대부분의 환자가 3, 4주 동안 병원 신세를 진다. 하지만 심장 전문의 아이라 루빈 박사에 따르면 레브 센터 환자들은 2주 만에 제 발로 일어설 만큼 증세가 호전되었다.

"외부와 접촉할 기회가 없는 노인을, 사람들이 관심을 가지고 지켜보고 가족 문제에 대해 이야기할 수 있는 환경에 데려오면 근긴장이 다시 빨라집니다." 루빈 박사의 말이다.

환자 250명을 무작위로 골라 관찰한 한 연구에서는 병원 치료를 받은 환자들 가운데 12개월 안에 다시 입원한 환자는 3.6퍼센트에 불과했던 데 비해, 자택 치료를 받은 환자들의 경우에는 그중 18퍼센트가 병이 재발했다는 결과가 나왔다. 이러한 수치를 어머니의 손길처럼 정성 어린 간호가, 환자에게 병을 유발해 입원에 이르게 한 정서적 요구를 효과적으로 충족해준다고 해석해도 무방할 듯하다. 어른이든 아이든 부족분을 채워주면 의지하고 싶은 욕구를 빨리 해소해 정상 생활로 돌아가는 데 필요한 힘을 얻는다.

　박탈 증세에 대해 본격적인 연구가 이루어진다면 그 가운데 가장 직접적인 증세는 아마도 헤로인 같은 마약 중독으로 나올 것이다. 인간의 욕구를 연속성 개념이라는 관점에서 바라보는 연구만이 박탈과 중독의 관계를 정확하게 밝혀낼 수 있으며, 만약 그렇게 된다면 알코올이나 니코틴, 도박, 수면제 중독 같은 수많은 중독을 이해하게 될 것이다.

　편의상 여기서는 헤로인 중독에 대해서만 살펴보자. 헤로인은 일단 사람의 몸에 들어가면 점점 더 많은 양을 요구할 뿐 아니라, 사용하면 할수록 약효가 떨어져 아무리 양을 늘려도 원하는 만큼의 효과에 미치지 못한다는 점에서 중독성이 매우 강하다. 결국 중독자는 약을 끊기 위해서가 아니라 '황홀감'을 경험하기 위해 약을 덜 찾게 된다. 그러다 금단 증상을 더는 참을 수 없게 되면 때로 목숨이 위험할 만큼 과도한 양을 털어넣기도 한다.

　그러고 나면 다시 '말짱해지기 위해', 즉 약을 복용할수록 약효가 떨어지는 불균형에서 벗어나기 위해 단호하게 금단의 고통과 직면한다. 중독자는 금단 증상에서 놓여나기 위해서뿐만 아니라 다시 황홀감을 경험하기 위해 의존증에서 벗어나고 또 벗어난다. 엄청난 노력을 기울여 몸의 절박한 요구에 맞서, 금단으로 인한 정신과 육체의 고통에 맞서 중독을 극복하고 나면 다시 '황홀감'을 느낄 수 있기 때문이다. 그러고 나면 그 끔찍한 과정을 다시 되풀이해야 한다는 것을 알면서도 중독자는 약을 끊지 못한다.

　어째서일까? 중독에서 자꾸만 벗어나려 하면서도 어째서 다시 중독의 길로 들어서는 것일까? 도대체 그 기분이 얼마나 강렬하기에 그 순간의 기억만으로도 수많은 사람들이 약을 끊었다 다시 중독되고, 목숨까지 내걸고, 훔치고, 몸을 팔고, 집과 가족을 잃고, 평생 쌓아온 전부를 내던지는 것일까?

황홀감의 치명적인 매력은 그 누구도 정확하게 설명할 수 없을 것이다. 그동안 황홀감은 약이 신체에 미치는 불가사의한 작용과 혼동되어 왔다. 약 때문에 몸의 화학적 균형이 일단 깨지면 몸은 약을 계속, 점점 더 많이 찾는다. 하지만 약이 중단되고 마지막 흔적까지 몸에서 빠져나가고 나면 중독 증상은 사라진다. 그리고 나면 기억만, 떨칠 수 없는 그 느낌의 기억만 남는다.

스물네 살의 한 중독자는 그 느낌을 다음과 같이 설명했다.

> 내가 거리에서 말짱한 정신으로 가장 오래 버텼던 때는 형들 중 하나가 과다 복용으로 죽었을 때다. 약에 손대고 싶지 않았다. 2주나 3주쯤 버텼던 것 같다. 형을 생각하면서 이제는 정말 말짱해지기로 다짐했다. 그러고 나서 하루는 다른 형과 함께 있는데 아는 꼬마가 모퉁이에 서 있는 모습이 눈에 들어왔다. 한눈에도 아파 보였다. 나는 잘 버텨내고 있는데. 옷도 말쑥하게 입고, 나름대로 착실하게 살고 있는데. 행복한데. 하지만 그 애는 아팠다. 나는 그 애한테 이렇게 말했다. "뭘 맞고 있냐? 무슨 주사야?" 그러자 그 애가 말했다. "두 봉지." 그래서 나는 그 애한테 6달러를 주었다. 나는 그 애가 어디로 갈지 또 무엇을 할지 알고 있었고, 그 애가 곧 느끼게 될 기분도 알고 있었다.

아무래도 그 기분이 등 뒤에서 줄곧 내 마음을 덮치고 있었던 게 틀림없다.

나는 형을 쳐다보았다. 형은 내 마음에 뭐가 있는지 알고 있었다. 형은 어깨를 으쓱했다. 마치 "난 상관 안 해"라고 말하는 듯했다. 그래서 나는 그 꼬마한테 말했다. "6달러 더 줄 테니까 두 봉지 더 줘." 우리는 근처 여관 화장실로 갔고, 몸이 아픈 꼬마가 먼저 주사를 맞았다. 그다음은 형 차례였다. 나는 그걸 들고 만지작거리며 계속 앉아 있기만 했다. 그러면서 죽은 형을 생각했다. 형한테 그런 일이 일어났기 때문에 하고 싶지 않았다. 나는 형에게 말하듯 스스로에게 이렇게 말했다. "날 이해해줬으면 좋겠어. 잘 알잖아, 그게 어떤지."

그는 그 기분을 다시 느끼고 싶은 욕구가 형의 죽음이 주는 슬픔보다 앞섰다는 것을 형이 용서해주리라 생각했다. 그의 형도 그 기분을 잘 알았기에, 다시 돌아갈 수밖에 없다는 것도 잘 알 터였다. 그가 말한 대로 황홀감의 기억은 "등 뒤에서 줄곧" 그의 마음을 덮쳤다. 하지만 그게 대체 무엇일까? 거기에 대해 그는 그저 살짝만 내비칠 뿐이다. 인간의 마음 가운데 대채 어떤 요소가 있어, 이 하나의 욕구를 충족할 수 있다면 모든 것을 희생해도 상관없다고 말하는 것일까?

또 다른 중독자는 이렇게 설명했다. 다른 사람들은 행복해지기 위해 사랑, 돈, 권력, 아내, 자식, 근사한 외모, 지위, 옷, 멋진 집 등 많은 것을 바라지만 중독자가 바라는 것은 단 하나, 모든 욕구를 약으로 단 한 번에 만족시키는 것이라고.

이 기분, 그러니까 그들이 말하는 황홀감은 대개 정상인의 경험과는 전혀 다른 기묘한 감정 상태, 인간의 성격 구조에 비추어볼 때 도무지 이해할 수 없는 그런 감정 상태로 이해된다. 우리는 대개 나약하고, 미숙하고, 무책임한 사람이 그 기분의 포로가 된다는 정도만 알고 있다. 하지만 그런 말로는 대체 약의 매력이 얼마나 강력하기에 문명 세계에는 나약한 사람이 빠져들 수 있는 유혹이 수없이 많은데도 그 모두를 뿌리치게 하는지를 설명하지는 못한다. 헤로인 중독자의 삶은 쉽지 않으며, 그를 약골로 치부하는 것은 옳지 않다. 언제든 다시 중독될 가능성이 있는 일시적 '비중독자'와 한 번도 약에 손댄 적이 없는 사람의 차이를 분명히 짚고 넘어가야 할 필요가 있다.

거리에서 어느 젊은 여성 중독자에게 약에 물들지 않은 또래 여성을 보면 어떠냐고 물었더니 질문이 채 끝나기도 전에 대뜸 이렇게 말했다. "부럽냐고요? 물론이죠. 그것도 매일. 내가 아는 걸 그 앤 모르니까요. 나는 절대 그 애처럼 될 수 없을 거예요. 한때는 나도 그랬지만 처음으로 주사를 맞는 순간 모든 속박이 흔적도 없이 사라졌어요. 그게 뭔지 알게 됐기 때문이죠." 하지만 그녀 역시 그 기분을 명확하게 설명하지는 못했다. 그저 이렇게만 말했다. "그게 얼마나 황홀한지 알게 됐기 때문이죠. 약이 좋아진다는 게 뭔지 알게 됐기 때문이죠. 내 의지로 약을 끊고 끊고 또 끊어도 어느새 다시 약을 찾게 되더라고요."

이 여성은 그렇게 나약하지 않았다. 메타돈 같은 헤로인 중독 치료제의 도움 없이도, 약을 구할 수 없어 억지로 끊을 수밖에 없는 감옥이나 병원의 도움 없이도 약을 끊는 그 끔찍한 과정을 견뎌냈다. 다만 자신이 알고 있는 것, 그녀가 매일 부러워하는 그녀 또래의 젊은 여성은 모르는 것…… 황홀하다는 것이 어떤 느낌인지를 잊을 수 없다는 게 문제였다. 그것만은 할 수가 없었다.

여러 가지 증거로 미루어볼 때, 우리는 설령 그녀가 아는 것을 알게 되더라도 그녀와는 다르게 행동하리라고 생각한다면 그보다 순진한 발상도 없을 것이다. '정상'인 사람이 고통이 심한 만성 질환 때문에 병원에서 모르핀을 맞았다가 중독이 되는 바람에 의학의 도움 없이는 약을 끊지 못하는 중독자로 전락해 범죄자의 삶을 살아가는 사례가 얼마나 많은지 모른다. 집과 가족도 마약의 불가사의한 매력을 물리칠 만큼의 가치를 지니지 못한다. 그 결과 빚어지는 황폐화는 이루 말할 수 없다.

오랫동안 중독자를 연구해온 정신과 의사들은 중독자 대다수가 자기 도취가 심하며 헤로인에 대한 강한 집착은 그보다 더 깊은 자기 자신에 대한 집착의 반영일 뿐이라고 말한다. 그뿐만 아니라 중독자들은 또 다른 방법으로 유치한 성향을 드러낸다. 중독자들은 헤로인을 구할 때면 어른의 교활함과 배짱을 보이지만 일단 약을 손에 넣으면 이런 특성은 온데간데없이 사라진다. 중독자들은 어수룩해서 체포망에 쉽게 걸리는 것으로 악명 높다. 숨는답시고 아이처럼 눈에 잘 띄는 곳에 숨어 불필요한 위험을 무릅쓰다가 체포되면 한결같이 다른 사람 탓을 한다.

중독자의 가장 두드러진 성격상의 특징은 삶에 대한 책임을 회피하려는 충동이 엄청나게 강하다는 점이다. 한 정신과 의사의 증언에 따르면, 중독 환자 가운데 한 명이 인공호흡 장치를 달고 있는 다른 환자를 보더니 화를 내며 자기도 달아달라고 했다는 것이다.* 아무래도 헤로인이 주는 기분은 아기가 품 안에서 느끼는 기분과 비슷한 것 같다. 아득한 뭔가를 찾아 정처 없이 헤매다 헤로인을 통해 잃어버렸던 느낌을 경험하는 순간 방황은 끝이 난다. 어떻게 하면 그 기분을 얻을 수 있는지 알고 나면 더는 정상인으로 살아갈 수 없다. 앞서 인용한 중독자가 "⋯⋯처음으로 주사를 맞는 순간 모든 속박이 흔적도 없이 사라졌어요. 그게 뭔지 알게 됐기 때문이죠"라고 말했을 때 그 말 속에는 아마도 이런 뜻이 담겨 있을 것이다. 그녀가 말하는 '모든 속박'이란 품 안에서처럼 포근한 기분에 이르는 길, 눈에 보이지도 않아 더듬거리며 찾아가야 하는 길, 하지만 실은 이르지 못하는 길, 우리가 평생을 찾아 헤매는 그 길을 찾고자 하는 욕구다. 정상인은 그 길이 어디 있는지 알지 못하기 때문에 그 길과 비슷한 길에서 작은 것에 만족하며 자신을 올바른 방향으로 데려가줄 것처럼 보이는 착각의 미로 속을 묵묵히 돌아다닌다. 하지만 중독자는 아기가 어머니의 품에서 원하는 것 모두를 얻듯이 그 모든 게 어디에 있는지, 어디에 가면 얻을 수 있는지 안다. 그래서 죄의식을 느끼면서까지, 쫓기느라 헐떡이면서까지, 욕지기를 참아가면서까지 그 길로, 실은 경험해야 마땅한 그 기분으로 다시 돌아가지 않고서는 못 배긴다. 중독자의 삶을 에워싸는 두려움의 위협이나 심지어 죽음조차도 이 원초적인 욕구 앞에서는 걸림돌이 되지 못한다. 약의 조종을 받는 중독자의 성격은 일단 약을 구하고 나면 성숙의 허울을 모조리 내팽개친 채 연속성이 중단되었던 지점, 바로 유아기의 수준에 머문다.

---

\* *Life*, February 26, 1965. James Mills의 2회 연재 기사 중 1회.

다행히 죽음을 피할 수 있다면, 중독자 대부분이 세월이 한참 지나면 약을 끊는데, 그 이유는 다름 아니라 예콰나족 아기가 품에서 다음 단계를 준비하듯 충분한 시간을 가지고 유아기 이후로 줄곧 남아 있는 욕구를 모두 채워 마침내 그다음 발달 단계로 이행할 준비를 마쳤기 때문이다. 오랜 노예 생활 끝에 자발적으로 중독에서 벗어나는 이유를 그것 말고는 달리 설명하기 어렵다. 나이 든 중독자는 거의 없다는 사실이 그 점을 뒷받침해준다. 중독자라고 해서 모두 일찍 죽는 것은 아니므로.

놓친 품의 기간을 6개월에서 8개월로 잡고 중독자가 약의 유혹에서 벗어나 다음의 정서 단계로 이행하는 데 그 정도 기간이면 되지 않을까 추측해봐야 부질없기만 하다. 서문에서 언급했던 종류의 치료가 약 사용을 성공적으로 대체할 수 있을지 없을지는 지켜봐야 한다. 해제반응이 효과가 있을 경우 중독자는 무척 고통스러워 보인다. 우리 모두가 안고 있는 고질병이 잔인하게도 수면 위로 떠올라 충족되기만을 갈망하는 그의 내면 깊숙한 곳의 박탈을 들춰내기 때문이다. 하지만 자연스럽게 이루어지는 충족에 비하면 이 방법은 너무나 위험하기 때문에 중독자는 더욱더 절박한 충족 욕구에 사로잡힐 수 있다. 그래도 언젠가는 우리 대부분이 박탈을 경험하지 않아도 되는 날이, 그리하여 해소되지 않는 충족 욕구 때문에 약에 손을 대는 사람이 대폭 줄어드는 날이 올지도 모른다.

어느 일요일 저녁 텔레비전에서 도덕성을 놓고 뜨겁게 논쟁을 벌이는 프로그램을 본 적이 있다. 성직자들과 휴머니스트 무신론자들에 이어 마리화나 합법화를 사회 개선의 첫째 조건으로 꼽을 것 같은 긴 머리의 청년이 논객으로 출연하고 있었다. 그 밖에 수녀 한 명과 작가 두어 명도 끼어 있었다. 논객들 사이의 의견 차이와 자신의 입장을 관철하려고 저마다 애쓰는 모습에도 불구하고 그들에게는 차이보다도 공통점이 훨씬 더 많다는 생각이 들었다. 그들 모두 어떤 식으로든 강경 노선을 지지했다. 지향점만 다를 뿐 그들 모두 이상주의자였다. 어떤 이는 통제와 규율이 더 많아져야 한다고 생각했고, 또 어떤 이는 자유가 더 많아져야 한다고 생각했다. 하지만 다들 인간이 처한 조건이 더 나아지기를 바랐다. 그들 모두 뭔가를 추구하면서 이것만 있으면 또는 저것만 있으면 행복해질 것이라고 생각했다. 하지만 그 무언가를 성취하고 나면 무엇이 오는지에 대해서는 저마다 생각이 달랐다.

우리가 도덕성이라고 부르는 것은 외피만 다를 뿐 실은 연속성을 가리키는 듯했다. 다들 인간이라는 동물의 욕구를 채워줄 질서, 과중한 부담에 짓눌리지 않고도 행복이라는 우리 모두의 관심사에 딱 맞는 선택을 마음껏 할 수 있게 해줄 질서를 바라고 있었다. '달라진' 또는 '진보된' 사회의 구성원들은 연속성에 충실한 사람들이 기나긴 사회의 진화를 통해 다다른 목적지, 곧 흔들리지 않는 만족에 이르는 길을 제시하려고 저마다 애썼다.

뭔가 잘못된 듯한 느낌이 우리 안에 일반적으로 자리 잡고 있는 데에는 서로 다른 두 가지 동인이 작용하기 때문이 아닐까 싶다. 첫 번째 동인은 기대 충족의 기준으로 작용하는 개인의 연속성이고, 두 번째 동인은 그보다 훨씬 더 근본적인 연속성이다.

이 세상 모든 신화는, 한때 평정이 있었고 그 평정은 언젠가 다시 우리 것이 될 수 있다는 전제에서 출발한다.

우리 모두 그 평정을 잃어버렸다고 확신한다. 하지만 삶의 초반에 적절한 대우를 받지 못해 연속성을 잃어버렸다는 이유만으로는 평정의 상실을 설명할 수 없다. 예콰나족처럼 기대하는 경험을 한 번도 박탈당한 적이 없어 늘 느긋하고 기쁨에 차 있는 사람들도, 천복으로부터 추락할 수 있으며 예전의 평화로운 상태를 잃어버렸다고 생각할 수 있다. 아울러 의식이나 관습, 사후의 삶을 통해 더없이 행복한 상태로 다시 돌아갈 수 있기를 희망한다. 더 자세히 설명했다가는 논점에서 벗어날 듯하니 이쯤 해두자. 어쨌든 중요한 것은 문화 인류학이 다양한 종교 신화에서 공통으로 발견하는 기본 구조다. 그 기본 구조에 따르면 타고난 갈망을 충족하기 위해 인간은 모종의 설명과 약속을 필요로 하는 것 같다.

우리 조상들이 죽음과 목적이라는 골치 아픈 문제를 반추할 수 있는 지성을 개발하기 전까지만 해도 수억만 년으로까지 줄달음치는 저 엄청나게 오랜 기간 동안 우리는 더없이 행복하게 살았다. 현재에 완전히 만족하면서. 다른 동물과 마찬가지로 우리 역시 걱정을 모른다는 엄청난 축복을 누렸다. 짐승에게도 견뎌야 할 불안, 굶주림, 상처, 두려움, 박탈이 있었지만 잘못된 선택이라고밖에 표현할 수 없는 천복으로부터의 추락은 무엇을 선택할 수 있는 지성이 없는 생명체에게는 불가능한 일이었을 것이다. 오로지 추락을 선택할 수 있는 능력이 있어야만 가능해진다. 그리고 선택만으로도 순수성(잘못 선택할 수 없는 능력)이라는 축복에서 멀어진다. 그 이유는 잘못 선택했기 때문이 아니라 순수성을 걷어내는 것만 선택하는 능력 때문이다. 순수성을 유지했던 저 억겁의 세월이 우리의 가장 오래된 기대에 심어놓은 인상이 어찌나 강렬했던지 순수성과 함께 찾아오는 그 평정을 어떻게든 다시 찾을 수 있다는 느낌이 아직도 남아 있다. 우리는 자궁 안에서 그 느낌을 누리다 유아기 때 생각하기 시작하면서 잃어버렸다. 그 느낌은 아주 가까이 있는 듯하지만 실은 너무 멀리 있다. 하지만 기억할 수는 있다. 깨달음이나 성적 황홀경의 순간이면 그 느낌은 만져질 것처럼, 실제인 것처럼 보이기도 한다. 그러다 과거와 미래를 의식하고 기억을 떠올리며 생각에 생각을 거듭하다보면 현재의 순수한 느낌은, 살아 있다는 단순하면서도 완벽한 느낌은 다시 사라져버린다.

인간은 태곳적부터 진정으로 살아 있다는 이 느낌, 선택이나 관련성의 제약을 전혀 받지 않는 만물의 '본질'인 이 느낌을 찾아 심신을 수양하고 의식儀式을 올리면서 생각하려는 성향을 바꿔놓으려고 애써왔다. 그동안 질주하는 인간의 생각을 잠재워 그저 평화롭게 존재할 뿐 생각하지 않게 해주는 방법이 여럿 나왔다. 텅 빈 상태나 어떤 물체 또는 말, 기도 또는 운동에 의지하는 다양한 수단이 의식을 훈련해왔다. 마음의 관심을 부산스런 궤도에서 현재로 돌려 반추의 책임을 내려놓게 하기 위해 불편과 고통을 동반하는 수행 방법이 사용되어왔다.

생각에서 벗어나는 이러한 과정을 흔히 명상이라고 부른다. 평정의 수준을 끌어올리고자 하는 수련 학교 대부분이 명상을 중시한다. 마음이 끊임없이 추구하는 연상 같은 생각을 없애기 위해 흔히 사용되는 기술은 주문이나 어떤 말 또는 문장을 반복하는 것이다. 그 결과 사고 과정이 점점 느려지다 멈추면 심리 상태가 아기와 비슷해지기 시작한다. 최근의 실험은 그럴 경우 숨소리가 밭아지면서 깨어 있거나 수면 상태에 있는 성인의 뇌파와는 다른 종류의 뇌파가 형성된다는 사실을 밝혀냈다.

명상이 몸에 밴 사람들의 경우 때로 영성이라고도 불리는 평정이 증가해 나머지 시간을 안정되게 지내면서 생각이 아무런 방해도 받지 않고 본연의 모습을 드러내도록 할 수 있다. 이를테면 품을 박탈당한 문명사회 사람들이 약물 복용을 통해, 놓친 것과 비슷한 상태로 돌아가는 방법으로 현재보다 훨씬 더 평온했을 유아기의 경험에 생긴 틈을 메우는 것과도 비슷하다. 우리 서구인처럼 박탈이 심한 사람들은 명상을 통해 연속성이 훼손되지 않은 한 살짜리 아기의 집중력을 되찾으려면 엄청난 시간이 걸릴 것이다. 놓친 양만큼의 평정을 되찾으려면 아기 때 우리보다 품의 경험을 많이 한 다른 문화권의 사람들보다 훨씬 더 오랜 시간이 걸릴 것이다.

보통의 서구인보다 일반적으로 박탈이 덜한 동양인의 경우 평정 지수가 우리보다 훨씬 더 높다. 따라서 그리 멀리 가지 않고도 선이나 요가, 초월 명상 등의 방법을 통해 정신 수양을 꾀하는 강좌를 들으며 인간이라는 종이 동물의 순수성을 벗어던지면서 잃어버린 평정을 되찾기 시작한다. 처음에는 어린아이의 절박한 욕구가 찾아오지만 그들은 시간과 끈기를 가지고 낮은 수준의 평정에서 높은 수준의 평정으로 옮겨간다. 그리고 결국에는 우리를 끊임없이 괴롭히는 걱정과 근심에서 놓여나게 해주는 온전하면서 흔들림 없는 상태에 이른다. 현자 또는 도인은 사고 과정의 횡포에서 벗어난 사람을 말한다. 그런 사람들은 우리처럼 주변의 사물이나 사건에 연연하지 않는다.

사네마족은 이웃 부족인 예콰나족보다도 이러한 평정 또는 영성의 배양을 중요하게 여겼다. 그 방법으로 때로 환각제를 사용하기도 하지만 대개는 영창詠唱이 주를 이룬다. 단음절이나 서너 음절로 시작되는 영창은 한동안 주문처럼 이어지다가 영창자가 무아경에 빠져 음조나 음절을 바꾸거나 덧붙이면서 점점 정교해지기 시작한다. 노련한 명상가처럼 노련한 영창자 역시 매번 아무런 노력도 기울이지 않고 순식간에 순수한 상태에 도달한다. 경험이 쌓일수록 쉽게 생각을 걷어내고 무념무상에 이르지만, 초보자는 노력과 지성의 활동을 경계하면서 마음이 영창의 자연스런 변화를 방해하는 생각을 불쑥불쑥 꺼내놓을 때마다 처음 단계로 돌아가야 한다.

예콰나족처럼 사네마족도 아기 때 경험을 박탈당하지 않기 때문에 평정에 이르는 길에서 우리보다 훨씬 더 유리하다. 자신은 온전하다는 인식에서 나오는 만족감과 더불어 아기가 누리는 축복, 즉 무념의 상태로 비교적 쉽게 돌아갈 수 있는 능력 덕분에 사네마족은 우리보다 훨씬 더 빨리 지성의 책무에서 자유로워질 수 있다.

진정으로 기쁨에 차서 주변 환경과 조화를 이루는 사네마족의 비율은 실로 놀라울 정도이며, 그 비율은 서양이든 동양이든 그 어디와도 비교가 되지 않을 것이다. 씨족마다 도를 깨치고 아무 부담 없이 행복하게 살아가는 사람이 몇 명씩 있다. 물론 집안의 어른 구성원 거의 모두가 문명사회에서는 매우 보기 드문 이런 특성을 누리는 경우도 심심찮게 찾아볼 수 있다.

나는 짧은 시간 안에 얼굴에 드러나는 특별한 표정을 보고 사네마족 씨족 중에서 어느 집단이 주술사인지 아주 정확하게 알아맞힐 수 있었다. 그런 씨족 사람들은 대대로 주술에 종사해 표정이 매우 평온하기 때문이다.

노련한 영창자의 평온한 상태와 주술사로서 그가 지니는 힘의 관계는 매우 복잡하고 불가사의해서 나는 거기에 대해 아는 게 거의 없다. 중요한 것은 그가 얻는 행복의 정도와 이유다.

의식儀式은 선택을 해야 하는 부담에서 놓여나는 또 다른 방법이다. 의식을 지낼 때면 미리 정해놓은 양식에 따라 마음과 몸을 사용해 말하고 행동한다. 신경계가 바빠 움직이면서 경험에 나서지만 생각이나 선택은 필요하지 않다. 의식을 올리는 개인의 상황은 아기나 동물과 비슷하다. 의식을 치르는 동안 춤을 추거나 영창을 하는 등의 특별한 역할을 맡은 사람의 경우, 지성의 깃발보다 훨씬 더 오래된 깃발 아래 들어간다. 지성은 휴식에 들어가 끊임없이 스스로를 닦달하며 연상에서 연상으로, 추측에서 추측으로, 결정에서 결정으로 줄달음치는 활동을 멈춘다. 그사이 다른 사람들은 지성뿐만 아니라 신경계 전체를 새롭게 벼린다. 이런 재충전 과정은 평온의 총량을 늘려 생각이 야기한 불안을 상쇄해준다.

반복 또한 똑같은 목적에 오랫동안 광범위하게 사용되어왔다. 꾸준하게 이어지는 북소리든, 단조로운 가락의 영창이든, 고개를 늘어뜨리는 동작이든, 발을 구르는 동작이든, 디스코텍에서 보내는 광란의 시간이든, 성모 마리아에게 드리는 기도든 그 효과는 '정화'다. 평정이 찾아오고, 불안은 뒤로 물러난다. 그 순간 우리 안의 열망하는 아기는 잠시나마 안도하고, 아기가 안도하는 만큼 놓친 경험이 채워지거나 순수성을 그리워하는 태고 이후의 향수가 사그라진다. 비록 당분간이라 하더라도 지성의 통치권을 생각하지 않는 존재에게 넘겨주는 사람 안에서는 더 큰 행복이라는 대의가 실현된다.

# 6장
## 사회

우리는 아동기와 성인기를 거치며 다양한 환경에 차츰차츰 적응하게 되지만 우리가 최적으로 기능하는 데에는 한계가 있기 마련이다. 아기는 주로 보호자의 행동을 통해 욕구를 충족해야 하지만, 성장하는 개인은 타고난 기대를 채우기 위해 사회와 문화의 지원을 점점 더 많이 필요로 한다. 인간은 연속성과 단절된 상황에서도 생존할 수 있지만 온전한 인간으로서의 행복은, 기쁨은, 성취는 누릴 수 없다.

　수많은 관점에서 볼 때 그런 환경에서 살아가느니 차라리 죽는 편이 더 낫다. 발달 단계의 피해를 쉴 새 없이 복구하면서 완성을 꾀하는 생명력이, 다른 방법 중에서도 하필이면 불안과 고통처럼 문제가 생겼을 때 신호를 보내는 방법을 사용하기 때문이다. 그 결과는 온갖 형태의 불행이다. 문명사회에서는 체계의 작동이 끊임없는 비극으로 끝날 때가 많다. 안에서는 오랫동안 채워지지 못한 욕구가 압력을 가하는 가운데 밖에서는 환경이 적절한 준비나 성숙을 갖추라고 압력을 가한다. 우리는 우리의 진화가 예상하지 못한 삶을 살고 있을 뿐만 아니라 박탈로 인해 불구가 된 기능 때문에 적응 능력에서도 장애를 안고 있다.

생활수준은 높아지는 데 비해 제자리걸음인 문명사회의 행복 수준이나 삶의 질은 기아와 추위 같은 문제가 행복의 상실만큼이나 심각한 나라들의 사회경제적 잣대로 봤을 때도 아주 드문 경우를 제외하고는 대개 바닥을 면치 못한다. 원인을 파악하기가 어려운 불행이 갈수록 늘어난다.

행복 수준이 떨어지면서 우울증이 증가하는 가장 큰 이유는 아마도 타자와 관계를 맺는 자아의 능력에 문제가 생겼기 때문이 아닌가 싶다. 삶을 온전하게 해줄 뭔가를 놓쳤다는 느낌에 오래 노출되어 있다보니 자아는 토대까지 약해져 사소한 불운에도 쉽게 불안의 먹이가 되고 만다. 하지만 우리의 기대 가운데에는 우리의 기능을 적절하게 사용할 수 있는 문화도 포함되어 있다. 개인의 환경이 그런 기대를 충족해주지 못하면 행복은 상실된다.

우리의 문화도 우리의 연속성 욕구를 채워주는 쪽으로 바뀔 수 있다고 말한다면 현실을 고려하지 않는 이상주의자 취급을 받기에 딱 좋다. 설령 변화가 일어난다 하더라도 아무 소용이 없을 것이다. 먼저 우리가 달라지지 않는 이상 변화는 효력을 채 발휘하기도 전에 왜곡되다가 결국은 붕괴되는 운명을 맞이할 확률이 높기 때문이다.

하지만 문화가 구성원들의 연속성 욕구에 부합하려면 어떤 조건을 갖추어야 하는지 살펴보는 것은 나름대로 가치가 있을 듯하다. 그러려면 첫째 인간의 언어 능력을 기를 수 있는 환경이 필요하다. 아이는 어른들의 대화를 들을 수 있어야 하고, 또 자신의 관심사와 발달 수준에 맞추어 또래들과 대화를 나눌 수 있어야 한다. 아울러 아이가 목적지에 도착하기 전 자신이 어디로 가고 있는지 알 수 있으려면 아이보다 약간 나이가 많은 사람들이 주변에 늘 있어야 한다. 그럴 경우 아이는 계속 자라나는 자신의 관심사에 익숙해질 테고, 그 결과 준비를 끝냈을 때 무리 없이 거기에 적응할 수 있다.

마찬가지로 아이의 활동은 동료와 본보기 둘 다를 필요로 한다. 그 둘을 제공하지 못하는 사회는 구성원들의 행복뿐만 아니라 능률까지 떨어뜨린다.

세대 차이는 그 사회가 중요한 무언가를 놓치고 있다는 신호다. 어린 세대가 어른처럼 되는 것에 자부심을 갖지 못한다면 그 사회는 이미 연속성과 안정성을 상실했다고 볼 수 있으며, 십중팔구 문화라고 부를 만한 문화도 없을 확률이 높다. 보나마나 그 사회는 불만족스러운 가치 체계에서 또 다른 체계로 계속 옮겨가는 악순환 상태에 있을 것이기 때문이다. 그 사회의 어린 세대가 어른은 바보 같거나 틀렸다고, 또는 지루하다고 느끼고 있다면 당연히 그 뒤를 따라갈 리가 없다. 그런 사회에서 어린 세대는 길을 잃었다고, 무시당했다고, 속았다고 느끼면서 결국 분노하게 될 것이다. 어른들도 연속성을 상실한 문화에 속았다고 생각하며 분개하면서 어린 세대와 마찬가지로 상실감을 겪게 될 것이다.

진화되고, 흔들림이 없고, 자부심이 강하고, 행복한 사회의 구성원들은 '더 나은 내일'이라는 약속에 아무 관심도 없다(반면 우리는 그런 약속이 없다면 삶이 너무도 끔찍해 보여 상상하기조차 싫다). 그들의 경우 변화에 저항하려는 성향이 문화를 보존하고 혁신을 가로막는다. 반면 우리의 경우에는 무수한 박탈과 소외에서 비롯하는 불만이 변화에 저항하려는 우리의 타고난 성향을 압도해 우리 각자가 현재 가지고 있는 '이점'이 무엇이든 상관없이 '더 나은 무언가'를 찾아 계속 앞만 바라보게 한다.

변함없이 늘 일정하게 유지되는 삶의 방식은 구성원들의 타고난 성향에 부담을 주지 않는 범위 안에서만 일과 협조를 요구한다. 일은 선행 욕구를 모두 채운 개인이 즐겁게 받아들일 수 있는, 그리하여 사회적으로 행동하면서 능력을 발휘하고 싶다는 마음을 절로 갖게 할 수 있는 종류여야 한다.

가족은 다른 가족과 가깝게 지내야 하며, 일을 하는 동안 누구나 동료애와 협조를 구할 기회를 가져야 한다. 아이들과 매일 홀로 남겨지는 여성은 사회적 자극을 박탈당하기 때문에 정서적으로나 지성적으로나 불만 상태에 놓이게 된다. 그 결과는 어머니와 아이는 물론 가족, 나아가 사회에도 나쁜 영향을 미친다.

우리 사회에서도 주부들이 하루 종일 집에 묶여 있지 말고 이웃과 집안일을 함께 하거나 서로 품앗이하는 방법을 생각해볼 수 있다. 현재 플레이그룹playgroup이라 불리는 곳은 이처럼 함께 일하는 좋은 기회를 마련해준다. 그곳에서 어머니들은 다른 사람들과 함께 유용하고 흥미로운 일을 얼마든지 할 수 있다. 그 사이 아이들은 자기들끼리 새로운 놀이를 하거나 원할 경우 허락을 받고 어른들이 하는 일을 같이 할 수도 있다. 이때 아이들은 어른들의 관심을 집중적으로 받을 필요가 없다. 그저 아이들이 잠재력을 발견하고 훈련하는 데 필요한 도구와 기회를 갖추어놓기만 한다면 아이들은 아무런 압력도 받지 않고 자신의 관심사와 속도에 자연스레 눈뜨게 될 것이다. 하지만 그 일이 뜨개질이든 물건 만들기든 그림 그리기든 조각이든 수선이든, 활동의 주체는 어디까지나 어른이어야 하며, 아이들의 참여는 지나치게 방해하지 않는 선에서만 허락되어야 한다. 이렇게 되면 모두가 자연스럽게 행동할 수 있다. 부모는 부모대로 아이 수준에 일부러 맞출 필요가 없고, 아이는 아이대로 어른이 믿는 것이 자신에게 최선이라는 기준에 억지로 맞출 필요 없이 스스로 동기를 부여할 수 있다.

아이들은 어른이 가는 곳마다 따라다닐 수 있어야 한다. 이것이 거의 불가능한 우리 문화권에서는 누가 가르쳐줄 때보다 마음에서 우러나올 때 따라 하고 학습하려는 아이들의 성향을 학교와 교사가 잘 활용하는 법을 배워야 할 것이다.

연속성에 충실한 사회에서는 여러 세대가 한 지붕 아래 살면서 서로 도움을 주고받는다. 할아버지와 할머니는 능력이 닿는 한 일손을 거들고, 한창 일할 때의 사람들은 자기 아이들에게나 연장자들에게나 똑같이 지원을 아끼지 않는다. 하지만 이 경우에도 관심과 배려를 바라는 유아기의 앙금 같은 욕구를 채우기 위해 서로의 감정에 호소하는 우리와 달리, 세대와 세대의 진정으로 풍요로운 공동생활은 강제가 아니라 불만을 모르는 구성원들의 성격에 기초한다.

지도력 또한 아이들 사이에서와 마찬가지로 사회 구성원들 사이에서 자연스럽게 나오며, 개개인의 능력으로는 실행하기가 어려운 일의 경우에만 지도자가 나선다. 누구를 따를지는 추종자들이 결정하며, 편의에 따라 언제든 지도자를 바꿀 수 있다. 예콰나족의 경우처럼 연속성에 충실한 문화에서는 지도자의 기능이 최소한으로 제한되며, 누구든 지도자의 결정이 마음에 들지 않으면 따르지 않아도 된다. 하지만 우리가 무정부 상태에 가까운 그런 생활에 적응하려면 기나긴 세월이 걸릴 것이다. 그럼에도 언제고 우리 문화와 대중이 허락한다면 우리가 나아가야 할 방향으로 마음에 새겨둘 만한 가치는 있다.

함께 일하고 함께 생활하는 사람들은 단 몇 가구에 불과할 수도 있고 수백명이 될 수도 있다. 따라서 개인은 당연히 주변 사람 모두와 좋은 관계를 유지하는 데 관심을 보인다. 똑같은 사람들과 계속해서 관계를 맺을 수밖에 없다는 인식은 다른 사람들을 존중하면서 공정하게 대하려는 동기로 작용한다. 우리 문화에서도 시골 공동체나 작은 마을처럼 이웃의 숫자가 정해져 있을 경우 유대감이 강하기 마련이다. 인간이라는 동물은 수천 명이나 수백만 명과는 진정으로 어울려 살 수 없다. 인간이 맺을 수 있는 관계는 제한되어 있다. 대도시에서도 각 개인은 부족 집단처럼 끼리끼리 일 모임이나 사교 모임에 속해 있다. 하지만 기존 관계가 더 이상 지탱되지 못하면 언제든 새로운 관계가 만들어질 수 있는 기회는 엄청나게 많다.

예콰나족은 내가 문명 세계에서 알고 있는 사람들보다 훨씬 더 품위 있게 사람들을 대하는 방법을 가르쳐주었다. 손님을 맞이하는 그들의 태도는 내게 특별한 울림으로 와 닿았다.

나는 그런 태도를 멀리 떨어진 마을 출신의 예콰나족 여행객 두 명과 어느 예콰나족 마을에 갔을 때 목격했다. 그때만 해도 그들의 관습을 잘 몰랐던 내게는 젊은 시절을 베네수엘라에서 지내 스페인어를 조금 할 줄 아는 노인 하나가 다가왔고, 인사를 건네며 베네수엘라 관습대로 내 어깨에 살짝 손을 얹고는 몇 마디 대화를 나눈 뒤 내가 묵을 곳을 가르쳐주었다.

하지만 나의 두 동료는 매우 다른 대접을 받았다. 그들은 묵묵히 둥그런 지붕 아래 한 곳에 자리를 잡고 앉았다. 그들은 서로 쳐다보지도 말을 걸지도 않았다. 그사이 주민들은 볼일을 보러 그곳을 오갔지만 아무도 손님들에게 눈길조차 주지 않았다. 거의 한 시간 반 동안 두 남자는 입을 다문 채 꼼짝도 않고 앉아 있었다. 그러고 나서 한 여성이 조용히 다가와 두 남자 앞 바닥에 음식을 내려놓고는 총총히 사라졌다. 잠시 후 두 남자는 아무 말 없이 음식을 먹기 시작했다. 식사가 끝나자 음식 그릇이 슬그머니 치워졌고, 그 뒤로 더 많은 시간이 흘렀다.

마침내 한 남자가 유유자적 다가와 손님 뒤에 있는 지붕 기둥 중 하나에 기대섰다. 그러고는 얼마 뒤 아주 나지막한 소리로 몇 마디 꺼냈다. 2분쯤 지나 손님 가운데 연장자가 역시 짧게 대답했다. 또다시 침묵이 그들을 에워쌌다. 그들은 다시 입을 열었지만 한 마디 한 마디가 마치 방금 나온 침묵 속으로 되돌아가는 듯했다. 그런데도 셋 다 아무 부담도 느끼지 않는 듯 평정과 품위를 그대로 유지했다. 대화가 점점 활기를 띠면서 다른 사람들도 와서 잠깐 서 있다가 대화에 끼어들었다.

그들은 저마다 평정을 지니고 있는 듯했다. 아무도 다른 사람의 말을 가로막지 않았다. 그 누구의 목소리에서도 감정의 부담을 찾아볼 수 없었다. 다들 스스로의 중심에서 균형을 유지했다.

곧이어 대화 도중에 웃음꽃이 활짝 피자 열두어 명 되는 남자들이 들어와 대화 사이사이에 때로는 높은 음으로 때로는 낮은 음으로 추임새를 넣었다.

해질 무렵이 되자 여자들이 모여 있는 남자들에게 음식을 가져왔다. 이 무렵, 마을의 남자란 남자는 모두 나와 있었다. 소식이 오가면서 웃음소리가 왁자하게 터져 나왔다. 겉치레나 초조감에 기댈 필요가 없는 분위기 속에서 마을 사람들과 방문객 모두 완벽하게 하나가 되었다. 침묵은 대화의 단절이 아니라 거기 있는 사람 모두가 평온하다는 표시였다.

마을 남자들이 다른 인디언과 거래하러 멀리 여행을 떠났다 돌아올 때도 가족과 씨족 사람들은 침묵으로 마중했다. 여행에 나섰던 남자들은 마을에서의 생활 감각을 되찾을 때까지 침묵 속에 앉아 있다가 아무 일도 없었다는 듯 조용히 일상으로 돌아갔다.

우리는 외국인은 성격이 모두 똑같다고 생각하는 경향이 있다. 특히 원시 부족의 경우에는 더욱더 그렇게 생각하는 것 같다. 하지만 실은 그 반대다. 그 지역 고유의 관습은 그 사회 구성원들의 행동에 어떤 동질성을 부여하지만, 연속성에 충실한 사회일수록 개인들 사이의 차이는 각자의 타고난 성격을 자유롭게 드러내는 데서 나오는 결과다. 그 이유는 사회가 구성원들을 두려워하거나 억누를 필요가 없기 때문이다.

반면 연속성의 기준에서 멀리 벗어나 있는 문명사회의 경우 사람들 사이의 차이는 주로 각자가 경험하는 박탈의 질과 양이 야기하는 왜곡에 제각기 적응하는 과정에서 나타나는 결과다. 따라서 문명사회 사람들은 반사회 성향을 보일 때가 많으며, 사회는 구성원들과 구성원들이 보이는 비협조 징후를 두려워하게 된다. 연속성이 부족한 문화일수록 개인은 공적인 행동에서뿐만 아니라 사적인 행동에서도 일정한 규범에 따라야 한다는 압력을 받기 쉽다.

한번은 마을이 내려다보이는 언덕 꼭대기에 올라가 30분 동안 북을 두드리며 마음껏 고함을 지르면 충동이 해소될 것이라고 생각하는 어떤 예콰나족을 보고 깜짝 놀란 적이 있다. 그는 나름의 이유 때문에 그렇게 하고 싶어했을 뿐 이웃들이 행여 '미친 짓'이라고 생각할지도 모른다는 걱정은 전혀 하지 않았다. 내가 놀랐던 이유는 공동체의 다른 사람들에게 두려움이나 불신의 대상이 되지 않으려면 괴상하거나 '불합리한' 충동을 억제해야 한다는 내 사회의 불문법을 그동안 나는 한 번도 의심한 적이 없었기 때문이다.

우리 문화의 이런 규칙 때문에 우리 중에서 가장 유명하고 인정받는 사람들, 예를 들어 영화배우나 대중 가수, 윈스턴 처칠이나 앨버트 아인슈타인, 간디 같은 인물들만 기준 허용치에서 벗어나는 옷을 입고 그런 행동을 하더라도 의심을 사지 않는 권리를 가지고 있다. 심지어 주디 갈런드의 이상 행동*도 대중은 어찌 된 영문인지 이웃이 똑같은 행동을

---

* 영화 〈오즈의 마법사〉에서 도로시 역으로 유명한 주디 갈런드는 다섯 번의 결혼과 약물, 의문의 죽음 등으로 어두운 삶을 산 것으로 알려졌다.

했을 때와는 달리 두렵게 받아들이지 않았다. 그녀는 수백 만 명이 인정하는 유명인이었고, 따라서 그녀가 무슨 짓을 하든 괜찮았기 때문이다. 그녀를 판단하고 받아들이기 위해 의심을 품는 능력에 기대는 사람은 아무도 없었다.

우리 가운데 신뢰를 덜 받는 사람일수록 다른 사람을 의심하는 특성을 보인다고 해도 지나치지 않다. 구성원들에게 신뢰를 강조하는 사회에서 이러한 특성은 신경증과 반사회 성향의 징후로 간주될 수도 있지만, 누구나 그럴 것이라고 생각하며 기회가 닿을 때마다 다른 사람을 속이려 드는 것이 관습인 사회에서는 사회적으로 용인되는 태도가 될 수도 있다. 그럴 경우 그런 문화 안에서 살아가는 사람들은 서로를 불신하며 속임수 경쟁에서 이길 기회만을 노린다. 정정당당한 게임이 사회적 행동의 중요한 일부를 이루는 나라에서 살아 의심이라고는 모르는 외부 방문객의 눈에나 이상하게 보일까, 많은 나라에서 이러한 태도를 당연하게 여긴다.

거래를 할 때도 예콰나족은 손님을 맞을 때와 마찬가지로 긴장을 조성하지 않는다는 원칙에서 출발하는 듯했다. 예콰나족 추장 안슈와 거래를 하면서 나는 그들의 신사다운 태도를 다시금 확인할 수 있었다. 그는 평소에는 나를 진짜 사람(즉 예콰나족)으로 대하지 않았고 진짜 사람처럼 행동할 거라는 기대도 하지 않았지만 거래할 때만은 나를 인간으로 대했다. 그는 지시나 설명을 통해서가 아니라, 그때그때의 상황에서 무엇이 최선인지를 깨닫고 거기에 맞게 행동하는 쪽을 더 좋아하는 나의 타고난 능력을 일깨워주는 방법을 통해 매번 가르침을 주었다.

다시 말해 그는 나의 문화가 내게 부과한 수많은 방해 요소로부터 나의 연속성을 풀어놓고자 애썼다.

앞에서 잠시 언급했지만, 안슈가 무엇을 주면 내가 가지고 있는 베네치아 산 유리 장신구를 자기한테 넘겨주겠냐고 물었을 때였다. 나는 즉시 사탕수수를 원한다고 말했다. 급류를 건너다 카누가 뒤집히는 바람에 탐험대의 설탕을 모두 잃어버린 뒤로 단것을 먹고 싶다는 생각이 거의 집착으로 발전하고 있었기 때문이다. 이튿날 우리는 거래를 마무리 짓기 위해 그의 아내(예콰나족은 여자들만 사탕수수를 벨 수 있었다)와 함께 사탕수수 밭으로 갔다.

안슈의 아내가 밭에 들어가 사탕수수 네 자루를 베어 오는 동안 안슈와 나는 밭 옆 통나무에 앉아 있었다. 아내가 사탕수수를 땅바닥에 내려놓자 안슈는 나더러 더 원하느냐고 물었다.

물론 나는 더 원했다. 그래서 많을수록 좋다고 말했다.

안슈의 아내가 밭으로 가서 두 자루를 더 가지고 왔다.

"더?" 안슈가 내게 물었다.

이번에도 나는 "물론이죠, 더요!"라고 말했다. 하지만 그러고 나서 문득 깨달았다. 우리는 내가 알고 있는 방식과는 완전히 다른 방식으로 거래하고 있었다. 안슈는 자신의 입장이 아니라 나의 입장을 우선으로 두고 있었다. 다시 말해 내 마음에 드는 거래 조건을 내놓으면 그 조건에 따르겠다는 의사를 표명하고 있었다. 나의 실수를 깨닫는 순간 나는 낫을 가지고 다시 밭에 들어간 그의 아내 등에 대고 소리쳤다. "하나만요!" 그래서 거래는 일곱 자루 선에서 이루어졌고, (내가 깨달음을 얻은 뒤로) 우리 중 누구도 거래하면서 감정이 상하지도 긴장하지도 않았다.

우리의 거래 기술도 예콰나족처럼 '문명화'될 가능성이 얼마든지 있다고 생각한다. 이 이야기는 문화가 그 사회의 구성원들에게 반사회적인 동기가 아니라 사회적인 동기를 기대할 경우 어떤 결과가 나타나는지를 아주 잘 보여준다.

하지만 덜 유쾌하고 덜 매력적인 관습을 강요하는 사회는 구성원들에게서 순응을 끌어내려 든다. 예를 들어 문화가 예콰나족과 많이 다른 사네마족은 이웃 마을을 습격해 남자는 가능한 한 많이 죽이고 젊은 여자는 가능한 한 많이 훔쳐오는 것이 당연하다고 생각한다.

이런 문화가 언제, 어떻게 생겨나게 됐는지, 또 남아메리카 서쪽의 지바로 인디언은 누가 죽으면 그 이유가 어디에 있든 반드시 복수해야 한다는 문화를 가지게 된 연유가 무엇인지에 대해서는 알 길이 없다. 중요한 것은 어느 사회를 막론하고 그 구성원들은 문화의 명령에 따라 살아가기 마련이라는 점이다. 연속성 욕구를 한 번도 박탈당한 적이 없는 사람들 사이에서는 반사회 성향이나 범죄성 같은 성격을 찾아볼 수 없다. 뒷골목 살인자는 반사회적인 행동을 저지르지만 적을 죽이는 군인의 경우에는 이야기가 다르다. 범죄자의 사회성을 가늠하는 기준은 행동이 아니라 동기다.

아마도 우리는 우리 사회가 지향하는 문화가 인자하길 바랄 것이다. 하지만 '인자하다'는 말은 인간의 연속성을 존중한다는 의미를 담고 있다. 사람들에게 진화가 미처 준비하지 못한 방식에 따라 살라고 강요하는 문화는, 사람들의 타고난 기대를 채워주기는 고사하고 능력이 따르지 않는데도 무조건 적응하라고만 몰아세우는 문화는, 사람들의 성격에 피해를 입힐 수밖에 없다.

인간의 성격에 나쁜 영향을 미치기 위해서는 다양한 자극을 바라는 최소한의 욕구를 박탈하는 것보다 더 좋은 방법도 없을 것이다. 그 때문에 빚어지는 행복의 상실은 이른바 권태의 형태로 나타난다. 연속성은 개인에게 이 불쾌한 기분을 유발해 현재 하고 있는 일을 바꾸도록 유도한다. 문명의 울타리 안에서 살아가는 우리는 지루하지 않다는, 다시 말해 '온전하다'는 기분을 느끼지 못하기 때문에, 공장이나 사무실에서 지루한 일을 하며 보내거나 혼자 하루 온종일 재미없는 허드렛일을 하며 지낸다.

반면 예콰나족은 자신의 연속성 또는 행복을 상실하지 않고 적응할 수 있는 능력의 한계를 금세 알아채기 때문에 권태가 위협하면 하던 일을 멈추어야 한다는 경고에 곧바로 응한다.

그들은 단조로운 작업을 동반하는 일을 하고자 할 때 권태의 위협을 피해 가는 방법을 많이 알고 있다. 예를 들어 여자들은 날카로운 금속 조각 수십 개를 망치로 두드려 펴서 카사바를 가는 강판을 만들 때 지루하게 줄부터 꾸역꾸역 맞추기보다 먼저 다이아몬드 형태로 틀을 잡은 다음에 그 공간을 채워나간다. 이런 식으로 공간을 하나씩 채워나가면서 장인의 기쁨을 맛본다.

야자나무 잎사귀로 지붕을 일 때도 비슷한 광경을 볼 수 있다. 남자들은 잎사귀를 한 아름 쌓아놓고 우선 칡으로 뼈대부터 만든 다음 그 위에 걸터앉아 잎사귀를 하나씩 끼워 넣는다. 이어야 하는 지붕의 면적이 클수록 지루함을 피하는 방법도 다양하다. 예를 들면 자기 마을 남자는 물론 이웃 마을 남자들까지 모두 불러 그 일을 순식간에 해치운다. 남자들이 도착하기 전 여자들은 일을 해야 하는 며칠 동안 다들 얼큰하게 취할 수 있을 만큼의 카사바 술을 담근다. 그러면 남자들은 술의 힘을 빌려 권태를 그럭저럭 받아들일 수 있게 된다. 잔치 분위기를 더하기 위해 구슬과 깃털을 착용하거나 몸에 색칠을 하기도 하고, 일하는 기간 내내 동네를 돌아다니며 북을 치는 사람도 따로 있다. 지붕을 이면서 남자들은 계속 농담을 주고받기 때문에 지루할 틈이 없다. 그 일에 매달리는 사람 수는 지붕 크기에 따라 천차만별이지만 분위기는 모두 똑같다. 지붕을 올리는 집 식구들은 미리 사냥을 나가 고기를 푸짐하게 준비해두었다가 손님들을 먹인다.

낮에는 다들 술에 얼큰하게 취하고, 밤이면 남녀노소 할 것 없이 훨씬 더 많이 취한다. 하지만 아무리 많이 취해도 공격성의 징후는 어느 누구에게서도 찾아볼 수 없다.

그들이 서로를 판단하려는 욕구를 거의 느끼지 않고 개인의 차이를 그토록 쉽게 받아들이는 모습 역시 만족하는 성격에서 나오는 게 아닌가 싶다. 우리 중에서도 절망과 소외를 많이 경험하는 사람일수록 다른 사람을 판단하려 들면서 개인의 차원에서든 집단의 차원에서든 종교나 정치, 민족, 인종, 성의 차이는 물론 심지어 나이의 차이까지도 갈등의 원인으로 분류하는 경우를 흔히 볼 수 있다.

유아기 때 온전하다는 느낌을 가져본 적이 없는 데서 비롯하는 자기혐오는 밑도 끝도 없는 증오의 토대를 이룬다.

예콰나족은 사네마족을 잔인하다는 이유로 열등하다고 여기고, 사네마족은 자신들을 업신여기는 예콰나족의 태도에 반감을 품고 있다. 하지만 흥미롭게도 그 어느 쪽도 상대편의 생활 방식을 침해하거나 방해할 의사를 내비치지 않는다. 그들은 서로 왕래하고 거래한다. 물론 종종 등 뒤에서 서로를 비웃기도 하지만 두 부족 사이에 갈등이 일어난 적은 한 번도 없다.

우리의 비극 대부분은 인간이라는 종이 마땅히 누려야 하는 '권리'를 인식하는 능력을 잃어버렸기 때문에 발생한다. 우리는 권태를 마지못해 받아들일 뿐만 아니라 참혹한 유아기와 아동기를 겪고 나서 겨우 남아 있는 우리의 연속성마저 수많은 방법으로 못살게 군다. 예를 들어 우리는 개를 보고는 "그렇게 큰 동물을 도심의 아파트에 가둬두다니 잔인하기도 하지"라고 말하면서 그보다 훨씬 더 몸집이 크고 환경에 민감한 인간이 처한 상황에 대해서는 아무 말도 하지 않는다. 우리는 각종 기계, 교통수단, 다른 사람들의 라디오에서 나오는 소음의 공격에 스스로를 내맡긴 채 낯선 사람이 우리한테 무례하게 굴기를 기대한다. 우리는 아이들은 부모를 무시하고 부모는 아이들을 짜증나게 한다고 기대한다. 우리는 즐겁게 일할 수 있는 우리의 능력에 대해서뿐만 결혼에 대해서도 회의하며 살아가는 삶을 받아들인다. 우리는 삶은 고달프며 행복할 수 있다면 행운이라는 생각을 당연하게 여긴다. 우리는 행복을 타고난 권리로 보지 않으며, 행복이 평화나 만족보다 더 중요하다고 생각하지 않는다. 예콰나족이 일상에서 느끼는 진정한 기쁨을 우리 가운데서는 거의 찾아볼 수 없다.

우리가 진화해온 목적에 맞는 삶을 살 수 있는 기회가 주어진다면 현재 우리를 움직이는 동기 대부분이 달라질 것이다. 예를 들어 아이들은 당연히 어른보다 행복하다거나 젊은 사람이 노인보다 당연히 행복하다는 생각을 하지 않게 될 것이다. 앞에서도 살펴보았듯이 우리가 이렇게 생각하는 이유는 잃어버린 느낌, 곧 우리의 삶이 온전하다는 느낌을 되찾기 위해 끊임없이 뭔가를 추구하기 때문이다. 하지만 추구하는 대상을 손에 넣어도 유아기 이후로 놓친 이름 없는 그 무엇은 여전히 잡히지 않아, 다음 희망은 끝없는 우리의 열망을 잠재워줄 것이라는 믿음을 점차 상실한다. 그런 가운데 거듭되는 실망의 고통을 지워 없애려면 '현실'을 받아들이는 것이 최선이라고 스스로를 세뇌한다. 그러다 인생의 중반기로 접어들면 이런저런 이유로 온전한 행복을 누릴 수 있는 기회를 놓쳤기 때문에 지금처럼 살 수밖에 없다고 체념하기 시작한다. 이런 체념 상태에서는 기쁨을 느끼기가 거의 불가능하다.

진화해온 목적에 맞게 살아가는 사람들의 역사는 이와 하늘과 땅 차이만큼이나 다르다. 유아기의 욕구는 자연스럽게 아동기의 욕구로 이행하고, 다음 단계의 욕구가 모두 충족되면 또 그다음 단계로 나아간다. 나이가 들수록 놀고 싶다는 욕구가 사라지고, 대신 일하고 싶다는 욕구와 마음에 드는 짝을 만나 삶을 공유하고 싶다는 욕구가 점점 강해지면서 배우자를 위해 일하려는 욕구와 함께 아이를 갖고 싶다는 욕구가 생긴다. 아이가 태어나면서 모성애와 부성애가 생겨난다. 자신의 혈육과 생활하려는 욕구는 아동기부터 죽을 때까지 충족된다. 절정기의 어른이 일을 하려는 욕구가 채워지고 나이가 들어 신체 능력이 감소하기 시작하면 자식들이 아무 탈 없이 지내기를, 도와주는 횟수가 점점 줄어들다 결국에는 아무 도움을 주지 못해도 순탄하게 살아주기를 바라게 된다. 삶의 마지막 욕구까지 충족되고 나면 편안히 쉬고 싶다는, 더는 알고 싶지 않다는, 이제 그만 갔으면 좋겠다는 욕구밖에는 없다.

어떤 단계에서든 선행 욕구가 모두 채워지고 나서 다음 단계로 나아가기 때문에 욕구를 일으키는 동기 또한 완전히 충족된다. 따라서 젊다고 해서 노인보다 더 유리한 점은 사실상 없다. 매 단계마다 특별한 기쁨을 누리다 단계가 끝나면 그 단계의 욕구 체계를 자연스럽게 내려놓기 때문에 젊은 사람을 부러워할 이유도, 죽음을 비롯해 현재 자신의 나이가 주는 기쁨 이상을 바랄 이유도 없다.

고통과 질병, 사랑하는 사람들의 죽음, 불안과 실망이 행복을 방해하긴 하지만 행복이 삶의 기준이라는 사실을 바꾸어놓지는 못하며, 혼란을 겪고 나서 충격을 치유하고 원래 상태로 돌아가려는 연속성의 성향에도 아무런 영향을 미치지 못한다.

결국 연속성이 우리의 삶에서 줄곧 기능할 경우 지성이 우리의 이익을 위해 할 수 있는 일보다 훨씬 더 많은 일을 할 수 있다.

# 7장

## 연속성을 되찾는 방법

보호자의 신체와 계속 접촉할 경우 아기의 에너지장이 보호자의 에너지장에 동화되기 때문에 보호자의 활동만으로도 양쪽의 과도한 에너지를 배출할 수 있다. 과도한 에너지가 보호자에게 흘러들면 아기는 긴장을 전혀 느끼지 않고 계속 느긋한 상태로 있을 수 있다.

　　품 안에서 지내는 예콰나족 아기들의 행동은 대부분의 시간을 혼자 떨어져 지내는 우리 아기들의 행동과 현격하게 다르다. 예콰나족 아기는 몸이 나긋나긋하고 다루기가 쉬워서 어떤 식으로 안아도 편안하게 자세를 잡는다. 반면 우리 아기들은 팔다리를 세차게 버둥거리며 등을 잔뜩 웅크린 채 뻗댄다. 안아 올리기라도 할라 치면 요람에서든 유모차에서든 똑같은 상황이 벌어진다. 우리 아기들은 편안하게 유지하거나 배출할 수 있는 양보다 더 많은 에너지를 흡수하기 때문에 늘 긴장 상태에 있다. 그래서 누가 관심을 보이면 그 긴장을 해소하려고 비명을 지르거나 몸부림을 친다. 기쁨을 나타낼 때도 억눌린 에너지를 소비하려고 온몸으로 자극에 반응한다.

지속적인 신체 접촉 욕구를 모두 충족하며 자신의 연속성 안에서 편안히 지내는 아기는 굳이 에너지를 배출할 필요를 느끼지 못한다. 남는 에너지는 자신을 안고 분주하게 활동하는 어른이나 아이한테 넘겨주면 되기 때문이다. 하지만 이런 상황은 아기가 품의 단계를 졸업하고 기어 다니기 시작하면 급격히 바뀐다. 그때부터 아기는 자신의 에너지를 혼자 힘으로 순환시켜야 한다. 적어도 어머니한테서 떨어져 지내는 낮 시간 동안에는 그래야 한다. 아기의 활동은 하루가 다르게 늘어난다. 곧이어 팔꿈치와 배가 아니라 손과 무릎으로 기어다니기 시작하면서 기는 데 능률이 오르면 아기는 놀라운 속도로 이곳저곳 여행한다. 누가 말리지 않는 이상 아기는 갈 수 있는 지역은 모조리 돌아다니면서 앞으로 자신이 살게 될 세상을 탐색하는 일에 넘치는 에너지를 쏟아 붓는다.

걷고 뛰기 시작하면 어른이 그럴 경우 미쳤다는 소리를 듣기 딱 좋을 만큼의 속도를 낸다. 어찌나 빠른지 어른이 아이와 보조를 맞추려고 애쓰다가 곧 지치고 만다. 아이 입장에서는 또래와 자기보다 약간 나이 많은 아이들이 친구로 더 적합하다. 아이는 그들을 모방하면서 갈수록 늘어나는 자신의 능력을 최적화한다. 아이의 활발한 활동을 제한하는 것은 아이 자신밖에 없다. 놀다 지치면 아이는 어머니 품에 찾아들거나 혹은 나이가 좀 더 든 아이라면 침대로 간다.

하지만 문명사회의 아이는 에너지를 배출해 편안한 상태를 유지하는 능력을 발휘하지 못할 때가 너무 많다. 밖에서 노는 시간이 부족하거나, 하루 종일 집 안에서 놀이울이나 요람이나 아기용 의자에 갇혀 지내기 때문이다.

억제된 에너지로 인해 생기는 불안을 해소하려고 팔다리를 버둥대며 온몸을 딱딱하게 굳히는 단계를 지나면 아이는 자신의 생식기에 과도한 집착을 보인다. 그곳을 심하게 자극하면 몸의 나머지 부분을 돌아다니는 과도한 에너지가 그리로 흘러들어 압력이 해소된다는 사실에 눈뜨게 된다. 이런 과정을 통해 자위는 아이의 일상 활동에서 미처 소모되지 못한 과도한 에너지를 내보내는 배출구가 된다.

성인기에 들어오면 과도한 에너지는 전희로 집중되다 오르가슴을 통해 해소된다. 따라서 성행위는 재생산과 에너지의 안정성 회복이라는 두 가지 목적을 띤다.

박탈의 경험 때문에 성격 가운데 긴장 상태가 두드러지는 사람은 오르가슴을 통해서도 끊임없이 긴장하는 근육 속에 묶여 있는 에너지의 일부밖에 해소하지 못할 때가 많다. 이런 식으로 과도한 에너지를 시원하게 배출하지 못하면 늘 불만 상태에 사로잡힐 수밖에 없기 때문에 성격이 나빠지거나, 섹스에 지나치게 탐닉하거나, 집중력이 떨어지거나, 쉽게 불안을 느낀다.

게다가 박탈당한 어른의 경우 성적 욕구가 유아기 때부터 줄곧 따라다니는 성적이지 않은 신체 접촉 욕구와 뒤섞이면서 문제는 더욱 심각해진다. 우리 사회에서는 성적이지 않은 신체 접촉 욕구를 인정하지 않기 때문에 접촉을 바라는 소망은 모두 성적인 의미로 해석된다. 따라서

성을 금기시하는 태도는 성적이지 않은 편안한 형태의 신체 접촉에도 모두 똑같이 적용된다.

예콰나족은 아기 때 필요한 접촉을 모두 경험하고 나서도 어른과 아이가 나란히 붙어 앉거나, 같은 해먹에서 휴식을 취하거나, 서로를 단장해주는 등의 방법으로 여전히 접촉을 즐긴다.

우리에게는 현재의 금기를 깨뜨리고 접촉을 통해 위안을 받으려는 인간의 욕구를 인식해야 할 필요성이 그들보다 훨씬 더 절박하다. 유아기 때 채워지지 못한 우리의 욕구는 아동기와 성인기에 들어와서도 식을 줄 모르고 점점 더 강해진다. 하지만 그 욕구가 계속되는 한 우리가 노력만 한다면 채울 기회는 얼마든지 있다.

성의 드넓은 기치 아래서는, 안기고 싶어하고, 다른 사람의 보호막 안에 들어가고 싶어하고, 아기처럼 응석을 부리며, 월급을 받아오거나 빵을 굽기 때문이 아니라 그저 존재한다는 이유 하나만으로 사랑받는다고 느끼고픈 욕구 역시 성적 충동으로 치부된다. 배우자끼리 아기 말투(예를 들어 '토끼네 식구들', '아빠의 어린 딸' 등)를 사용할 경우 위안을 주는 분위기가 형성되면서 부모의 무관심이 남긴 경험의 간극을 메우는 데 도움이 된다. 아기 말투의 광범위한 사용은 아기 때의 욕구가 계속 이어지고 있다는 증거다.

섹스를 바라는 욕구와 애정을 바라는 욕구는 서로 밀접하게 맞물려 있을 때가 많다. 어른의 경우 둘 중 좀 더 다급한 욕구가 충족되면 또 다른 욕구가 일어날 수도 있다. 예를 들어 낮에 사무실에서 특별히 불안한 상황을 경험했을 경우 남편은 아내가 어머니처럼 품에 안고 다정하게 대해주기를 원할 수도 있다. 하지만 그 욕구가 해소되면 아내가 성적으로 대해주길 바랄 수도 있다. 그럼에도 우리 사회에서 남편은 계속해서 섹스로 풀려는 경향을 보이기 쉽다. 남편의 마음속에서 그 두 가지 욕구는 서로 구분되는 별개가 아니기 때문이다.

따라서 품을 박탈당한 어른들 사이의 사랑은 개인이 경험한 박탈의 성격에 따라 형태만 다를 뿐 두 가지 욕구의 혼합이라는 점에서 본질은 모두 똑같다. '행복한' 결혼 생활을 유지하려면 부부는 배우자의 특별한 욕구를 파악해 최선을 다해 채워줘야 한다.

하지만 섹스를 바라는 욕구인지 따스한 신체 접촉 같은 애정을 바라는 욕구인지 잘 모를 경우에는 그러한 혼동을 해결하는 것이 중요하다. 하기는 오죽하면 '화끈한 엄마' 같은 유행어들이 나왔겠는가. 두 가지 욕구의 차이를 분명히 인식하고 그 둘을 분리해 바라보려는 노력을 조금만 기울인다면 상대가 원하는 것은 막상 다른 데 있는데도 성을 개입시켜 쓸데없이 상황을 복잡하게 만들 필요 없이 훨씬 더 많은 애정을 주고받을 수 있다고 나는 확신한다. 이성이든 동성이든 구분 없이 지나가는 동료와 손을 맞잡고 나란히 앉아 이야기를 나누고, 사적인 공간뿐만 아니라 공공장소에서도 사람들 무릎에 앉아 마음이 당기면 스스럼없이 서로의 머리를 쓰다듬어주고, 보는 눈이 있건 없건 지금보다 자유롭게 포옹을 교환하고, 상대가 꺼리지 않는 이상 애정 어린 충동을 마음껏 드러내는 행동이 사회적으로 용인된다면 신체 접촉을 통해 위안을 받으려는 그 엄청난 욕구가 몰라보게 줄어들 수 있지 않을까.

이른바 집단 감수성 훈련 프로그램은 접촉을 더 많이 하는 방향으로 나아가고 있다. 이런 종류의 훈련 프로그램은 접촉과 포옹을 옹호하면서도 그게 왜 필요한지에 대해서는 뚜렷한 이유를 제시하지 못하는 것 같지만, 그동안 한 그룹에서 실시해온 훈련은 보기 드문 성공을 거두고 있다. 일명 '인간 샌드위치'라는 그 훈련은 세 사람이 한 조를 이루어 진행된다. 뺨을 찰싹 맞대고 춤을 추는 듯 보이는 두 사람 사이에 한 명이 들어와 그중 한 사람을 마주 보고 선다. 중앙에 있는 사람이 두 손을 좍 펼쳐 들어 올리면 나머지 두 명도 손을 들어 올려 중앙에 있는 사람의 손과 맞댄다. 양쪽에 있는 두 사람이 난쟁이나 거인이 아닌 이상 중앙에 있는 사람은 어른으로서는 상상할 수조차 없는 경험, 즉 다른 어른들에게 둘러싸이는 경험을 하게 된다. 이러한 훈련의 가장 바람직한 점은 뭐니뭐니해도…… 중앙에 있는 사람이 더없이 행복하게 느낀다는 사실이다.

연속성의 관점에서 출발할 경우 인간은 무엇을 필요로 하며, 또 왜 필요로 하는지를 이해하게 되기 때문에 우리 자신의 행동과 다른 사람들의 행동을 좀 더 분명하게 파악할 수 있다. 그럴 경우 우리를 부당하게 대했다는 이유로 우리 부모와 사회를 비난하는 것을 그치고 우리 모두가 박탈의 피해자라는 사실에 주목하게 될지도 모른다. 대주교든 히피든 소설가든 학교 교사든 버릇없는 개구쟁이 꼬마든 실은 너나 할 것 없이 온전하다는 느낌을 찾으려고 애쓰고 있다. 영화배우, 경찰관, 범죄자, 예술가, 동성애자, 여성 해방론자, 사업가도 마찬가지다. 우리가 동물인 이상, 우리의 복잡한 박탈 경험이 우리의 실제 행동을 아무리 왜곡한다 해도 우리는 우리의 기대를 충족하는 방향으로 나아갈 수밖에 없다.

하지만 문제가 무엇인지 이해하고 우리 모두가 피해자의 피해자일 뿐 승자는 아무도 없다는 사실을 깨닫는다고 해서 우리의 상처가 아물지는 않는다. 기껏해야 더는 행복에서 멀어지는 쪽이 아니라 올바른 방향으로 걸음을 내딛게 도와줄 수 있을 뿐이다.

그러나 연속성 원리를 자주 사용할 경우 이야기는 달라진다. 발달 단계에서 놓친 경험은 얼마든지 되찾을 수 있다고 믿어도 되는 이유가 있다. 무엇보다도 그러한 희망 자체가 박탈당한 아기가 성장할 때뿐 아니라 성인기에 접어들어서도 그 욕구는 줄곧 욕구로 남아 있다는 것을 입증하는 증거이기 때문이다. 우리는 유아기의 욕구를 충족할 방법을 끊임없이 추구한다. 하지만 우리가 무엇을 추구하는지 분명히 알지 못하기 때문에 제한된 범위 안에서만 성공을 거둘 수밖에 없다.

품의 박탈 경험을 아동기와 성인기에 들어와서도 얼마든지 치유할 수 있다고 믿어도 되는 이유는 또 있다. 필라델피아에서 직접 병원을 운영하고 있는 도먼 박사와 들레이카토 박사가 기어다니는 단계를 박탈당한 지가 오래됐다 해도, 다시 말해 그 단계를 훨씬 지난 아동과 어른의 경우에도 박탈당한 경험을 되찾을 수 있으며 그러고 나면 발달이 완성되면서 그 단계에 맞는 능력을 개발할 수 있다는 사실을 입증해 보였기 때문이다.

좀 더 구체적으로 말하면 그 두 사람은 아기 때 놀이울 같은 데 갇혀 기어다니려는 욕구를 실현하지 못한 사람들은 언어 능력을 완전히 개발하지 못했다는 사실에 주목했다. 그 결과 몇몇은 말을 더듬기도 했다. 그런 사람들에게 몇 개월에 걸쳐 하루 한 시간씩이나 온종일 아기처럼 기어다닐 수 있는 기회를 주었더니 말더듬이 치유되었다. 거기에 덧붙여 발달이 덜 된 쪽 두뇌를 개발하는 훈련도 실시했다. 이는 오른손잡이나 오른발잡이가 아닌 사람, 다시 말해 왼쪽 신체 능력이 발달한 사람은 오른쪽 능력을 기르는 훈련을 받았다는 뜻이다.

도먼과 들레이카토는 뇌에 손상을 입은 아이들을 데리고 훈련에 들어갔지만 훈련 결과 아이들의 언어 기술은 들레이카토가 교감으로 있는 체스트너트힐 아카데미의 '정상' 학생들 수준으로 향상되었다. 그 뒤 들레이카토는 무작위로 선발한 남학생들을 두 그룹으로 나누어 대학 입학 언어 적성 검사를 받게 했다. 그런 다음 한 그룹은 6주에 걸쳐 집중적으로 기어다니게 하면서 두뇌 훈련을 실시했다. 반면 또 한 그룹은 평소처럼 등교했다. 그러고 나서 두 그룹에 다시 시험을 치르게 했다. 대조군, 즉 기어다니지 않은 학생들은 6.8점을 받은 데 비해 실험군은 놀랍게도 평균 65.8점을 기록했다. 그 후 기어다니는 시간과 두뇌 훈련은 체스트너트힐 아카데미 풋볼 팀뿐만 아니라 체스트너트힐 초등학교의 정규 과정으로 자리 잡았다.

남학생들의 기어다니려는 욕구를 채워주자 그런 결과가 나왔다는 사실은 그들 모두 기어다니는 경험을 마음껏 하지 못했다는 의미로 해석할 수 있다. 그 나이 때 해야 하는 경험이 나중에 주어지더라도 여전히 효과를 거둘 수 있다는 사실에서 우리는 희망을 발견하게 된다. 그러한 사실은 유아기의 욕구는 언젠가 충족되기를 계속 기대하며, 따라서 연령에 상관없이 충족될 수 있다는 확신을 뒷받침해준다.

내게는 그 사실이 품에서 지내야 하는 시기에 설령 반드시 거쳐야 하는 중요한 경험을 놓쳤다 하더라도 적절한 기회가 주어지기만 한다면 아무리 나이가 들어도 얼마든지 회복할 수 있다는 의미로 다가온다. 하지만 아동기와 성인기에 들어와서도 필요하다면 손과 무릎으로 기어다닐 수는 있지만, 나이가 들수록 품의 상황으로 되돌아가기는 쉽지 않다.

박탈을 경험한 지 얼마 되지 않은 어린아이들은 기회가 닿을 때마다 부모 무릎에 앉히고 부모의 침대에서 재우는 것만으로도 크게 도움을 받을 수 있다. 그럴 경우 아마도 태어나면서부터 부모와 같은 침대를 썼을 때처럼 곧 모든 욕구를 채우고 자기 방으로 돌아가고 싶어할 것이다.

하지만 요즈음은 아기와 함께 자면 무슨 큰일이라도 나는 줄 안다. 아기가 잠들어 있든 깨어 있든 늘 아기를 데리고 다니거나 안아주라고 말해도 마찬가지 반응이 나온다. 하지만 수백만 년을 지속해온 연속성의 관점에서 보면 우리가 인간과 인류 이전의 동물이 오랜 경험을 통해 확립한 기준에서 급격하게 멀어진 채로 생활해온 시간은 그야말로 찰나에 지나지 않는다.

아기와 같이 잠을 자면 자기도 모르게 아기를 짓누르거나 이불을 덮어씌워 숨 막히게 할까봐 두렵다고 항변하는 사람들이 많다. 하지만 술이나 마약에 인사불성으로 취했거나, 정신을 차리지 못할 만큼 아프지 않은 이상 자다가 죽거나 의식 불명 상태에 빠지는 사람은 없다. 잠결에도 사람은 어느 정도 의식이 있기 마련이다.

1킬로그램도 되지 않는 양털원숭이 새끼를 처음으로 데리고 자던 밤들이 기억난다. 첫날 밤에는 녀석을 납작하게 짜부라뜨릴까봐 겁이 나서 열두 번이나 잠을 깼다. 둘째 날 밤에도 사정은 거의 달라지지 않았지만 며칠이 지나자 자면서도 녀석의 위치를 의식하게 되었고, 그때부터 큰 동물이 작은 동물과 잘 때처럼 녀석을 염두에 두면서 잠자는 법을 터득했다. 부모가 아기를 의식하기만 한다면 아기가 부모의 이불에 휘감겨 질식사할 확률은 아기 혼자 자다가 자기 이불에 덮여 질식사할 확률보다 더 낮을 것이다.

부모가 사랑을 나눌 때 아기가 옆에 있는 것을 걱정하는 사람들도 있다. 예콰나족은 아기가 옆에 있는 것을 당연하게 여기며, 사실 우리 이전에는 수백만 년을 그렇게 살았다.

그 자리에 있지 못할 경우 아기는 부모와 정신생물학적으로 연결되는 중요한 경험을 놓친 채 갈망에 시달릴 수도 있다. 그런 경험을 바라는 갈망이 심해지면 나중에 아기가 반대 성의 부모에게 이성의 감정을 느끼며 죄책감에 괴로워하는 오이디푸스나 엘렉트라가 될 수도 있다. 사실 아기는 수동적인 역할만을 원한다. 그러다 성적으로 성숙해지면 갈망은 적극적인 참여 욕구가 되고, 그러면 아기 적의 수동적인 참여는 기억이나 상상에서 밀려난다. 이러한 연구 결과는 반사회 성향을 유발하는 이 당혹스럽고도 강력한 죄책감을 사전에 막을 수 있는 가능성을 제시한다.

아기나 아이에게 관심을 너무 많이 주면, 어디든 데리고 다니면 독립심을 약화시키는 결과를 초래한다는 견해가 널리 퍼져 있다. 앞에서도 살펴보았듯이 예콰나족 아기의 경우 품의 단계가 완성되면 절로 독립심이 생겨나지만 그전까지 아기는 관심의 중심이 아니라 늘 품에서 지낸다. 아기는 안전하게 안긴 채 보호자의 삶 한복판에 그저 있으면서 이것저것 끊임없이 경험한다. 어머니의 품을 떠나 기어다니기 시작하면 아기는 그 어떤 방해('보호')도 받지 않고 어머니의 몸 밖 세상을 두루 돌아다닌다. 그러고 나면 어머니의 역할은 아기가 오거나 부를 때 늘 옆에 있어주는 것으로 바뀐다. 어머니는 아기의 활동을 간섭하지도, 아기를 굳이 위험으로부터 보호하려고도 하지 않는다. 연속성에 충실한 육아법으로 전환하는 과정에서 아마도 이 부분이 가장 어려울 것이다. 어머니는 스스로의 자기 보존 능력을 믿듯이 아기의 자기 보존 능력도 믿어야 한다. 물론 우리 가운데 예콰나족처럼 아기에게도 어른처럼 스스로를 보호하는 능력이 무궁무진하다는 믿음 하나만으로 아기가 날카로운 칼과 불을 가지고 놀든 물가에서 놀든 대수롭지 않게 여길 수 있는 어머니는 거의 없다. 하지만 어머니가 아기의 안전을 대신 책임져주는 횟수가 적을수록 아기의 독립심은 쑥쑥 자라난다. 자신에게 도움이나 위로가 필요할 때가 언제인지는 누구보다도 아기가 잘 안다. 아기에게 주도권을 넘겨줘야 한다. 아기가 어머니한테서 떨어져서는 안 되지만 어머니의 지도는 최소한의 수준에 머물러야 한다.

**과잉보호를 받으며 지나치게 열의가 넘치는 어머니 때문에 계속해서 주도권을 빼앗기게 되면 아이는 나약해질 수밖에 없다.** 자기가 필요로 할 때 중요한 처음 몇 달을 품 안에서 지낸 아기는 그렇지 않다.

물론 예콰나족에게서 배운 연속성에 대한 교훈을 그들과는 매우 다른 우리 상황에 적용해 효과를 거두기란 쉽지 않을 것이다. 하지만 가능한 한 연속성 가까이 있겠다고 마음먹는 것만으로도 아주 의미 있는 첫 걸음이라고 나는 믿는다. 그럴 의지만 있다면 상식에 기대 방법은 얼마든지 찾아낼 수 있다.

처음 여섯 달 내지 여덟 달 동안 어딜 가나 아기를 안고 다닐 경우 독립심은 물론 사회성과 느긋한 성격을 길러 아기가 그다음 15년 내지 20년을 편하게 지낼 수 있는 초석을 마련해준다는 사실을 알고 나면 집안일을 하거나 장을 보는 동안만이라도 아기를 안고 다니는 '수고'에서 놓여나고 싶다는 생각은 아마 하지 못할 것이다.

수많은 어머니가 아이를 진심으로 사랑하면서도 아이의 행복에 없어서는 안 될 경험을 박탈하는 이유는 그런 행동이 아이에게 어떤 고통을 초래하는지 모르기 때문이라고 생각한다. 만약 요람에 홀로 남겨진 채 흐느끼는 아기의 고통을 이해한다면, 얼얼한 열망과 고통의 결과를 이해한다면, 박탈이 아기의 성격 발달과 만족스런 삶을 살 수 있는 능력에 미치는 부작용을 이해한다면, 보나마나 어머니들은 단 일 분도 아기를 혼자 놔두려고 하지 않을 것이다.

아울러 일단 아기의 연속성(그리고 그 결과 어머니 자신의 연속성)에 이바지하기 시작하면 그동안 문화 때문에 혼란스러워하던 어머니 안의 본능이 다시 모습을 드러내 어머니의 타고난 동기를 일깨워주리라 믿어 의심치 않는다. 그러면 어머니는 한시도 아기를 내려놓고 싶지 않을 것이다. 아기가 울면 육아 문제로 아무리 생각이 복잡하더라도 그 신호는 곧장 어머니의 가슴으로 날아들 것이다. 어머니가 처음으로 정확한 반응을 보이는 순간 확신하건대 태곳적 본능이 곧 되살아날 것이다. 연속성은 강력한 힘이자 원래 상태로 돌아가려는 노력을 멈추지 않기 때문이다. 본능에 따라 행동할 때 어머니가 느끼는 충만한 기분은

이 책이 하나의 이론으로서 제시할 수 있는 그 어떤 내용보다도 어머니 안의 연속성을 다시 튼튼하게 다지는 데 크게 기여할 것이다.* 예콰나 족과 우리의 생활 방식 차이는 연속성이라는 인간의 본능과는 아무 상관이 없다.

많은 어머니들이 아기를 데려가지 못하는 직장에 다니고 있다. 하지만 많은 경우 직장은 선택의 문제다. 아기가 태어나고 나서 1년 동안은 곁에 있어주는 게 얼마나 중요한지를 깨닫는다면 아기의 평생에 나쁜 영향을 미칠 뿐만 아니라 어머니 자신에게도 두고두고 짐이 될 박탈을 막기 위해 일을 그만둘 수밖에 없을 것이다.

물론 일하지 않으면 안 되는 어머니들도 있다. 하지만 그럴 경우에도 아이를 혼자 집에 두지 않아도 된다. 예를 들어 아이를 돌봐줄 사람을 고용하거나, 할머니 집에 맡기거나, 아이가 누군가와 함께 있을 수 있도록 조치를 취하면 된다. 어떤 경우가 됐든 보호자는 아기를 품에서 떼어놓아선 안 된다. 애를 봐주는 사람에게 저녁 시간에 애를 맡길 경우에는 텔레비전 수상기가 아니라 아기 옆에 있어달라고 부탁하라. 꼭 봐야 하는 프로그램이 있다면 아기를 무릎에 올려놓고 텔레비전을 보라고 부탁하라. 소리와 빛은 아기한테 무해할지 몰라도 혼자 있는 것은 아기한테 유해하다.

아기를 안고 집안일을 하려면 연습이 필요하다. 어깨에 걸치는 띠는

---

* (원주) 이것은 이 책이 처음 나온 이후 몇몇 서구의 어머니들의 생각이다. 물론 개중에는 하루 온종일 접촉을 유지한다는 생각은 아예 해본 적도 없는 사람도 더러 있지만, 아기를 많이 안을수록 더 많이 안고 싶다고 털어놓은 어머니들이 많았다. 본능이 깨어난 것이다.

아기 엉덩이를 받쳐주어 많은 도움이 된다. 먼지를 털고 청소기를 돌리는 일은 대개 한 손으로도 할 수 있다. 거기에 비해 침대 정리는 좀 더 까다롭다. 하지만 재치 있는 어머니라면 곧 요령을 터득할 것이다. 요리를 할 때는 어머니가 주로 불 곁에 있기 때문에 아기가 델 위험이 있다. 장을 볼 때는 구입한 물건은 유모차에 담고 아기를 안는 것도 나쁘지 않은 생각이다. 어깨에 끈을 묶게 되어 있는 백 캐리어는 두 손을 자유롭게 사용할 수 있게 해준다. 이런 제품은 시중에 많이 나와 있다.

육아를 별일 아닌 일로 생각하는 것이 크게 도움이 될 것이다. 사실 우리는 육아를 아무것도 아닌 일로 생각하는 법을 배워야 한다. 일, 쇼핑, 요리, 청소, 산책, 친구들과의 대화는 따로 시간을 내서 해야 하는 일이다. 아기는 그런 일을 할 때 그저 데려가기만 하면 된다. 기저귀를 가는 데 걸리는 몇 분을 제외하고는 아기 때문에 따로 시간을 낼 필요가 없다. 아기 목욕도 어머니가 목욕할 때 같이 해치우면 된다. 젖을 물릴 때도 다른 활동을 중단할 필요가 없다. 아기 중심의 사고방식을, 일과 다른 어른들과의 교제를 즐기도록 타고난 유능하고 지적인 존재에 좀 더 어울리는 사고방식으로 바꾸기만 하면 된다.

우리의 현재 생활 방식에는 인간의 연속성을 가로막는 장애 요소가 너무나 많다. 병원에서 태어나자마자 아기를 어머니와 떨어뜨려 유모차와 요람과 놀이울에다 가둬놓고 무심하게 방치하는 관습도 연속성을 거스르지만, 서로 격리된 채로 지내는 우리의 주거 문화도 문제다. 그런 주거 문화 때문에 어머니는 어머니대로 동년배들과 어울릴 기회를 박탈당한 채 권태로 괴로워하고, 아이들은 아이들대로 학교 운동장을 제외하고는 또래와 형들을 자유롭게 만나기가 쉽지 않다. 심지어 학교 운동장에서도 아이들은 자기 또래의 아이들하고만 어울릴 수 있고, 교사들은 아이들이 자연스럽게 따를 수 있는 본을 보이기보다 이렇게 또는 저렇게 놀라고 지시하기에 바쁘다.

그래도 다행히 어머니들과 아이들이 만나 다양한 연령층과 어울릴 수 있는 공원이 있다. 하지만 모든 어머니와 아이는 과거가, 어머니들이 자란 방식이, 오래전부터 우리 문화의 일부로 자리 잡은 육아 이론이 부과한 장애를 안고 있다. 그 가운데 유행에서 밀려날지도 모른다는 두려움은 흔히 볼 수 있는 형태의 장애다. 우리의 연속성은 우리의 사회가 무엇을 하든 거기에 따르려는 경향을 보이기 때문이다.

아이가 아버지 사무실로 아버지를 따라갈 수 없고, 아버지가 농부가 아니라면 아이는 다른 데서 본보기를 찾아야 한다.

아이들은 본보기를 제시하는 직업을 가진 사람들, 다시 말해 우리 사회의 기술을 몸소 보여줄 수 있는 사람들을 지켜보면서 배울 수 있어야 한다. 이런 사람들을 언제든 만날 수 있다면 아이들은 각자의 능력을 활용해 주변의 사람들과 사물들과 사건들을 모방하고 관찰하고 직접 실천해보면서 자연스럽게 사회성을 기르고 스스로를 교육해나갈 것이다. 그보다 더 효과적인 교육 방법은 없다.

우리의 생활 방식에서 연속성을 가로막는 또 하나의 걸림돌은, 아이는 우리의 소유물이고 따라서 때리거나 죽이지는 않더라도 우리 마음대로 아이를 대할 권리가 있다는 생각이다. 우리 사회의 아이들에게는 어머니의 품이 너무 그리워 고통에 몸부림치다 아무리 비명을 질러도 반응이 돌아오지 않는 고문을 당하지 않을 권리가 없다. 아이들도 인간이며 어른이 다른 어른들의 잔인한 처사에 고통을 느끼듯 고통을 느낀다고 해서 그 사실이 아이들에게 권리를 부여하지는 못한다. 아기 때 당한 고문이 남은 생을 즐길 수 있는 능력을 훼손해 이루 말할 수 없는 피해를 입힌다는 사실 또한 아이들의 권리를 개선하는 데 아무 도움이 되지 못하기는 매한가지다.

아기는 불만을 쏟아놓을 수 없다. 불만이 있더라도 아기는 관계 기관을 찾아가 호소할 수 없다. 심지어 고통을 당하면서도 왜 당해야 하는지도 알지 못한다. 그래서 마침내 어머니를 보면 그저 행복해하는 수밖에 없다.

우리 사회에서 권리가 주어진다면 그 이유는 고통이 크기 때문이 아니라 당사자가 나서서 고통이 얼마나 큰지를 불평하기 때문이다. 동물에게는 가장 기본적인 권리만이 주어질 뿐이다. 그나마 그런 권리를 인정하는 나라는 거의 없다. 마찬가지로 불만을 호소할 수단이 없는 토착 원시 부족 역시 말 잘하는 정복자들이 서로 인정해주자며 번드르르하게 늘어놓는 권리를 하나도 누리지 못한다.

관습은 아기를 돌보는 일을 어머니의 재량에 맡겨놓았다. 하지만 모든 어머니가 아기를 방치해도 되는 자유를 누린다면, 아기가 울면 마음껏 때릴 수 있는 자유를 누린다면, 아기가 원할 때가 아니라 자기가 원할 때 아기에게 젖병을 물린다면, 몇 시간이고 몇 날이고 몇 달이고 아기 혼자 괴로워하도록 방에 내버려둔다면, 아기가 자연스럽게 삶의 한복판에 뛰어들 수 있는 시기는 과연 언제쯤일까?

아기와 아이를 잔인하게 대하지 못하게 금지하는 사회일수록 가장 끔찍한 종류의 학대에만 신경 쓴다. 우리 사회는 오늘날 정상으로 간주되는 아기에 대한 범죄의 심각성을 인식해야 한다.

우리처럼 다른 사람들의 진정한 욕구를 고려하지 않는 쪽으로 발달한 문화권에서도 어떤 식으로든 매일매일 모습을 드러내는 인간의 연속성에 눈을 돌린다면 기회는 늘리고 실수는 줄일 수 있는 여지가 분명히 있다.

사회가 완전히 바뀌지 않고도 우리가 정확하게만 행동한다면 앞으로 어떤 상황을 만나든 대처할 수 있는 건전한 인격의 토대를 아기들에게 마련해줄 수 있다.

우리가 박탈의 경험을 주지만 않는다면 아기들은 한편으로는 바깥세상에 적응하고 또 한편으로는 내부의 갈등을 해결하면서 스스로의 힘으로 바깥의 문제들에 맞설 준비를 갖출 수 있다.

우리가 아기들을, 아이들을, 서로를, 우리 자신을 올바르게 대하는 것이 얼마나 놀라운 결과를 가져오는지 깨친다면, 그리하여 우리 종의 타고난 특성을 존중하는 법을 배운다면, 기쁨을 찾아내는 우리의 그 엄청난 잠재력을 간과하는 일은 없을 것이다.